土肥いつき
Dohi Itsuki

トランスジェンダー生徒と学校

「抱えさせられる」困難と性別移行をめぐる実践

はじめに──本書を書くにいたった個人的な背景

　2025年現在、私は現職の高校教員である。そんな私が、なぜこのような本を書くことになったのか。少々長くなるが、まずは、このことから書くことにする。
　1985年に、私は現任校に新規採用教員として赴任した。大学時代に先輩教員から「教員になったら絶対に在日朝鮮人生徒[1]がいるから、その子にかかわれ」と言われていたが、実際に赴任すると、たしかに在日コリアンの生徒がいた。しかし「かかわる」とはどういうことかわからず、かかわれないまま2年が過ぎた。
　教員になって3年目、在日コリアン生徒のNさんがいるクラスの数学を担当することになった。それをきっかけに、Nさんに「かかわる」ようになった。ただ、その「かかわり」は、今振り返ると「本名を名のること」つまりカミングアウトの押しつけだった。
　全国在日外国人教育研究協議会（以下、全外教）という外国人教育にとりくむ人々の集まりがある。全外教が大切にしているスローガンのひとつに「本名（民族名）を呼び名のる」がある。このスローガンの大切なところは、日本人教員である「私」が、在日コリアン生徒を本名で「呼ぶ」ことからはじまるところにある。在日コリアン生徒の名のりは、そのレスポンスなのである。そして「呼ぶ」ためには「名のる」ことが困難なこの日本社会を変えていくことが前提となる。しかしながら、当時の私は、単純にNさんが本名を名のることが、「かかわり」のゴールと勘違いしていた。私はひたすらNさんに「本名を名のらないか」と言い続けた。最終的に、Nさんはそんな私から離れていった。
　Nさんが高校を卒業した翌年、教員になって5年目の私は、はじめて担任をすることになった。この年、5人の在日コリアン生徒が入学してきた。

入学式当日、入学してきた在日コリアン生徒全員を校内の一室に集めた。集まりの最後に、「今日集められてどうだった？」と、人権教育担当教員がたずねた。すると、みんな固い顔をしながら「集められてイヤだった」「特別扱いしないでほしい」と、口々に言った。ところが、最後のひとりが「私ひとりでなくてよかった」と言った。このひとことを聞いて、なんとしてでもこの子らを集めたクラブ（社会科学研究部、以下社研）の活動をしなければと思った。紆余曲折はあったが、3人が入部してくれた。はじめのうちはハングルの勉強会をしていたが、そのうち単なるダベリの会になった。

ある時、こんな会話があった。「トックって知ってる？」「うん、知ってる」「中学の時に、まわりの友だちに『トック知ってる？』って聞いたら知らなかったんで、『スープにお餅を入れたもんやねん』って説明したら『それ、トックって言わへんで、お雑煮って言うで』って言われてん」「へー」。この生徒は、「トックではなくお雑煮」「クッパではなく雑炊」とまわりの子らから教えられる中で、少しずつ自分の家のことをまわりに話さなくなっていったという。

社研での会話を聞きながら「もしも社研がなければ、みんなはこの思いをどこで誰に話したんだろう」と思った。もしかしたら家族にだけ話したかもしれない。あるいは、家族にすら話さずに、自分ひとりで、そのモヤモヤを抱えていたかもしれない。そう考えた時、社研という場の大切さをあらためて感じた。

初代社研メンバーが卒業した翌年、私は新たに1年生を担任した。私は自分のクラスにいた在日コリアン生徒Sさんを社研に誘い、新たな社研の活動を開始した。その活動の中で、SさんはO高校のKさんと出会った。その出会いをきっかけに、Sさんは本名で学校に通うことを決めた。

1993年、H高校の教員から自校の朝鮮文化研究会（以下、朝文研）と社研の交流をしたいという連絡があった。私はふたつ返事でOKして、さらに先ほどのKさんにも声をかけ、2校＋ひとりの合同交流会を開催し

た。この合同交流会がきっかけとなって、京都在日外国人生徒交流会（以下、在日交流会）ができた。在日交流会には、それ以降、社研や朝文研がない学校からも参加してくれるようになった。参加者のルーツは、韓国・朝鮮、中国、モンゴル、ボリビア、さらにはロシアなど多岐にわたる。もちろん、日本人とのダブルの生徒も参加している。

ただ、いつも自校の生徒を在日交流会につれていけるわけではない。ある時、他校の引率教員に「主宰者が生徒をつれてこられなくて、もうしわけない。交流会をやる資格はない」という主旨のグチを言ったことがある。すると、みんなは「この交流会の存在が貴重なんだ。だから続けてくれるだけでいい」と言ってくれた。その言葉を支えに、今も在日交流会の活動を続けている。

もちろん、かかわったのは在日コリアン生徒だけではない。Nさんと出会った1988年、校区にある被差別部落で先輩教員と一緒に学習会をはじめた。私たちが集めていたのは、どちらかというと学校で「やんちゃ」をしている生徒たちで、学校で補習のために呼び出しても、ツッパった顔をして「うるさい！」と言いながらサボってしまうような子どもたちだった。ところが、隣保館[2]の学習会に呼び出すと、不思議なほど素直に参加してくれた。そして勉強が終わると、笑顔で「先生、ありがとうな」とお礼を言ってくれた。きっとそうした生徒たちにとっては、学校は「アウェイ」な場所だったんだろう。かれらの「ホーム」で生徒たちと出会うことの大切さを教えてもらった。学習会での活動がきっかけになり、自分が被差別部落出身であることをクラスで語る生徒もいた。

このように、私は在日外国人生徒や被差別部落出身生徒のアライ[3]として教員生活を送ってきた。また、このような生徒たちの声を社会に届けるために、人権教育の大会でレポートしたり、人権関係の雑誌に文章を書いたりするようになった。

そんな私の転機が1997年に訪れた。この年、ある友人がゲイであることをカミングアウトしてくれた。それをきっかけにセクシュアリティにつ

いての勉強をはじめた。その過程で、トランスジェンダー[4]という言葉と出会った。その瞬間、私は自分がトランスジェンダーであると直感した。そしてトランスジェンダーとして生きることにした。とは言え、いくつもの悩みがあった。その最も大きな悩みは「今からあとにしようとする『男性』とは何か。これから行こうとする『女性』とは何か」ということだった。その答えがわからないまま、1999年頃から少しずつ性別移行をはじめた。アライだった私が、気がつくと「トランスジェンダー当事者」になっていた。

　2004年、たまたまNHKの番組に出たことをきっかけに、他府県のトランスジェンダーの高校生から相談メールが来るようになった。私は各地で人権教育をしている友人のつてをたどってサポートするようになった。やがて「在日外国人生徒の交流会をしている自分が、自分の後輩たちの交流会をつくらなくてどうする」と思うようになった。そして、2006年、ようやく5人のトランスジェンダーの高校生・専門学校生を集めた交流の場を持つことができた。これが現在も続けているトランスジェンダー生徒の自助グループのはじまりである。

　このグループで出会ったトランスジェンダー生徒のことを知ってほしいと思い、在日コリアン生徒や被差別部落出身生徒についてと同様、さまざまな場所に文章を書くようになった。

　一方、トランスジェンダー当事者として比較的早くカミングアウトしたこともあってか、さまざまなメディアから取材の依頼が私のところに来るようになった。このようにして顔出しをするようになったからか、大学生や大学院生、あるいは研究者からも論文のためにインタビューをしたいという申し込みが来るようになった。「来る者は拒まず」という性格なので、基本的にはすべての申し込みに応じていた。

　ただ、何度もインタビューを受けている間に、なんとも言えないモヤモヤとした気持ちがわきあがってきた。私にインタビューをした人々は、それを自分の成果として出すことができる。一方、私はあちこちのメディア

などに顔出しをしているにもかかわらず、論文中ではあくまでも「Aさん」でしかない。さらに、トランスジェンダーにかかわる文献を見ても、「Aさん」について書かれた論文は文献としてあげられているが、私が書いたさまざまな文章は文献としてはあがっていない。自分の存在を消されたような気持ちになりはじめた。

　2010年、関西大学の教員だった加納恵子先生から突然「いつきさんは研究に興味がないの？」とたずねられた。もともと勉強が嫌いな私なので「ない」と答えようとしたが、口をついて出てきた言葉は「ある」だった。すると、加納先生は「じゃぁ学位と単著だね」と言われた。このひとことをきっかけに、論文を書く側にまわることにした。

　論文を書くと言っても、私に書ける内容は、トランスジェンダー生徒のことしかない。なぜなら自助グループの活動を通して、たくさんのトランスジェンダー生徒と出会い、多くのことを教わってきたからである。ぜひともそんなトランスジェンダー生徒の声を論文という形で残したいということ。と同時に、かつて私が感じたような「自分の存在を消されたような気持ち」にはさせたくないということ。これが本書の出発点である。

■注
1　現在は在日コリアンということが多いが、当時は「在日朝鮮人」といっていたので、ここではあえてこの呼称を用いている。なお、ここでいう「朝鮮人」は朝鮮籍・韓国籍・日本籍を問わず、朝鮮半島にルーツを持つ人を指す。
2　被差別部落の中にある行政の出張所。学習会は隣保館でおこなっていた。
3　ally。もともとは「同盟」のこと。転じて「味方」や「支援者」といった意味あいで使われる
4　当時は「生まれた時の性別とは反対の性別で生きる人」と言われていた。現在の定義は序章に書いている。

トランスジェンダー生徒と学校
——「抱えさせられる」困難と性別移行をめぐる実践

目　次

はじめに——**本書を書くにいたった個人的な背景**　3

序　章　研究の背景と本書の目的　13

　1　トランスジェンダー生徒をめぐる社会的背景　13
　2　本書の目的　18

第1章　先行研究の検討と本書の分析視角　22

　1　トランスジェンダー生徒はどのように語られてきたか　23
　2　学校教育とジェンダー　28
　3　本書の分析視角　37

第2章　調査の概要　46

　1　私のポジショナリティ　46
　2　研究の対象　51
　3　調査協力者の5つの局面とその時代背景　56

第3章 トランスジェンダー生徒に対する学校の対応と当事者からの評価　63

1　何にもそんな言葉ないから「自分変なんや」みたいな
　　　──トランス男性のハルトさん　63
2　性別をおしつけるも何も、性別なかったです
　　　──トランス女性のツバサさん　78
3　「したい」っていう選択肢なんてないですよ
　　　──トランス男性のススムさん　90
4　そういうちょっとしたことをやってもらうだけで
　自分はうれしかったなぁ
　　　──トランス男性のユウヤさん　108
5　なんかもうすべてが「もうええわ」ってなりましたね
　　　──トランス男性のシュウトさん　121
6　直接聞いてきてくれたのが、すごいうれしかった
　　　──トランス男性のユウキさん　134
7　新しい前例としたらおかしくないでしょう
　　　──トランス女性のキョウコさん　155
8　あれがなかったらなかったで、こうならなかった
　　　──トランス男性をやめたアキさん　172

第4章 学校の性別分化とトランスジェンダー生徒のジェンダー葛藤　192

1　ジェンダー葛藤が強まる過程　194
2　「言語化」「カミングアウト」「出会い」「要求」　202
3　ジェンダー葛藤を弱める要素　207

4 「性別にもとづく扱いの差異」によって設定される性別カテゴリーの
　境界線とジェンダー葛藤　222
5 おわりに　229

第5章　トランスジェンダー生徒による性別移行をめぐる日常的実践　233

1 研究の対象と方法　235
2 ユイコさんの教室内の所属グループと他者からの性別の扱い　236
3 ユイコさんの語りから見た教室内に働くAGABの強制力と
　性別カテゴリーの境界線の変遷　269
4 おわりに　274

第6章　トランスジェンダー生徒による実践しない「実践」　278

1 研究の対象と方法　280
2 マコトさんの語りに見る女子グループへの参入過程　281
3 マコトさんによる実践しない「実践」　304
4 おわりに　308

終　章　トランスジェンダー生徒の学校経験から見えてきたこと

1　性別カテゴリーへの「割り当て」に着目することの意義　312
2　AGAB の強制力と性別カテゴリー内の多様な位置どり　314
3　トランスジェンダー生徒の実践が意味すること　317
4　トランスジェンダー生徒が包摂される学校であるために　319

あとがき――「はじめに」のその後　327

文献　334

序　章

研究の背景と本書の目的

1　トランスジェンダー生徒をめぐる社会的背景

　2010 年 4 月、文部科学省初等・中等教育局児童生徒課が「児童生徒が抱える問題に対しての教育相談の徹底について」（以下、文科省 2010 年通知）という事務連絡を、各都道府県教育委員会をはじめとする関係機関に出した。この事務連絡において「問題を抱えている」とされているのは「性同一性障害のある児童生徒」であり、そのような児童生徒は「学校での活動を含め日常の活動に悩みを抱え、心身への負担が過大な者となることが懸念され」る存在であるとした。さらに、文部科学省は事務連絡の中で、各学校に対して「学級担任や管理職をはじめとして、養護教諭、スクールカウンセラーなど教職員等が協力して、保護者の意向にも配慮しつつ、児童生徒の実情を把握した上で相談に応じるとともに、必要に応じて関係医療機関とも連携するなど、児童生徒の心情に十分配慮した対応をお願いいたします」（文部科学省 2010）とした。

　事務連絡の中で、文部科学省は性同一性障害のある生徒[1]を以下のように定義している。

　　性同一性障害のある児童生徒は、生物学的には性別が明らかであるにもかかわらず、心理的にはそれとは別の性別であるとの持続的な確信を持ち、かつ、自己を身体的および社会的に他の性別に適合させようとす

る意志を有する者（文部科学省 2010）。

　この定義は、2003年に成立した「性同一性障害者の性別の取扱いの特例に関する法律（以下、特例法）」の第2条に書かれた定義を参照したものである。なお、「性同一性障害」はアメリカ精神医学会（以下、APA）の「精神障害の診断・統計マニュアル（Diagnostic and Statistical Manual of Mental Disorders、以下DSM）」の第4版[2]や世界保健機構（以下、WHO）の「疾病および関連保健問題の国際統計分類（The International Classification of Disease、以下ICD）」の第10版[3]、国内においては、日本精神神経学会・性同一性障害に関する委員会が作成している「性同一性障害の診断基準と治療に関するガイドライン（以下、ガイドライン）」[4]に記載された精神疾病名である。

　文科省2010年通知が出された背景のひとつに、性同一性障害のある生徒が学校の中で顕在化してきた現実がある。2006年に兵庫県のある市の教育委員会が当時小学2年生の「男児」に対し「女児」として通学することを認めた（神戸新聞2006年5月18日）。また、2010年には埼玉県でも小学生の「男児」が「女児」としての通学を認められた事例や、鹿児島県の「女子」中学生が「男子」としての通学を認められた事例が報道されている（毎日新聞「境界を生きる」取材班 2013）。

　また、国による若者への施策の影響も無視できない。2009年に成立した「子ども・若者育成支援推進法」を受けて、2010年に「子ども・若者ビジョン」が作成された。このビジョンの中の「困難を有する子ども・若者」のひとつに「性同一性障害等」が位置づけられ「性同一性障害者や性的指向を理由として困難な状況に置かれている者等特に配慮が必要な子ども・若者に対する偏見・差別をなくし、理解を深めるための啓発活動を実施します」（子ども・若者育成支援推進本部 2010: 14）としている。なお、このビジョン策定にあたっては「困難を抱えている子ども・若者」については「その置かれている状況を克服することができるよう支援する」（子

ども・若者育成支援推進本部 2010: 1）という視点が示されている。さらに、2012 年に閣議決定された「自殺総合対策大綱」では「自殺の要因となり得る分野」として「性的マイノリティ」があげられた（厚生労働省 2012）。

　2014 年 1 月、文部科学省は全国の小・中・高等学校などに向けて「学校における性同一性障害に係る対応に関する状況調査について」（以下、文科省調査）という通知を出し、各学校で把握している人数や対応の状況についての調査をおこなった。そして、2014 年 6 月に調査結果を公表した。学校に在籍する性同一性障害のある生徒について、このような全国規模の量的調査が実施されたのは、これがはじめてのことである。文部科学省は、この調査の目的を「学校における性同一性障害に係る対応に関する現状把握を行い、全体的な状況及び配慮の具体的内容など、学校における性同一性障害に係る対応を充実させるための情報を得ることを目的とする」（文部科学省 2014）とした。そして 2015 年 4 月、文部科学省はこの文科省調査をもとに「性同一性障害に係る児童生徒に対するきめ細かな対応の実施等について」（以下、文科省 2015 年通知）という児童生徒課長通知を出した。この中で、「『自殺総合対策大綱』（平成 24 年 8 月 28 日閣議決定）を踏まえ、教職員の適切な理解を促進することが必要です」とした上で、文科省調査の結果を踏まえた支援の事例をあげるとともに、支援のあり方や相談体制について具体的に提示した。さらに、翌 2016 年 4 月には「性同一性障害や性的指向・性自認に係る、児童生徒に対するきめ細かな対応等の実施について（教職員向き）」という研修資料を発行した。

　文部科学省の動きに続いて、2017 年に閣議決定された「自殺総合対策大綱」においても性的マイノリティの自殺念慮の高さを指摘するとともに、教育関連部分については「性的マイノリティに対する教職員の理解を促進するとともに、学校における適切な教育相談の実施等を促す」（自殺総合対策会議 2017: 27）として教職員の理解と相談体制の充実の必要性を明確化した。

　このように現在、文部科学省だけでなく内閣府も含め、性同一性障害の

ある生徒を「問題を抱える存在」ととらえ、単に相談にのるだけでなく、対応や支援をおこなうべき存在としている。

　一方、このような立場とは異なる立場をとる考え方もある。例えば、かつて私は、自助グループの参加者が経験する引きこもりや不登校といった不適応について「はたしてトランスジェンダーが学校や社会に不適応を起こしているのであろうか。それとも、学校や社会がトランスジェンダーに不適応を起こしているのであろうか」（土肥 2013a: 361）として、不適応の原因をトランスジェンダーに求めることに疑問を呈したことがある。

　国際 NGO である Human Rights Watch も同様の立場をとっている。Human Rights Watch は 2015 年に日本の学校における LGBT の状況について、LGBT の生徒や元生徒、教職員、学術専門家を対象に聞き取り調査をおこなった。2016 年に発表された調査報告書『出る杭は打たれる』には、「学校のジェンダー規範の強制」という章を設け、次のように述べている。

> 　日本の大半の学校では、厳格なジェンダー規範に従うことを学校の方針の一環として強調する。例えば制服、トイレ、授業で提示される情報、社会規範を強制するその他の仕組みなどに関するものだ。
> 　子ども・生徒の活動は、学校によってジェンダー規範を強いる度合いは変わるにしても、概ね性別によって区分されている。こうした典型的な仕組みが、トランスジェンダーやジェンダーに不一致な子ども・生徒に引き起こす不安は強烈である（Human Rights Watch 2016: 53）。

　Human Rights Watch もまた、日本の学校の中でトランスジェンダーやジェンダーに不一致な子どもが「問題を抱える存在」となる原因は、学校の中にある性別によって区分した仕組みにあるとしている。

　なお、トランスジェンダーという言葉は、性転換症や服装倒錯症といった精神疾病名に対して、脱（精神）病理の主張とともに当事者がつくりだした言葉である（東 2016）。現在、国連人権高等弁務官事務所はトランス

ジェンダーを以下のように定義している。

> トランスあるいはトランスジェンダーは、トランスセクシュアル[5]の人々、異性装をする人々、第3の性別を自認する人々、男女に二分されない自認を持つ人々、および外見と特徴が非典型的であり性自認が出生時に割り当てられた性別[6]と異なる人々を含む、幅広い性別表現とアイデンティティを持つ人々を表現するために使用される包括的な用語である。トランスジェンダーの中には、手術を求めたり、ホルモン剤を服用したりして、自分の体を自分の性自認に合わせる人もいるが、そうでない人もいる。トランスジェンダーは、さまざまな性的指向[7]や解剖学的特徴を持っている可能性がある（United Nations publication issued by the Office of the United Nations High Commissioner for Human Rights 2019: 5）。

　本書は、後者の立場から、トランスジェンダー生徒が学校のどのような制度のもと困難を「抱えさせられるのか」ということを、トランスジェンダーの若者への調査を通して明らかにしようとするところから出発した。
　ところが、調査を進めていくうちに、トランスジェンダー生徒が困難に直面する過程は、学校の中にある「性別の区分け」が強められる過程でもあることがわかってきた。また、トランスジェンダー生徒は、例えば文科省2015年通知が出される以前から、自らの力でその困難を解消してきたこともわかってきた。そこで、本書ではトランスジェンダー生徒が直面する困難を通して、学校の中でどのようにして性別の区分けがつくられていくのか、そして、その困難を解消する実践の過程を通して、性別の区分けがどのように変化していくのか、これらを明らかにすることを試みる。
　志水宏吉は「文化伝達の機関である学校は、それ自体の文化的特性（＝学校文化）の作用を通じて、社会の多数派を単一の枠組み（いわゆる日本文化・日本人らしさ）の中に同化し、その中で人々を微細に序列化する一方で、部落や在日の人々や障害者といったマイノリティを支配的な社会構造

から系統的に排除する役割を果たしてきた」(志水 1996: 235-236) としている。このことは、マイノリティが排除される過程を通して、学校文化を問うことができるということをあらわしている。本書も、そのような視座に立つものである。

2　本書の目的

　第1節で述べたように、文部科学省は性別違和のある生徒を「性同一性障害」という精神疾病名を用い、配慮や支援あるいは医療行為を受ける客体としてとらえている。それに対して本書では、トランスジェンダー生徒を学校の中にある性別の区分けを顕在化させる行為主体としてとらえる。したがって本書では、文献の引用など、特に必要のない限り「性同一性障害」ではなく「トランスジェンダー」を用いる。

　後で詳しく述べるが、トランスジェンダーの性別違和が社会的に構築されるという研究(池田 2006; 戸梶 2009 など)や、性同一性障害をめぐる言説が性別二元制や「ヒト」の性を構築するといった研究(杉浦 2002)はあるが、こと学校については、このような研究はほとんど見当たらない。また、教育社会学分野には学校とジェンダーについての豊富な研究があるが、「セクシュアル・マイノリティやセクシュアリティの多様性を中心的に扱ったものは、論文では皆無」(多賀・天童 2013: 130) だった。その後、2024年現在もトランスジェンダーを扱った論文で『教育社会学研究』に掲載されたものは土肥(2015)と宮田(2017)だけである。

　そこで本研究は、トランスジェンダー生徒を対象としながら、これまで日本においてなされてこなかった、教育社会学におけるジェンダー研究の成果を用いた分析を試みる。

　このような問題意識から、本書の目的を、次の2つとする。第1の目的は、トランスジェンダー生徒の性別違和が学校文化の中で強められる過程を通して、性別カテゴリーが構築される過程を明らかにすることである。

第2の目的は、トランスジェンダー生徒がおこなう実践とは、学校文化の中でつくられた性別カテゴリーの再構築であることを明らかにすることである。

　これまでの教育社会学におけるジェンダー研究は、学校文化や子どもたちの相互行為の中で二分法的な性別カテゴリーの構築がされることを明らかにしてきた。しかしながら、誰がそれぞれの性別カテゴリーの成員であるかということは所与のこととされてきた。一方、トランスジェンダー生徒は、出生時に割り当てられた性別カテゴリーへの違和感を持つ存在である。したがって、トランスジェンダー生徒が学校生活の中で感じる困難の分析は、これまでの研究成果である性別カテゴリーの構築過程に加えて、その性別カテゴリーへと割り当てる強制力の存在を明らかにすることとなる。また、トランスジェンダー生徒が困難を解消していく過程は、割り当てられた性別カテゴリーとは異なる性別カテゴリーの成員へと移行する過程でもある。そこでおこなわれる所属グループや他者からの扱いの変化の過程の分析は、異なる性別カテゴリーに割り当てられたトランスジェンダー生徒を包括する、新たな性別カテゴリーを構築する相互行為であることを明らかにすることとなる。

　ここで、本書の構成を述べる。

　第1章は先行研究の章である。まず、日本におけるトランスジェンダー生徒についての先行研究を、論文検索サイトの検索結果を用いて概観する。次に、トランスジェンダー生徒たちが在籍する学校の中にあるジェンダーについて、教育社会学を中心としたジェンダー研究の成果を紹介する。そして、本書の分析の枠組み、具体的には人びとのカテゴリー化実践について述べる。

　第2章は調査の概要の章である。まず、私のポジショナリティや調査協力者のみなさんとの関係について述べる。次に、本書の調査協力者のみなさんのプロフィールや時代背景について述べる。

　第3章は10人の調査協力者のうち8人の語りを紹介する章である。こ

こでは、私と個々の調査協力者の出会いや、学校段階ごとに感じた困難、あるいは性別移行をめぐる実践過程を、あまり分析を加えずに紹介する。

　第4章、第5章、第6章は分析章である。

　第4章では、主として教員とトランスジェンダー生徒の相互行為に着目して分析をおこなう。前半では学校の制度が調査協力者のみなさんにどのように困難をもたらしたかを明らかにする。後半では、その困難を解決した事例をとりあげ、困難の解決に必要だった要素を抽出する。そして最後に、学校の制度によってどのように性別カテゴリーがつくられていくのかを明らかにする。

　第5章と第6章では、トランスジェンダー生徒とトランスジェンダー生徒を取り巻く生徒たちの相互行為に着目して分析をおこなう。第5章は、積極的に性別移行の実践をおこなった結果、自認する性別のグループへの参入を果たした事例である。それに対して、第6章は、いわゆる性別移行の実践とされるジェンダー表現の変更などをせずに、自認する性別のグループへの参入を果たした事例である。

　そして終章では、本書で見いだされた知見が、学術面や実践面においてもつ意義について述べる。

　とにかく当事者の語りを知りたいという方は、まず第3章を読んでもらえばいいかもしれない。8人の語りの順番はいちおう考えてはいるが、基本的には独立しているので、興味のある語りだけを読むことも可能である。「学校」という制度がトランスジェンダー生徒に与える影響がもっとも色濃く出ているのは第4章である。したがって、学校とジェンダーに興味がある方は、第4章から読むことも可能である。いずれにしろ、時代背景は知っておいた方がいいので第2章を読んでおかれることはおすすめする。第5章と第6章はそれぞれひとりの事例を扱っている。ふたりは対照的な実践をしているので、片方を読まれた方はぜひもう片方も読まれることをおすすめする。もちろん、第3章以降の分析の理論的背景が知りたい方は、第1章を読んでいただくのに越したことはないことは言うまでもない。

■注
1　文部科学省は学校段階等によって園児・児童・生徒を使いわけているが、本書では原則的に「生徒」や「子ども」を用いることにする。
2　2013年に改訂されたDSM5において「gender dysphoria（性別違和）」に変更された。
3　2019年に改訂されたICD-11において、「gender incongruence（性別不合）」に変更になるとともに、項目が「conditions related to sexual health（性の健康に関する状態）に移動して「精神疾病」ではなくなった。
4　2024年8月に改訂されたガイドライン第5版において「性別不合」に変更された。
5　性別適合手術などの外科的な手術を望む人のこと。
6　定義の中で、「身体の性」といった言葉ではなく「出生時に割り当てられた性別（Assigned Gender At Birth、以下AGAB）」を用いているのは以下のような理由である。まず、身体は必ずしも男女に二分できないのにもかかわらず、外性器の解剖学的特徴（sex characteristics）によって二分された性別へと割り当てられているということ。その割り当ては、出生時に本人の同意なく、主として医療者によってなされること。そして、多くの場合その割り当てられた性別が行政上の書類に記載され、その人の社会的な性別を規定することになるからである。
7　性的欲望の対象のこと。

第 1 章

先行研究の検討と本書の分析視角

　本章では、トランスジェンダー生徒が、とりわけ「学校」という制度との関係の中でどのように語られてきたのかを概観し、その課題を明らかにした上で本書の分析視角を示す。

　2001 年から 2002 年にかけて放送された「3 年 B 組金八先生」の第 6 シリーズで「性同一性障害」がテーマとしてとりあげられ、大きな話題を呼んだ。GID（性同一性障害）研究会（現、日本 GI〔性別不合〕学会）において、はじめてトランスジェンダー生徒をテーマとするシンポジウムがもたれたのは 2005 年のことである。「若年層当事者の抱える諸問題と支援」と題するシンポジウムの主旨には「学校には、『制服』をはじめとして、性別によるさまざまな分け隔てがあります。当事者の生徒の中には、こうした学校文化に適合できない人がたくさんいます」（土肥［2005］2008: 153）と書かれている。シンポジウムでは、教員による就・修学保障や進路保障についての教育実践、あるいは精神科医による未成年受診者の状況が報告され、トランスジェンダー生徒が「現実の課題」としてとりあげられた。また、2006 年には兵庫県の小学 2 年生の「男児」に対し「女児」として通学することを認めたことが報道された（神戸新聞 2006 年 5 月 18 日）。

　このような中、序章でも述べたように、文部科学省は 2010 年に文科省 2010 年通知を、2014 年におこなった文科省調査にもとづいて 2015 年に文科省 2015 年通知を、さらに 2016 年には研修資料を出した。このような一連の動きの中でも、特に文科省 2015 年通知は学校現場に大きな影響を与え、各学校やさまざまな研究会などで性同一性障害や LGBT に関す

る研修が急増した（東 2018）。また、徐々にではあるが教育実践も積み重ねられてきており、例えば教育研究集会のような実践交流の場所でも、性の多様性についての報告が 2014 年から 2015 年を境に増加している（土肥 2020）。さらに、医療者や臨床心理士による自身の臨床経験や、当事者が自らの経験に基づいて書いた教員向けの解説書なども出版されるようになった（遠藤 2016; 康 2017; 西野 2018）。

　このように、トランスジェンダー生徒への支援や性の多様性の授業実践は徐々に進みはじめている一方、トランスジェンダー生徒を学校という制度との関係で分析したものや、トランスジェンダー生徒がおこなった性別移行の実践過程を分析した研究はほとんど見当たらない。そこで本章では、まずトランスジェンダー生徒に焦点化して先行研究をレビューする（第 1 節）。続いて、トランスジェンダー生徒を社会的文脈でとらえるために教育社会学分野との接合を試みる本書の問題意識から、学校におけるジェンダー研究の到達点を概観する（第 2 節）。そして最後に、本書の分析視角を示す（第 3 節）。

1　トランスジェンダー生徒はどのように語られてきたか

　これまでトランスジェンダー生徒が、特に学校との関係でどのように語られてきたのかを概観するために、論文検索サイトの CiNii で「性同一性障害　学校」「性同一性障害　生徒」「性同一性障害　児童」および「トランスジェンダー　学校」「トランスジェンダー　生徒」「トランスジェンダー　児童」をキーワードに検索をおこなった。なお、同様のキーワードで 2020 年にも検索をおこなっている。2024 年 10 月時点における検索結果の数を著者の属性別に分類したものが表 1-1 である。

　著者の属性は検索結果に記載されている場合はそれにしたがい、記載されていない場合は著者を検索して調べた。同じ著者であっても、例えば「学生」と「教員」のように複数の所属がある場合がある。この場合は論

表1-1 「性同一性障害/トランスジェンダー」と「学校/生徒/児童」をキーワードに検索した結果を著者の属性に分類した本数(2024年10月20日取得) 筆者作成

所属の分類	性同一性障害			トランスジェンダー			合計		
	本数	%	うち大学教員	本数	%	うち大学教員	本数	%	うち大学教員
医療関係	54	58.1	24	5	10.0	3	59	41.3	27
心理	9	9.7	4	5	10.0	1	14	9.8	5
教育関係	10	10.8	2	17	34.0	0	27	18.9	2
教育学	5	5.4	4	7	14.0	6	12	8.4	10
社会学関係	4	4.3	3	5	10.0	3	9	6.3	6
社会健康医学	1	1.1	1	0	0.0	0	1	0.7	1
法律関係	4	4.3	0	5	10.0	2	9	6.3	2
歴史	0	0.0	0	1	2.0	0	1	0.7	0
図書館情報	0	0.0	0	2	4.0	0	2	1.4	0
その他(含む、不明)	6	6.5	0	3	6.0	0	9	6.3	0
合計	93	100.0	38	50	100.0	15	143	100.0	53

文に記載されたものを用いた。医学論文の場合は複数の学生および大学教員によって書かれたものがあるが、医療関係に分類した上で、大学教員の本数の中にも含めた。医療関係・教育関係・社会学関係・法律関係は複数の所属をまとめた。その細目を表1-2に示す。

表1-1に示したように、性同一性障害は93本、トランスジェンダーは50本の論文があった。ただし、ひとつの論文に対して「性同一性障害」と「トランスジェンダー」がともにキーワードとなっているものもあるので、この合計数は実際の論文の総数とは異なる。なお、2020年の検索結果では性同一性障害が55本、トランスジェンダーが21本だったので、2024年までの4年間でほぼ倍増していることになる。検索結果のうちもっとも古いものは2000年の論文だったが、これは中国の教員養成大学における講義の報告である。日本国内を対象とし、かつ当事者に直接言及し

表 1-2　表 1-1 の分類の細目

医療関係	医師、看護士、助産師
教育関係	中学校教員、高校教員、専門学校教員、養護教諭、養護教育講座学生、教育センター指導主事、文部科学省
社会学関係	研究者分野:社会学、教育社会学(含む学生)、スポーツ社会学、ジェンダー研究
法律関係	弁護士、国立国会図書館調査及び立法考査局行政法務課、法務研究科教授

た最初の論文は 2002 年に出された歴史学者の三橋順子によるものである。三橋は、ニューハーフも含め多様な性別違和を持つ人びとのライフヒストリーが掲載されたさまざまな雑誌や書籍から学校経験についての記述を抜き出し、トランスジェンダーが学校生活において経験する困難を明らかにした(三橋 2002)。

　本節では、トランスジェンダー生徒と教育社会学の接合を試みる本書の関心にもとづいて、教育関係者と社会学関係者、そして一番本数が多い医療関係者によって書かれた論文の内容を中心に、2020 年におこなった検索結果との比較もおこないながら言及する。

　まず、医療関係者によって執筆された論文の傾向について述べることにする。医療関係者によって執筆された論文は、性同一性障害の 93 本中 54 本で、56.1％だった。このうち医科大学の教員によって書かれているものが 54 本中 24 本で、医療関係者のうちの約 44％を占めている。2020 年の検索結果では 30 本中 22 本であり、73％を占め、その多くは同一の医師によって書かれていた。2020 年当時は、子どもの性同一性障害を診察する病院は極めて少なく、特定の病院に受診者が集中していたこと、またそれらの多くが大学病院であることが、このような結果になった要因と考えられる。一方、2024 年の検索結果では多くの医療関係者が論文を書いており、4 年間で受診できる病院が増加したことがうかがわれる。

　内容的には、二次性徴を抑制するための GnRH アナログ製剤の投与といった医療的側面の強いものも含まれるが、医療者による学校への提言と

第 1 章　先行研究の検討と本書の分析視角　　25

いったものもある（中塚 2010; 塚田 2012; 中山 2019 など）。また掲載誌を見ると、ガイドラインを作成している日本精神神経学会の学会誌である『精神神経学雑誌』や、医療・教育・福祉・司法の連携を謳う日本児童精神医学会の学会誌である『児童青年精神医学とその近接領域』など、専門領域の雑誌が多いが、教員やスクールカウンセラー向けの雑誌である『月刊学校教育相談』や管理職向けの雑誌である『教職研修』に精神科医が専門家として執筆しているものもある。

一方、トランスジェンダーで検索した場合、医療関係者によるものは2020年の検索結果は0本だったのに対し、2024年の検索結果では5本あった。この主な原因として、医療系の雑誌が特集のタイトルとして「トランスジェンダー」を用いるようになってきたことがあげられる。しかしながら、性同一性障害で検索した論文数が4年間で24本増えたことを考えると、依然、トランスジェンダー生徒については「性同一性障害」という精神疾病概念、つまりトランスジェンダー生徒の側に困難の所在をもとめ、医療と学校が連携をすすめることでその困難を軽減するというアプローチをとっていることがわかる。

一方、社会学関係者によって書かれたものは性同一性障害が4本で、トランスジェンダーが5本だった。2020年の検索結果では性同一性障害が2本、トランスジェンダーが3本で、あまり増えていない。なお、3本のうち2本は私によるものである（土肥 2015, 2019）。

教育学の検索結果は、性同一性障害が2本、トランスジェンダーが6本となっている。2020年の検索結果は性同一性障害が1本で、トランスジェンダーが0本だった。その1本は、学校体育のジェンダーと性的マイノリティについて述べたものだった（井谷・井谷 2016）。一方、この4年間で書かれたものの多くは、女子大学へのトランス女性の入学にかかわるものである。

教育関係者の検索結果は、性同一性障害をキーワードにしたものが10本、トランスジェンダーをキーワードにしたものが17本だった。2020年

の検索結果は性同一性障害が7本、トランスジェンダーが11本で、後者が増えている。教育関係者の多くは現場の教員であるため、内容的には当事者に直接言及したものが存在する。例えば、定時制高校の養護教諭だった高橋裕子は「性と生を考える会」というクラブ活動を通して出会ったトランスジェンダー生徒へのとりくみの実践記録を報告している（高橋 2001）。黒田將之は、定時制高校において、性同一性障害が疑われる異性装をした生徒が入学を志願し、許可され、後に退学していくまでの経過を示し、「対応の早期の検討が必要」との提言をした（黒田 2005）。その他、「トランスジェンダー生徒交流会」の実践報告や（土肥 2013b）、その活動から得た知見をもとにした学校への提言（土肥 2016）がある。さらに、近年では『部落解放』や『ヒューマンライツ』といった人権系の雑誌に掲載されたものがあり、例えば定時制高校における運動部の大会参加についての実践も報告されている（瓦田 2020）。一方、性同一性障害をキーワードとしたものの中には、文部科学省による論考が2014年・2016年・2017年にそれぞれ1本ずつある。序章でも述べたとおり、2014年に文科省調査をおこない、同年6月に調査結果が公表された。さらに翌年、文科省2015年通知を出し、2016年に研修資料を発行した。文部科学省による論考は、これらの解説や周知徹底を目的とするものである。

　このように、トランスジェンダー生徒が学校で直面する困難については明らかにされてきた。しかしながら、医療関係者によるものは主としてトランスジェンダー生徒の性別違和に困難の所在を求め、その解消のために必要な支援について述べるというアプローチをとってきた。また、教育関係者によるものはトランスジェンダー生徒支援の実践記録にとどまっている。トランスジェンダー生徒を学校という制度との関係で分析したり、トランスジェンダー生徒の性別移行の経験を実践過程としてとらえて、その詳細を明らかにすることはなされてこなかった。本研究の関心には、このような背景がある。

2　学校教育とジェンダー

　では、トランスジェンダーの子どもたちは学校生活の中でどのような「問題」に直面しているのだろうか。例えば精神科医の塚田攻は自身の臨床経験の中で得た学校における問題点を「制服を含めた服装や髪型、トイレ、水泳などを中心とした体育の授業、宿泊学習時の入浴」としている（塚田 2012）。このような指摘をもとに、実際におこなわれた「特別な配慮」の内容が、2014 年の文科省調査の際、各学校から報告された。これをまとめたものが、文科省 2015 年通知に別紙資料として添付された。その一覧を表1-3 に示す。

　この表を見ると、学校には服装や髪型をはじめ、さまざまな「性別にもとづく扱いの差異」があることがわかる。また、更衣室やトイレといった場も 2 つの性別によって物理的にわけられていることもわかる。そして、トランスジェンダー生徒には多目的トイレなどの「第 3 の場」しか認めていないことがわかる[1]。

　そこで本節では、このような「性別にもとづく扱いの差異」が、学校の中になぜ存在し、その差異がどのように構築され実践されているのかを見ることにする。このような本書の関心事である学校の中のジェンダーについては、教育社会学分野を中心に豊富な研究がある。

　学校は学力や成績によって評価される能力主義な世界であるとされてきたにもかかわらず、階層や地域などで教育達成に不平等があることはかつてより知られていた。一方、中等教育以下の学校内での営みはブラックボックスと見なされ、もっぱら教育のインプット要因（階層や地域など）とアウトプット要因（生成・進路の文化など）の関係に着目されてきた。それに対して、学校の内部過程に注目した研究が 1970 年代以降、欧米を中心になされるようになり、特にイギリスにおいては「新しい教育社会学」といわれるものが生まれた。そこで着目されたもののひとつにカリキュラムがある。フォーマルなカリキュラムによって、あたかも平等に伝達されて

表1-3　性同一性障害に係る児童生徒に対する学校における支援の事例（文部科学省 2015）

項目	学校における支援の事例
服　装	・自認する性別の制服・衣類や、体操着の着用を認める。
髪　型	・標準より長い髪型を一定の範囲で認める（戸籍上男性）。
更衣室	・保健室・多目的トイレ等の利用を認める。
トイレ	・職員トイレ・多目的トイレの利用を認める。
呼称の工夫	・校内文書（通知表を含む。）を児童生徒が希望する呼称で記す。 ・自認する性別として名簿上扱う。
授　業	・体育又は保健体育において別メニューを設定する。
水　泳	・上半身が隠れる水着の着用を認める（戸籍上男性）。 ・補習として別日に実施、又はレポート提出で代替する。
運動部の活動	・自認する性別に係る活動への参加を認める。
修学旅行等	・1人部屋の使用を認める。入浴時間をずらす。

いるかのように見える知識は、実は不平等に配分されている。その不平等な配分の装置として「かくれたカリキュラム」[2]への着目が提唱された（柴山 1982）。

また、内部過程の実証研究もすすめられた。その代表としてあげられるのがポール・ウィリスの『ハマータウンの野郎ども』である。ウィリスは、労働者階級の生徒たちが自立性と創造性を兼ね備えた反学校文化を生きるがゆえに、自らを労働階級へと導くとともに、既存の社会体制を再生産する姿を描いた（Willis 1977=1985）。

こうした研究は、主として階層間の格差についてすすめられたが、エスニシティ間やジェンダー間の格差についてなされなかったことへの批判がなされるようになった。

日本においてジェンダーに着目した教育にかかわる研究がはじまったのは1952年であるとされている（森 1992）。その後、さまざまな研究がなされてきているが、特に1980年代以降、日本においても学校の内部過程に着目した研究が本格的に進みはじめた（中西・堀 1997）。

天野正子は男女の教育達成の不平等を生み出す学校の内部過程を、先に

述べた「新しい教育社会学」の研究成果を用いて明らかにした。天野は性別分化の要因として「カリキュラム面における知識の配分の不平等」「学校や教室におけるかくれたカリキュラム」「学校の組織構造と役割モデル」の3つをあげた（天野 1988）。1番目の「カリキュラム面における知識の配分の不平等」は、明示的には例えば女子は家庭科を、男子は技術科を学ぶという形であらわれる。天野は「こうした性別により異なる知識の配分が、学校卒業後の進路、さらには個人の果たす社会的役割への性による水路づけ（canalization）に重要な役割を果たしていることは疑いない」（天野 1988: 273）と指摘している。2番目の「学校や教室におけるかくれたカリキュラム」は、具体的には、教科書や教材の中で描かれる男女の描写や評価の非対称性であり、これらが知識の配分の不平等を生み出す。「かくれたカリキュラム」は教員から生徒に伝えられるメッセージの中に無意識に込められた不平等のメッセージのみならず、生徒間に存在する「生徒文化」の中にも見られる。そして、このような「かくれたカリキュラム」は、男子生徒・女子生徒それぞれの学習への「かまえ」に影響を与える。3番目の「学校の組織構造と役割モデル」は、例えば教育段階が上がるにつれ教員の中に占める女性の比率が下がっていくことや、女性教員が特定教科に偏っていくことに代表される。このような中で、「女子生徒の学習の『かまえ』の形成は、そのことによっても左右される」（天野 1988: 276）のである。

　天野が指摘したジェンダー間の不平等が具体的に子どもたちの進路選択に影響を与えることを明らかにしたのが中西祐子である。中西は、女子生徒内部においても進路分化が生じていることに着目した。そして「学校は性役割観に基づいて生徒の進路を分化させる機能を持つのではないか」「性役割観に基づく進路分化パターンには学校差があり、性役割観に基づいて進路選択の機会と範囲を制約するある種のトラッキング・システムが形成されているのではないか」（中西 1993: 133-134）という予測のもと、女子高等学校3校の性役割観に関して学校が発するメッセージと、そのメッ

セージを受け取る生徒の関係についての分析をおこなった。その結果、あたかも個人の自由意志による選択であるかのように見える進路が、実は学校の性役割観に大きく影響されることを明らかにし、このような学校の進路配分装置を「ジェンダー・トラック」とした（中西 1993）。

とは言え、学校は意図的に男女間の不平等を拡大させているわけではなく、ジェンダー平等も志向している。にもかかわらず、幼児教育・初等教育の段階で、すでに子どもたちに性役割はメッセージとして伝わっている。このメッセージが、性別カテゴリーを統制の手段として用いていることによって伝えられていることを明らかにしたのが、森繁男や宮崎あゆみである。森は幼稚園における参与観察を通して、しつけの場面で性別カテゴリーとそれに付随するステレオタイプな性役割を保育者が頻繁に用いていることを見いだした。しかもそれらは性役割を教えるためではなく、子どもたちの社会化における統制的側面を排除しようとする「児童中心主義」と、「しつけ」という統制的側面の必要性のジレンマの中でおこなわれるストラテジーであることを明らかにした（森 1989）。同様に、宮崎も小学校における参与観察を通して、教員による性別カテゴリーの使用が、児童の行動をパターン化する手段のうちのひとつのストラテジーとして用いられていることを見いだした。そしてこれを、「価値的におこなう」性役割の社会化とは異なる、「結果としての」性役割の社会化とした（宮崎 1991）。

さらに中学校段階においても同様にジェンダー平等を志向しながらも性差別のメッセージが伝わっていることを明らかにしたのが氏原陽子である。氏原が着目したのは「隠れたカリキュラム」[4]の中にある「レベル」だった。氏原は、「隠れたカリキュラム」には明示的なものと黙示的なもののふたつのレベルがあるとしたうえで、ある中学校で参与観察をおこなった。氏原は、まず、座席や出席簿や制服、あるいは使用している教科書や学校組織について着目することで、明示的な隠れたカリキュラムについて検討をくわえた。その結果、例えば座席については男女混合で「男女を区別しない」というメッセージを発している一方、出席簿や制服は男女別となっ

ており、男女を区別するメッセージを発しているとした。さらに、出席簿は男子が前で女子があととなっており、女子が男子に劣る存在であるというメッセージを発しているとした。次に氏原は、教師と生徒の間や生徒同士の間の相互作用を黙示的な隠れたカリキュラムとして、ひとりの教員の授業への参与観察を通して検討をくわえた。その結果、例えば教科書の音読の指名は男女が均等になるように注意を払う一方、授業中のやりとりは男子との間でなされる方が多かった。さらに授業中の男子生徒が、女子生徒が授業のイニシアティブをとることに対して拒否する発言をしていることを見いだした。このような中から、2つの隠れたカリキュラムのレベルを通して、男女平等のメッセージが部分的に漠然とした形で伝えられる一方、根強い性差別のメッセージが随所で伝えられ、男女平等と性差別という矛盾したメッセージが錯綜して伝えられていることを明らかにした（氏原 1996）。

氏原が示した生徒間の相互作用に注目したのが木村涼子である。木村は小学校における授業の参与観察を通して、「男子の『雄弁』と女子の『沈黙』という実に非対称な構図」（木村 1997: 44）を見いだした。この非対称な構図は教員のはたらきかけというよりは、男子生徒による女子生徒への攻撃的な態度に加えて、女子生徒を擁護しようとする教員への男子生徒の反発を通した教室支配に起因していた。その相互作用を木村は「教室空間支配の欲求を率直にあらわす男子と、男子の欲求の前にあっさりと引き下がり教室空間をゆずりわたす女子の態度」（木村 1997: 51）としている。このように、子どもたちは一方的にジェンダーを押しつけられるだけの存在ではなく、自らがジェンダーに応じたふるまいを生み出すとともに、それを他者に強制することで「ジェンダー形成」をおこなう存在でもあることを、木村は明らかにした。

さらに木村は、これらの研究をもとに学校文化におけるセクシズムは学校段階ごとに異なる形を見せるとした（木村 1999）。具体的には、幼児・初等教育段階では統制の手段として性別カテゴリーを多用する一方、中等

教育段階ではセクシズムが強化されるとし、それらを次のようにまとめた。

> 　現代日本の学校教育をジェンダーの観点から学校段階ごとに概観すると、次のような流れに整理することができる。まず、幼児教育段階ではカテゴライズによる性別分離の基礎が築かれ、小学校では幼児教育段階の性別カテゴリーを引き継ぎつつも、男女均質化の原則が強く支配する。しかし、中学校に進学する段階で、性別の差異を強調する文化が思春期という子どもの発達段階ともあいまって展開される。高校段階では、中学校において生じた性別分化のプロセスが学校・学科選択によって本格的に展開し、さらに卒業時点での高等教育機関への進学の有無と進学先の選択によって、最終的な性別分化が完成する。（木村 1999: 27-28）

　このように、1990年代までの日本の学校教育におけるジェンダー研究は、主としてセックス（生物学的・解剖学的特徴）を基準に2つの性別カテゴリーに振りわけられた子どもたちが、それぞれの性別に結びつけられた性役割を、学校教育の過程においてどのように付与され、あるいはそれを自らが獲得するかということを明らかにするという、いわゆる「性役割の社会化」を軸に展開されてきた。

　しかしながら、このようなジェンダーのとらえ方に対する批判が、主として1980年代以降の海外におけるジェンダー研究を用いておこなわれてきた。

　ロバート・J・ストーラーによると、セックスと「社会的文化的性差」であるジェンダーを切りわけたのはジョン・マネーおよびJG.ハンプソンとJL.ハンプソンである[5]（stoller 1968=1973）。セックスとジェンダーが分離されることによって、生物学的性別とは異なる「女性ジェンダー」と「男性ジェンダー」というふたつの「性役割（gender role）」、があるとされた。これは、「女性が『女性』であることは生物学的な宿命である」という価値観からの解放だった。

一方、先に述べた「性役割論」に対する疑問が呈されるようになったのが1980年代である。例えば、ロバート・W・コンネルは性役割理論を「権力および社会的利害を理論化できない」「生物学的区分に依拠しており、構造を非社会的なものとしてとらえている」「規範＝模範としてとらえられた標準事例に基づいていて、抵抗を系統的に無視している」「ジェンダーの歴史性を理論化できない」として「放棄せざるを得ない」（Connell 1987=1993: 102）とした。また、ジョーン・W・スコットは「女性ジェンダー」と「男性ジェンダー」のふたつのジェンダーがあるのではなく、「ジェンダーとは、肉体的差異に意味を付与する知なのである」（Scott 1988=1992: 16）とした。すなわち、ジェンダーは「『知』によるひとつの差異化の実践」（上野 2002: 22）ということである。さらに、性役割論が自明視している身体にまつわる性別二分法そのものへの批判を加えたのがジュディス・バトラーである。バトラーは、セックスを基礎としてジェンダーがつくられるとした従来の考え方を転倒させ、異性愛規範のもとにある2つのジェンダーを正当化させるために2つのセックスが「捏造」されるとした。さらに、内在的であるとされるアイデンティティも、反復する日常的なジェンダー実践[6]によって身体の表面に書き込まれるものであるとした（Butler［1990］2000=1999）。

　このようなポスト構造主義の理論を用いて、日本の教育社会学における「性役割の社会化」論に対して批判を加えたのが西舘容子である。西舘は「『女子（男子）というセックスが女子（男子）というジェンダーを担う』ことを自明視するというバイアスが、研究視角に潜んでいることに問題がある」（西舘 1998: 6）とし、具体的には、①二分法的な性別カテゴリーを自明視することの問題性、②権力関係を考察する必要性、③内面化を前提とすることの問題性の3点をあげた。そして、フェミニズムポスト構造主義の研究視角を用いることで「①性別カテゴリーを自明視しておらず、②個人的な事象も現実が構成される社会過程の一部として捉えることが可能なうえに、③その社会過程に権力関係を読みとろうとするもの」（西舘

1998: 12）が可能となると指摘した。西舘はその具体例として、中学校での参与観察をおこない、以下のような分析をおこなっている。

　　田端先生、テストを解説したあと、テストを返す。クラス騒然とする。いちおう落ち着いた後、コメントを言う。
　（1）先生：「クラスの平均は、プリントの中央に書いてあるけど、…A組はこんなもんかな…もうちょっと高いかな…女子がもうちょっと高い」
　（2）男子生徒数人：「ゲェ」
　　田端先生が「女子が」（1）という時点で、クラスが二分され、性別的主体位置が構成される。そして、男子生徒らは、「女子」という主体位置を自分は採用しないことを表明し（2）、自分が「女子ではない」ことを証明する。（西舘 1998; 15）

　このように、女子が「女子」に、男子が「男子」になっていくということを自明視するのではなく、教員の言説を通してクラスが男女に二分された時、生徒は自らの言説実践において「正しい」位置をとらざるを得ないため、女子は「女子」に、男子は「男子」になるように見えるとした。そして、ジェンダー形成とは「性別に関係する言語を用いて言説実践が展開され、性別にかかわる意味体系を構成すること」（西舘 1998: 17）とした。
　このフェミニストポスト構造主義の立場を用いた実証的研究としては、例えば藤田由美子や片田孫朝日のものがある。藤田はこれまでのジェンダーと教育研究に対する西舘の批判点に加えて、「考察対象が主として思春期以降であることの問題」を提示し、先にあげた森の論議を参照しながら、幼児もまた一方的にジェンダー化される客体ではないとした。そして、幼稚園・保育園での参与観察を通して、子どもたちは日々の遊びの中で他者との相互行為の中で二分法的なジェンダーを構築しているだけでなく、そこに「カレシ」「カノジョ」という対概念が存在していることを明らかにした（藤田 2004）。また、片田は小学校低学年の学童保育の参与観察をお

こない、「おやつの場面」という異年齢集団における「注意」という実践に着目した。その結果、制度的には学年が上の子どもが「注意」をすることが期待される中、女子については学年が上であるにもかかわらず、低学年男子からの抵抗によって注意することが困難な場面があり、子どもたち自身が「ジェンダー化された主体の位置」をとっていることを見いだした。一方、女子たちも「強いリーダー」などに自己を位置づけて、期待される役割を遂行する場面があることも指摘し、子どもたちは複数のカテゴリーを用いながら場面を組織する主体であることを明らかにした（片田 2006）。

　では、周囲から見て「正しくない」位置をとった場合はどのようになるだろう。先にあげた藤田は保育園での参与観察において女の子がジェンダーを越境した事例がしばしばあったのに対し、「『女』のようにふるまう男の子は、少なくとも調査期間中は全く観察されなかった」（藤田 2015: 107）としている。ただし、越境行為そのものがまったくなかったわけではなく、例えば子どもたちが「女の子のものである」と解釈しているものを所持している男の子は存在しており、特に男の子から逸脱の評価がなされていた。とりわけ、男の子が「泣く」ことは男らしさからの逸脱として「負のサンクションの対象になり、あざけりを受け、同性あるいは異性の仲間たちによって『逸脱者』として語られた」（藤田 2015: 108）。西躰もまた、周囲からみて「正しく」あわせることに失敗した事例をとりあげ、それが「不当な」存在として扱われるとし、それゆえに子どもたちは「正常な」位置を採用せざるを得ないとした（西躰 1998）。

　このように、これまでの教育社会学は、学校の制度や教員・生徒の言説によって二分法的な性別カテゴリーが構築されるとともに、子どもたち自身が自ら「正しい位置」をとるだけでなく、他の子どもが「正しくない位置」をとった場合、それを「逸脱」とすることを通して、「正しい位置」をとるように仕向けていることを明らかにしてきた。しかしながら、なぜその位置が「正しいのか」ということは俎上にあげられてこなかった。なぜなら、ある生徒がある性別カテゴリーの成員であることは所与のことと

されてきたからである。

　一方、序章で述べたように、本書が分析の対象とするトランスジェンダー生徒は、「正しい位置」をとることに困難を感じるとともに、性別移行の実践により「逸脱」とされる「正しくない位置」への割り当てを実現してきたのである。したがって、トランスジェンダーによる性別移行の実践を分析することで、「性別カテゴリーの成員である」とはどのようなことなのかということを明らかにできるはずである。

　これらのことから、本書では、トランスジェンダー生徒が直面する困難の分析を通して、性別カテゴリーの構築過程と、性別カテゴリーへの「割り当て」の構造を明らかにする。また、トランスジェンダー生徒による性別移行の実践過程の分析を通して、ある性別カテゴリーの成員とみなされる過程を明らかにする。

3　本書の分析視角

　第1節で述べたように、これまでのトランスジェンダー生徒は、主として文科省2015年通知に代表される特別な配慮の対象として語られてきた。しかしながら、先に見たように、トランスジェンダー生徒が必要とした「特別の配慮」の項目は、制服や髪型など、そのほとんどが、学校自身がつくりだす、「性別にもとづく扱いの差異」によるものである。そして、第2節で見たように、この「性別にもとづく扱いの差異」は、2つの性別カテゴリーに分化した結果なされるだけでなく、言説などの実践による扱いの差異を通して2つの性別カテゴリーをその都度その場で構築していくのである。もちろん、性別カテゴリーの構築のありようは木村が述べたように学校段階ごとに異なる形を見せる。そこで、本書でも、このようになされる性別カテゴリーの構築を「性別分化」と呼ぶことにする。この性別分化の過程で、西躰が述べたように子どもたちは出生時に割り当てられた性別にしたがった「正常な位置」へと自らを位置づけるとともに、他の子

どもたちに対しても強制力を働かせる。本書ではこの強制力を「出生時に割り当てられた性別へと水路づける強制力」と呼ぶことにする。

また、トランスジェンダー生徒が自らを「正しい位置」にあわせない場合、西躰が述べたように「不当な存在」として扱われたり、藤田が述べたように負のサンクションを与えられたりする。このように、トランスジェンダー生徒は「出生時に割り当てられた性別へと水路づける強制力に従わなければならない」という現実と「自らの性自認にしたがった性別で学校生活を送りたい」という欲求の間で葛藤を起こす存在ととらえることができる。本書ではこの葛藤を「ジェンダー葛藤」と呼ぶことにする。

ここで「生物学的性」ではなく、「出生時に割り当てられた性別」を用いるのは、学校が把握している生徒たちの性別は、生物学的・解剖学的特徴、すなわち、外性器の形状や内性器の状態、あるいはホルモンの分泌量や性染色体などではなく、あくまでも書類に記載された性別、すなわち「出生時に割り当てられた性別（Assigned Gender at Birth、以下、AGAB）」に過ぎないからである。

したがって、トランスジェンダー生徒は、「出生時に割り当てられた性別へと水路づける強制力（以下、AGABの強制力）」のもと、性別分化によってつくられた二分法的な性別カテゴリーのうち、AGABにしたがった性別カテゴリーへと割り当てられ、その性別カテゴリーの成員と見なされ扱われることで「ジェンダー葛藤」を強める。そして、トランスジェンダー生徒による性別移行をめぐる実践は、このようにして強められた「ジェンダー葛藤」の軽減や解決をめざす行為ととらえることができる。

ここでなにをもって「性別移行」とするかを確認しておく。例えば、パトリック・カリフィアは『セックス・チェンジズ』の中で「トランジション」という言葉に注釈をつけ「性別の移行、あるいは移行期のこと。ジェンダー・トランジションとも言う」（Califia [1997] 2003=2005: 9）としている。一読してわかるように、この説明はトートロジーである。あるいは、ジョーン・フェイによる『トランスジェンダー問題』の中で「性別移行」

が最初に出てくるのは、ある学校における「ミスター・アプトン[7]は最近、人生を変える大きな決断を下し、女性として生きるための性別移行を始めることになりました」(Faye 2021=2022 :17) という保護者向けニュースレターに記載された記事である。ここでも、なにをもって性別移行となるのかという説明はなされていない。これは、本来「性別」というものは「生物学的・解剖学的特徴」や「書類上の性別記載」のみならず「服装」「名前」などのジェンダー表現などさまざまな要素を含む包括概念だからである。したがって、性別移行の要素もまた、「手術による外性器等の変更」「ホルモン投与による身体的特徴の変更」「書類上の性別記載の変更」「服装の変更」「名前の変更」など多岐にわたる。また、「性別移行の達成」とは、これらすべてを「完了」することでもない。

　第2章で詳しく述べるが、本書の調査協力者のみなさんは1980年代から1990年代に生まれたトランスジェンダーの人びとである。また、分析の対象となるのは就学前・小学校・中学校・高校時代についての語りである。最年少の人が高校を卒業したのは2012年3月である。このことが意味することは以下の通りである。医療的側面においては、ガイドライン第4版において、ホルモン投与の開始年齢が18歳から15歳に引き下げられたが、その発表は2012年である。また、法的側面においては、成人年齢の変更によって特例法の年齢要件が20歳から18歳に引き下げられたが、これも2022年のことである。したがって、本書の調査協力者のみなさんの「性別移行」には、医療的側面や法的側面は適応できない。

　そもそも、本書の関心はこのような医療的側面や法的側面ではなく、学校における性別カテゴリーの構築過程と、性別カテゴリーへの割り当てである。このような関心のもと、本書では「性別移行」を「AGABにしたがった性別カテゴリーの成員とみなされることから、自認する（AGABとは異なる）性別カテゴリーの成員とみなされること」、具体的には、「自認する（AGABとは異なる）性別の人間として扱われること」とする。また、本書の特徴であり限界は、参与観察ではなくインタビュー調査から得

られたデータを用いていることである。そこで、調査協力者のみなさんが、「自認する（AGABとは異なる）性別の人間として扱われた」という主旨の語りをもって「性別移行の達成」とすることにする[8]。

では、ある性別で扱われるとはどのようなことだろうか。

ハロルド・ガーフィンケルはアグネスというトランス女性[9]による「自然で正常な女性」であり続けるための実践の分析をおこなった。「正常な人たちは、別に考え込むこともなしに自分は女だという主張をすることができる。それに対して、アグネスにとっては、自分はあたりまえの女だと主張しても、他人がそれにどう反応するかはわからなかった」（Garfinkel 1967=1987: 297）。そのためには、アグネスは自分自身が「女性」であることを示すと同時に、「女性」であることはなにかということを学び続ける必要があった。ガーフィンケルは、そのようなアグネスの実践を「通過した（passed）」のではなく「通過作業をおこない続けた（passing）[10]」としている。そして、それぞれの性別カテゴリーの成員が「あたりまえ」として実践するセクシュアリティを、「操作として生み出されるもの」（Garfinkel 1967=1987: 318）としたうえで、ガーフィンケルはそれぞれの場面における実践によって、性別が文化的出来事として生み出されることを明らかにした。

一方、ドン・H・ツィンマーマンとキャンディス・ウェストは、アグネスの実践をさらに一般化し、「ジェンダーとは、自分の性カテゴリーにふさわしい態度や活動に関する規範的意識に照らして、置かれた行動を管理する活動である」（zimmerman & west 1987: 127）とし、「ジェンダーそのものが相互行為を通して構成される」（zimmerman & west 1987: 127）とした。例えば、ガーフィンケルはアグネスの外見については「誰もが女性だと思うに違いない」（Garfinkel 1967=1987: 239）と述べるにとどめている。それに対して、ツィンマーマンとウェストは「アグネスの最初の資源は、彼女の外見（体型、服装、髪型など）を、間違いなく正常な女性の外見であると受けとめる、彼女が出会う人びとの素質であった」（zimmerman & west

1987: 133）として、アグネスの外見を「女性」とみることもまた社会的な行為であることを示した。

　このような「性別を見る」ことへの検討を加えたのが鶴田幸恵である。鶴田は「他者をあるカテゴリーに属すると判断する」行為の中には「一瞥による判断」と「手がかりによる判断」があるとした。そして、性同一性障害の人びとによる「パス」[11]実践の分析をおこなった。その結果、性別カテゴリーの特異性として「見てわかるもの」だけでなく「常に見てわかっていなくてはならない」という規範性を帯びていること、性別の把握は場面とかかわること、にもかかわらず人びとは日常的に他者の性別を見る時に「手がかりによる判断」をせずともその人の性別を理解できるということから、「他者の性別を見る」という実践は、人びとが日常的におこなう社会的な行為であることを明らかにした（鶴田 2009）。

　一方、鶴田自身が「同じ会社に勤めながら性別を変更して働き続ける、『在職トランス』と呼ばれる人たちは、（中略）パスできることよりも、女／男『扱い』（されること／されないこと）を望んでいくかもしれない」（鶴田 2009: 104-105）としているように、鶴田は性別変更後の「性別を見せる／見る」行為を分析したが、性別移行の過程や「女／男『扱い』」については明らかにしなかった。

　先にも述べたように、本書における「性別移行」は、「自認する（AGABとは異なる）性別カテゴリーの成員とみなされること」である。このような性別カテゴリーへの割り当ては、人びとをカテゴリー化していく実践と考えられる。カテゴリー化実践の分析手法としてあげられるのが、ハーヴェイ・サックスによって提唱された成員カテゴリー化装置である（Sacks 1972b=1995）。本書では、性別移行におけるカテゴリー化実践を検討する際、このサックスの成員カテゴリー化装置の概念に依拠しているため、以下、少し詳細に述べておきたい。

　サックスは、あるカテゴリーは、いくつかのカテゴリー集合から成り立っているととらえた。例えば「授業の参加者」というカテゴリーは「教員

-生徒」という2つのカテゴリーの集合から成り立っているということである。このように、カテゴリー化は、単一のカテゴリーではなく、いくつかのカテゴリーからなるカテゴリー集合を用いておこなっているのである。そのカテゴリー集合に対して適用規則を加えたものが成員カテゴリー化装置である。適用規則とは、あるカテゴリーに対して、どのようなカテゴリー集合を用いるかということである。適用規則は一貫性規則と経済規則からなる。一貫性規則は、ある成員をカテゴリー化する際に用いたカテゴリー集合は、他の成員をカテゴリー化する際にも用いられる可能性があるということである。また経済規則は、ある母集団の成員をカテゴリー化する際用いるカテゴリー集合はひとつだけで充分であるということである。

　サックスは成員カテゴリー化装置の例として「赤ちゃんが泣いたの、ママが抱っこしたの」という文章をとりあげた（Sacks 1972a）。この例では、この場面を観察した人は、まず、泣いている「人」に「赤ちゃん」というカテゴリーを適用した。「赤ちゃん」は「人生のステージ」や「家族」などのいくつかのカテゴリー集合に属しているが、一貫性規則により「家族」というカテゴリー集合を適用することで、抱っこした「人」に「ママ」というカテゴリーを適用した。さらに、経済規則を用いることで、「家族」以外のカテゴリー集合を用いる可能性を排除した。このように、成員カテゴリー化装置を用いることで、「抱っこした人は赤ちゃんのママである」という解釈が可能となる。さらにサックスは、「カテゴリーと結びついた活動」という概念を提唱した（Sacks 1972a）。「カテゴリーと結びついた活動」とは「その結びつきが行為や出来事の理解にとって前提となっている」（前田・水川・岡田 2007: 117）ということである。先の例で言うならば、「赤ちゃん」というカテゴリーは「泣く」という活動と、「ママ」というカテゴリーは「子どもをケアする」という活動と結びついている。このようにして、先の場面を見た人は「泣いている人は赤ちゃんである。そして、抱っこしているのは赤ちゃんのママであり、あやすために抱っこしているのである」というように理解することが可能となる。

ここで大切なのは、成員カテゴリー化装置は、人びとがカテゴリー化実践をおこなう際用いている手法であるということである。だからこそ、その場における成員カテゴリー化装置の用いられ方を分析することによって、人びとがどのようなカテゴリー化実践を行っているかを明らかにすることが可能となるのである。つまり、トランスジェンダー生徒が二分法的な性別カテゴリーのどちらに振り当てられたかは、成員カテゴリー化装置の用いられ方を分析することで可能となる。

　さらにサックスは、母集団のすべての成員をくまなくカテゴリー化できる装置を「Pnに適合的な装置1型」[12]と呼び、その例のうちのひとつに性別カテゴリーをあげている（Sacks 1972b=1995）[13]。このことは、人びとは、それぞれの場において、そこにいるすべての人びとを二分法的な性別カテゴリーのいずれかに割り当てているということを示している。その割り当ては「女の子と男の子、女性と男性の間に、自然でも本質的でも生物学的でもない違い」（zimmerman & west 1987: 137）あるいは「肉体的差異に意味を付与する知」（Scott 1988=1992: 16）という差異化によっておこなわれる。この「差異化の実践」は、「あちらとこちらを差異化する際に境界線を設定する実践」と考えることができる。そして、人びとはこのような境界線を設定する際、成員カテゴリー化装置を用いることで境界線の位置を決め、そこにいるすべての人びとを二分法的な性別カテゴリーへと割り当てているのである。

　以上のことを踏まえて、本書では、トランスジェンダーへのインタビューを通して、どのようにして性別カテゴリー間の境界線が設定され、二分法的な性別カテゴリーが構築されたのか。また、どのようにしてトランスジェンダー生徒はその性別カテゴリーへと割り当てられ、ジェンダー葛藤を強めたのか。さらに、どのような実践でそのジェンダー葛藤を弱めることができたのか。これらを分析することとする。

■注
1 島袋海理は、ローレル・ウェストブルックとクリステン・シュルト（Laurel Westbrook and Kristen Schilt）による「ジェンダー統合型空間（性別によって空間が区別されていない空間）」と「ジェンダー分離型空間（性別によって空間が区別された空間）」の区別を用い、更衣室やトイレあるいは修学旅行の部屋わりなどは、本来は生物学的性にもとづいた基準が適用される「ジェンダー分離型空間」であるにもかかわらず、文部科学省は「男女のいずれにも振り分けない特別な配慮」をしており、この配慮は「ジェンダー統合型でもジェンダー分離型でも説明できない対応」（島袋 2020: 172）としている。
2 柴野昌山は「かくれたカリキュラム」を「適切な生徒行動を規定するような暗黙の価値ないし態度」（柴野 1982: 10）としている。
3 柴野（1982）と天野（1988）は「かくれたカリキュラム」と表記しているのに対し、氏原（1996）は「隠れたカリキュラム」と表記している。本書では、著者の表記にしたがうことにする。
4 「マネー（Money）とハンプソン（Hampson）らは、性的なものには後天的な学習経験が不可欠であるというこの知識の上に直接積みあげて、彼らは性と性別とは必ずしも一対一の対応関係にはないという命題をはっきりと引き出した」（Stoller 1968=1973: 10）
5 バトラーは「パフォーマティビティ」と言っている。
6 このニュースレターを発行した学校の教員の名前。
7 トランスジェンダーの性自認は、先の定義にもあるように、必ずしも男女に二分されるものではない。また、性別二元制への批判も多くある。一方、木村涼子は教育におけるジェンダー研究の困難を次のように述べている。

〈ジェンダーと教育〉というテーマに関しても、教育に関わってセクシュアル・マイノリティが抱える問題を視野に入れることは欠かせない課題である。そうした研究の発展は、性別二分法の相対化をすすめるとともに、従来のジェンダー秩序の抑圧性をより明確化することにつながるだろう。ただし、今日のジェンダー秩序は二分法によって機能していることは確かである。〈ジェンダーと教育〉研究は、二分法を基礎として調査や分析を行なうことにこだわると同時に、性別二分法を相対化するという、矛盾する方向性を同時に遂行する困難と向きあい続けることになる（木村 2009: 12-13）。

8 本書は木村が述べるような二分法的なジェンダー秩序におかれた日本の学校におけるトランスジェンダー生徒による性別移行の実践の過程を扱うため、あえて二分法的な記述を用いることにする。
9 アグネスは自らを「トランス女性」とは名のっていない。また、この当時「トランス女性」という言葉は存在していない。
10 ガーフィンケルはアグネスによる「パッシング」を「社会生活を織りなすさまざまな条件の中で生じるやもしれない露見や破滅の危機に備えながら、自分が選択した性別で生きていく権利を達成し、それを確保していく作業」（Garfinkel 1967=1987: 267）として

いる。
11 「パスとはコミュニティで用いられている用語で、MtF の場合なら、性別を変更していることを見破られることなく、日常生活を送るために支障のない『ふつう』の女の外見を獲得する実践を指している」（鶴田 2009: 17）。
12 Pn とは「P=Population（成員の母集団）が、どのような数（n=number）の母集団であっても適用可能であるという意味」（山崎・山崎 2005: 125）である。
13 上谷香陽は、サックスのこのような性別二元的なとらえ方に対して、時代の制約があったことを認めつつも、女性と男性というカテゴリーが対をなしているということへの疑問を呈している。そして、ジェンダーという装置の運用のされ方そのものを分析の対象とする必要性について述べている。（上谷 2001）。

第 2 章

調査の概要

　本章では、本書の分析対象となるインタビューデータについて述べる。
　私は2015年に京都教育大学大学院教育学研究科において修士論文「トランスジェンダー生徒に対する学校の対応と当事者からの評価：トランスジェンダーの若者へのインタビュー調査を通して」を提出した。本書で用いるインタビューデータは、基本的にはこの論文を執筆するために調査したものである。
　ただし、この時のインタビューデータはタイトルからわかるように、主として学校の制度や教職員の対応に焦点をあてたものだった。その後、生徒間の相互行為に着目するために、新たに2人に追加インタビューをした。
　近年、インタビューは語り手と聞き手の相互行為として位置づけられるようになってきた（桜井 2002）。そこでは、聞き手の立ち位置が問われることになる。そこで、最初に私のポジショナリティについて述べる（第1節）。続いて、インタビューの内容、および調査協力者のみなさんのプロフィールについて述べる（第2節）。最後に、調査協力者のみなさんの時代背景と、インタビューの中に共通してみられた局面について述べる（第3節）。

1　私のポジショナリティ

　通常、マイノリティと言われる人々への調査をおこなう場合、なんらかのグループを通して紹介してもらったり、特定の知りあいからスタートするスノーボールサンプリングといったような形で調査協力者を募ったりす

ることが多いだろう。しかしながら、本書の調査協力者のみなさんは、全員がわたしの直接の知人である。いかにしてこのようなことが可能となったのか。

「はじめに」でも述べたように、私はトランスジェンダー当事者である。したがって、本書は、トランスジェンダー当事者によるトランスジェンダー生徒についての研究ということが、ひとまず言えよう。

当事者が自らについて行う研究としては、「当事者研究」がある。当事者研究は、2001年に北海道浦河町にある精神障害などの当事者の活動拠点である「浦河べてるの家」においてはじまったとされる（石原 2013）。石原孝二は、当事者研究を「障害や問題を抱える当事者自身が、自らの問題に向き合い、仲間と共に、『研究』することを指す」（石原 2013: 66）としている。この当事者研究は、現在ではさまざまな分野でおこなわれるようになった。そのうちのひとつが、綾屋紗月と熊谷晋一郎による「発達障害当事者研究」である。べてるの家の当事者研究は、先に述べたように「仲間と共に」おこなわれる。それが端的にあらわれているのが、べてるの家における当事者研究の理念のひとつである「自分自身で、共に」である。それに対して、発達当事者研究はマジョリティである定型発達者とのズレに着目しておこなわれる（綾屋 2013）。このような発達障害当事者研究は、「なぜ発達障害者はできないのか？」という問いを裏返した「なぜ定型発達者はできるのか？」という問いをたてることを通して、「ソーシャル・マジョリティ研究」へとつながった（綾屋ら 2018）。

社会学や心理学分野においても、当事者が自分自身を対象として研究をおこなう「自己エスノグラフィー（オートエスノグラフィ）」がある。「自己エスノグラフィー」とは「自己のホームにて、あるいはネイティブとして民族誌的営為に取り組んでいる、まさにその自分自身を問いの対象として記述考察していく研究の手法」（川口 2019: 154）である。その意義を川口幸大は「従来の人類学がしてきたように他者を介してでは果たせなかった、すなわち、我がこととして向き合うのでなければ決して扱いえなかった主

題について自己をもって思考し論述し、さらにそうしている自己さえも対象化しつつ得られた知見を自らの研究と生活に還元していく試みである」（川口 2019: 155）としている。さらに、自己エスノグラフィーへのさまざまな批判に応えるために、他者との相互行為の中で「対話者という媒介を通して研究者が自分自身を捉え、記述していく試み」（沖潮〔原田〕2013: 155）である「対話的な自己エスノグラフィー」もある。

　ただし、私はこれらの手法をとらない。なぜなら、本書における当事者はトランスジェンダー生徒だからである。中西正司と上野千鶴子は「ニーズを持ったとき、人は誰でも当事者になる」（中西・上野 2003: 2）とした。一方、私は学齢期に自身がトランスジェンダーであるという認識を持たず、したがって、「ニーズ」は持ちようがなかった。つまり、トランスジェンダーという当事者性を持ってはいるが、トランスジェンダー生徒という当事者性は持っていないのである。

　しかしながら、先にも述べたように、私はトランスジェンダー生徒当事者ではないが、トランスジェンダー当事者ではある。私がトランスジェンダーであることを自覚したのは 1997 年頃であり、2000 年にはサイトを立ちあげ情報発信をはじめている。さらに、2002 年には雑誌『部落解放』の座談会に参加したり、その後講演会の講師として呼ばれたりするようになるなど、トランスジェンダー当事者の教員であることをオープンにした（土肥 2014）。したがって、調査協力者のみなさんのほとんどが、私と直接出会う以前から、さまざまな形で私を知っており、そのような人にとって私は「先駆者」的な位置づけを与えられていると考えられる。

　一方で、私にはもうひとつの当事者性がある。それは、学校の教員という当事者性である。言うまでもなく、トランスジェンダー生徒が学校生活の中で感じる困難は、「学校」という「制度」によって与えられている。教員はその制度の実行者としてトランスジェンダー生徒の前に立っている。したがって、教員という当事者性は、どちらかというと、トランスジェンダー生徒を抑圧する側のものということになるだろう。しかしながら、一

方的に抑圧する側というわけでもない。例えば、私は人権教育にかかわっており、全国の人権教育にかかわる教育関係者と交流を持っている。そのような中、トランスジェンダー生徒についての相談を受けることもあり、その一環でトランスジェンダー生徒と面談し、時としてサポートすることもある。このような活動が、私が主宰している自助グループにつながっている。

 したがって、いかに私が「トランスジェンダー『生徒』当事者ではない」と言ったとしても、私が「トランスジェンダー生徒と学校」を研究のフィールドとする限り、調査協力者のみなさんは私をトランスジェンダーの先駆者、あるいはトランスジェンダー生徒を支援するトランスジェンダー当事者「教員」としてのポジショナリティを与えることとなるだろう。

 今尾真弓は研究者であり当事者である場合の関係を、当事者として研究する「1、当事者＝研究者」、当事者と研究を完全に切り離した「2、当事者≠研究者」、それらの中間である「3、当事者∪研究者」の3つに分類した上で、3の立場を「期待される『当事者研究』の期待を踏まえたうえで、研究者という役割によって区切りをつけ、やや距離を置くという立場である」（今尾 2007: 88）とする。私は先にも述べたように1の立場ではない。一方、当事者性を与えられている限り、2の立場もとれない。したがって、私は当事者であることを引き受けた上で、当事者とはやや距離を置きながら研究をおこなう3の立場をとることにする。

 3の立場をとる以上、私は、聞き手としての立ち位置が問われることになるだろう。本書の調査協力者のみなさんは、詳しくは次節で述べるが、私が主宰しているトランスジェンダー生徒の自助グループにかつて生徒として参加していた人や、サポーターとして参加している人々である。みなさんが私からの調査依頼に対してふたつ返事で快く引き受けてくれた背景には、ピアな存在同士という安心感や、教員あるいはセクシュアルマイノリティ当事者の先輩、さらには自分たちが参加している自助グループの主宰者といった形のラポール（信頼関係）が既にあったからであろう。その

ため、インタビューは私にしか語られない内容である可能性がある。

　一方で、このような関係は諸刃の剣とも言えよう。まずは、トランスジェンダーについての知識や経験を共有していることの是非ということがあげられるよう。また、ほとんどの調査対象者のみなさんとはインタビュー以前から私的なつきあいをしているため、みなさんの背景をある程度知っているということの是非もあげられよう。例えば、インタビューの冒頭に「よく知らない人のていで」とお願いはしたものの、自明のこととして、実際には語られなかったこともあるだろう。さらには、自助グループ等でのさまざまな話し合いを通して、私の考えが調査協力者のみなさんに知られていることもあげられる。

　例えば、インタビューの中に、以下のようなやりとりがある。

　　——　「金八[1]」見た？
　　ススム：見ました。
　　——　どないでございましたか？
　　ススム：えっへっへっへ。

　このやりとりは、私とススムさんの間で「3年B組金八先生」についての共通の評価があることを前提にし、さらに私が期待する内容をススムさんに答えてもらうように誘導しているようにも見える。

　このように、私が求める内容を予測して語ってくれたり、逆に語りにくさを感じて語ることを避けたりといったこともあるだろう。したがって、語られたことをそのまま鵜呑みにすることは避けなければならないだろう。しかしこのことは、語られたことを疑うということではない。

　矢吹康夫は「当事者自身が調査・研究をする際についてまわる独自性への評価と排他性への批判とが表裏一体になった両義的な態度を退けることができるのがライフストーリー研究である」とし、「あらゆる調査・研究を『私だからできた／にしかできない』ものとして認識」（矢吹 2017:

161)するとしている。本書では、私だからこそ得られた「語り」であることを前提として、なぜそれが語られたのか、なぜそのように語られたのか、ということに留意しながら分析することにする。

2　研究の対象

本書のインタビュー調査では、先にも述べたように、私が主宰しているトランスジェンダー生徒の自助グループにサポーターとして参加している18歳以上の当事者の中から10人を選び、調査に協力をしてもらった。この自助グループは、年に数回集まりを持ち、自分たちの悩みを話しあう活動をしている。調査協力者の中には、高校時代にこの自助グループに参加していた人も含まれる。調査協力者の選出にあたっては、トランス女性とトランス男性[2]ができるだけ均等になるように考えた。なお、この自助グループの参加者の多くは、明確に男性／女性いずれかのジェンダー・アイデンティティを持っている。そのため、調査協力者のみなさんも高校卒業以前はXジェンダー[3]やノンバイナリー[4]などのアイデンティティは持っていなかった。また、出身高校については、全日制普通科に在籍していた経験がある者とし、制服と私服、男女別学と共学が混ざるようにした。

表2-1に調査協力者の性の自己認識、生年・年齢、小学校・中学校の制服の有無、高等学校以降の校種・課程や共学／男女別学の別、制服の有無を示す。なお、ユイコさん・マコトさん・ツバサさん・キョウコさんはトランス女性、ユウキさん・ユウヤさん・アキさん・シュウトさん・ススムさん・ハルトさんはトランス男性である[5]。ただし、アキさんについては、高校時代はトランス男性という自認を持っていたが、大学卒業後トランス男性という自認がなくなった。

インタビューをおこなった時期は2013年12月から2014年5月である。つまり、文科省2010年通知が出され、さらに文科省年調査が開始された頃ではあるが、調査結果が公開される前のことである。文科省調査では、

表 2-1 調査協力者一覧（調査時 2014 年現在）

名前	性の自己認識	生年	調査時年齢	小学校 制／私	中学校 制／私	校種・課程（1）	共／別	制／私	C.O.	要求	校種・課程（2）	共／別	制／私	C.O.	要求	校種・課程（3）	共／別	制／私	C.O.	要求	調査時職業
ユイコ	トランス女性	1995	19	私服	制服	全日制高校卒業	共学	私服	×		4年制大学在学	共学	私服	○	○						
マコト	トランス女性	1986	28	私服	私服	全日制高校卒業	共学	私服	×	-	4年制大学卒業	共学	私服	×	-	大学院退学	共学	私服	×	-	技術職
ツバサ	トランス女性	1992	22	私服	制服	全日制高校卒業	男子	制服	×		4年制大学在学	共学	私服	○	○						
キョウコ	トランス女性	1990	24	私服	制服	全日制高校卒業	共学	制服	○	○											飲食業
ユウキ	トランス男性	1989	25	私服→制服	制服	全日制高校卒業	共学	私服	○	○	専門学校卒業	共学	白衣	○	○						医療関係
ユウヤ	トランス男性	1989	25	私服	制服	全日制高校卒業	女子	制服	○		4年生大学卒業	共学	私服	×	-						教育関係
アキ	トランス男性→×	1990	24	私服	制服	全日制高校卒業	共学	制服	○	○	4年生大学卒業	共学	私服	○	○						医療関係
シュウト	トランス男性	1990	24	私服	制服	全日制高校退学→	共学	制服	○	△	→定時制高校卒業	共学	私服	○	○	短期大学卒業	共学	私服	○	○	
ススム	トランス男性	1987	27	私服	制服	全日制高校退学→	女子	制服	○	○	→通信制高校卒業	共学	私服	○		通信制大学退学	共学	私服	○	○	介護職
ハルト	トランス男性	1982	32	私服	制服	全日制高校退学→	共学	制服	×	-	→定時制高校在学	共学	私服	○	○						

トランスジェンダー生徒が感じる困難を、項目として具体的に示しているため、質問項目の設定や語りに一定の影響を与える可能性があるが、本書のインタビュー内容には文科省調査は影響を与えていない。インタビューは、ひとりあたり1時間から3時間おこなった。その際、同意を得てICレコーダーに録音し、後に文書化した。

インタビューを実施するにあたって、それぞれの調査協力者のみなさんに、まず主旨説明をおこなった。はじめてインタビューしたのはユウキさんだったが、その時の主旨説明は、以下のようなものだった。

> ――― 一番初めになんのために、このあれを頼むのかっていうのを説明しますが、一応ですね、私、修士論文でトランスジェンダーの子どもたちのライフヒストリーの中でどんなことがあったのか、特に学校やな。に一応メインを置くんやけども、その学校でどんなことがあったかとか、それからまぁ、今どういうふうに生きようと、生きているのか、生きようと思っているのかってことを、だいたい20歳台の子らにインタビューして、それをまぁまとめてみたいと思っているんですよ。
> （中略）
> とりあえず、録音したやつをテープで起こして、それでこれを修士論文でところどころ引用して使うことを許可してくださいね、という仁義を切らんといかんらしいんやけど、OKですか。
> ユウキ：はい。
> ――― ありがとうございます。とりあえず、インタビューするんやけど、まぁ、ざっくばらんに自分の人生振り返ってもらったらいいかなぁって思うんですけども、

この当時は、まだ修士論文で明らかにしたいことがあまり明確ではなく、インタビューの目的は、とにかく「話を聞くこと」だけだった。その後、

何人かインタビューする中で、リサーチクエスチョンが少しずつ明確になってきた。次に示すのは、2015年5月におこなったマコトさんへのインタビューでの主旨説明である。

> ——— もういきなりインタビューの主旨なんかを説明します。わたくし現在京都教育大学の大学院で教育学を研究する研究室におるんですよ。そこでまあ人権教育をやっておるんですけども、そこでやりたいと思っているのが、トランスジェンダーの特にまあ20代から30代から、20代、今19歳もやっていますけども、20代から30代ちょいまで比較的若い人たちで、その中でも安定している人たちという非常におおざっぱ言い方なんやけども、まあ突撃系[6]ではなく、まあ安定しながらトランスをしている人たちですね。まあそれを仮に成功例というわけではないけども、そういう人たちの学校時代の話を聞きながら、まあ学校の中でよかったこと、悪かったことみたいなことを、まあずっと聞きながら、まあ学校教育の中でのトランスジェンダーということを。まあ従来、今よくやってるのは学校側からの支援のあり方みたいのはやっているけれども、当事者側からの評価みたいのも最終的にはひっぱり出してみたいなと思って、その基礎となるインタビューをずっとしているんです。

　インタビューでは、最初に「呼ばれたい名前」「生年」「親のこと」「きょうだいのこと」「出身地」「性の自己認識」を質問した。その後、就学前から調査時までのライフストーリーを、ところどころで質問を交えながら自由に話してもらった。その際留意したのは以下の6点である。

（1）小学校・中学校・高等学校でのジェンダーにかかわる制度の有無とその内容
（2）教科や性教育の内容とそれへの感想、教員の言動で印象に残るもの

(3) これらに「しんどさ」を感じた時の対処法
(4) 制服の変更など性別にもとづく扱いの変更を要求した場合は経緯と内容および対象
(5) またその後の他者の変化
(6) 調査時の調査協力者から見た当時の学校内の制度や教員の対応への評価

　修士論文のインタビュー調査は、調査する側としてのはじめての経験で、実はインタビューについての方法を学ぶことなく実施したものである。先にあげた主旨説明を読んでいただければわかるだろうが、ずいぶんと語りの方向づけをしていた。
　その後、2017年3月に、マコトさんとユイコさんに対して3時間程度の追加インタビューをおこなった。2度目のインタビューでは、1度目のインタビューではあまり話してもらわなかった友人関係、具体的には教室内での所属グループの変遷について話してもらった。
　表2-1からわかるように、調査時の対象者の年齢は19歳から32歳であり、そのうち半数が24歳・25歳である。シュウトさん・ススムさん・ハルトさんは一度高校を中途退学しており、その後、通信制高校や定時制高校に再入学している。そのうち、当時32歳のハルトさんはインタビュー時には定時制高校に在学中だった。一度目の高校時代に着目すると、男女別学なのはツバサさん・ユウヤさん・ススムさんで、それ以外は共学である。また、ユイコさん・マコトさんは私服で、それ以外は制服である。性同一性障害の診断書については、キョウコさんとユウキさんは高校時代に取得した。また、トランス男性をやめたアキさん以外は高校卒業後、全員に性同一性障害の診断がくだされている。最初の高校を卒業あるいは退学する前に、ホルモン投与や手術、改名をおこなったものは誰もいない。

3 調査協力者の5つの局面とその時代背景

　調査協力者のみなさんの語りの中には共通してみられるいくつかの局面があった。次章以降の分析を容易にするために、本節ではそれらの局面について述べることにする。

　まずは自らが「性別違和を持っていること」に気づく局面があった。これを本書では「性別違和の気づき」あるいは「気づき」と呼ぶことにする。続いて、「性別違和を持つ存在」をあらわすカテゴリー語を獲得する局面があった。この局面で、自らが孤立した存在ではないことを知るとともに、「名づけられた存在」であることを知る。これを本書では「カテゴリー語の獲得」あるいは「言語化」と呼ぶことにする。「言語化」の局面によって、自分のありようを、言葉を用いて表現することが可能となる。また、調査協力者のみなさんの多くは、振る舞いを変化させる、一人称を変える、あるいは友人に自分のことを告げるなど、さまざまな実践を行っている。この局面を「カミングアウト」と呼ぶことにする。

　なお、カミングアウトは、単に「自分のセクシュアリティを他者に告げる」ということにとどまらない、非常に多様な行為である。例えば、ケン・プラマーは、カミングアウトを権力の流れの中で社会との相互行為の中でおこなわれる「ストーリーテリング」ととらえ、以下の4つの過程があるとした（Plummer 1995=1998: 118）。

　①個人でカミングアウトすること…そこから自分が誰であるかを明確にする自己対話が生まれる。
　②私的にカミングアウトすること…限定された範囲の特定の他者——家庭、友人、仕事仲間——に語ることが最初のステップになる。
　③公的にカミングアウトすること…多くの他者にストーリーが語られ、そして実際それは自己の制御の及ばない公的な知識になり得る。
　④政治的にカミングアウトすること…ストーリーはたいへん広域にわた

って社会変革の手段として使われる。

　さらに、カミングアウトとクローゼット[7]を二項対立的に捉えることへの批判をおこなったのが金田智之である。金田はゲイの青年へのインタビュー調査を通して、「振る舞いを通したセクシュアリティの表出」という状況が存在するとし、「『カミングアウトしない』状況はクローゼットな状況と同一な状況であるわけではない」とした。そして、このような状況を「バレバレ」とした（金田 2003）。本書においても、「カミングアウト」をこのような多様な実践としてとらえていくことにする。

　ただし、カミングアウトがそのまま制服の変更など「性別にもとづく扱いの変更」へとつながるわけではない。そこには「性別にもとづく扱いの変更の要求」という局面があった。本書ではこれを「要求」と呼ぶことにする。「カミングアウト」が「要求」につながるためには、もうひとつの局面、自らのセクシュアリティでの生活を実現している「ロールモデルとなる他者との出会い」があった。この局面を通して、性別にもとづく扱いの変更が実現可能であることを知り、教員へのカミングアウトへとつながっていた。本書ではこの局面を「出会い」と呼ぶことにする。

　表2-2と表2-3は、調査協力者のみなさんたちの各局面を経験した時期、および「要求」が実現した時期を、トランスジェンダーをめぐる社会状況と対比させて示したものである[8]。表中の「言」は「言語化」をあらわしている。「C」は「カミングアウト」をあらわしている。先にも述べたように、カミングアウトは多様な実践だが、ここでは教員（学校）に対して自らが「トランスジェンダー」あるいは「性同一性障害」と言葉で伝えた時期を指す。「M」は「ロールモデルとなる他者との出会い」をあらわしている。また「要」は「要求」をあらわし、その「要求」が実現したことを「○」で、「要求」の実現が不充分であったことを「△」で、実現できなかったことを「×」であらわす。また、それらが同時に起こったことを「・」であらわし、時間の経過を経て起こったことを「→」であらわす。

第２章　調査の概要　　57

表 2-2 トランス女性の「気づき」「言語化」「ロールモデルとの出会い」「カミングアウト」の時期

年度	主なできごと	ユイコ トランス女性			マコト トランス女性			ツバサ トランス女性			キョウコ トランス女性		
1981													
1982													
1983													
1984													
1985					0	就学前	生まれ						
1986					1								
1987					2								
1988					3								
1989					4						0		生まれ
1990					5						1	就学前	
1991					6	小学校	1				2		
1992					7		2	0	就学前	生まれ	3		
1993					8		3	1			4		
1994		0	就学前	生まれ	9		4	2			5		
1995		1			10		5	3			6	小学校	1
1996	埼玉医大答申	2			11		6	4		気づき	7		2
1997		3			12	中学校	1	5			8		3
1998	埼玉医大手術	4			13		2	6	小学校	1	9		4
1999		5			14		3	7		2	10		5	気づき
2000		6	小学校	1	気づき	15	高校	1	8		3	気づき	11	6
2001	3年B組金八先生	7		2	16		2	9		4	12	中学校	1
2002	放浪息子開始	8		3	17		3	10		5	13		2
2003	特例法成立	9		4	18			11		6	14		3	言語化①
2004	特例法施行	10		5	19	大学	2	12	中学校	1	15	高校	1	C・要・×→M・言
2005	人権推進計画	11		6	言語化①	20		3	13		2	16		2	要・×
2006	兵庫県小学生	12	中学校	1	21		4	14		3	17		3	要→○
2007		13		2	22		1	15	高校	1	18	仕事	
2008		14		3	23	大学院	2	16		2	19		
2009		15	高校		24		1	言語化	17		3	20		
2010	文科省通知	16		2	言語化②	25		2	18		1	言・M→C・要・○	21	仕事
2011		17		3	26		3	C	19	大学	2	22		
2012		18	大学	1	C・要・○	27	仕事		20		3	23		
2013		19		2	28			21		4	24		
2014	文科省調査	20		3	29			22		5	25		

表 2-3-1 トランス男性の「気づき」「言語化」「ロールモデルとの出会い」「カミングアウト」の時期

年度	主なできごと	ユウキ トランス男性			ユウヤ トランス男性			アキ トランス男性		
1981										
1982										
1983										
1984										
1985										
1986										
1987										
1988		0	就学前	生まれ						
1989		1	就学前		0	就学前	生まれ			
1990		2	就学前		1	就学前		0	就学前	生まれ
1991		3	就学前		2	就学前		1	就学前	
1992		4	就学前		3	就学前		2	就学前	
1993		5	就学前		4	就学前		3	就学前	
1994		6	小学校 1		5	就学前	気づき	4	就学前	
1995		7	小学校 2	気づき①	6	小学校 1		5	就学前	
1996	埼玉医大答申	8	小学校 3		7	小学校 2		6	小学校 1	
1997		9	小学校 4		8	小学校 3		7	小学校 2	
1998	埼玉医大手術	10	小学校 5		9	小学校 4		8	小学校 3	気づき
1999		11	小学校 6		10	小学校 5		9	小学校 4	
2000		12	中学校 1	気づき②	11	小学校 6		10	小学校 5	
2001	3年B組金八先生	13	中学校 2	言語化	12	中学校 1		11	小学校 6	
2002	放浪息子開始	14	中学校 3		13	中学校 2		12	中学校 1	言語化
2003	特例法成立	15	高校 1	M・C・要→○	14	中学校 3		13	中学校 2	
2004	特例法施行	16	高校 2		15	高校 1		14	中学校 3	
2005	人権推進計画	17	高校 3		16	高校 2	M	15	高校 1	
2006	兵庫県小学生	18	専門 1		17	高校 3	言→C・要→○	16	高校 2	M
2007		19	専門 2		18		要→○	17	高校 3	C・要→○
2008		20	仕事		19	大学 1		18	大学 1	疑問
2009		21	仕事		20	大学 2		19	大学 2	
2010	文科省通知	22	仕事		21	大学 3		20	大学 3	
2011		23	仕事		22	大学 4		21	大学 4	
2012		24	仕事		23	仕事		22		もどる
2013		25	仕事		24	仕事		23	仕事	
2014	文科省調査	26	仕事		25	仕事		24	仕事	

第 2 章 調査の概要

表 2-3-2 トランス男性の「気づき」「言語化」「ロールモデルとの出会い」「カミングアウト」の時期

年度	主なできごと	シュウト 年齢	段階	トランス男性	ススム 年齢	段階	トランス男性	ハルト 年齢	段階	トランス男性
1981								0	就学前	生まれ
1982								1	就学前	
1983								2	就学前	
1984								3	就学前	
1985								4	就学前	
1986					0		生まれ	5		気づき
1987					1	就学前		6	小学校 1	
1988					2	就学前		7	小学校 2	
1989					3	就学前		8	小学校 3	
1990		0	就学前	生まれ	4			9	小学校 4	
1991		1	就学前		5			10	小学校 5	
1992		2	就学前		6	小学校 1	気づき	11	小学校 6	(言語化)
1993		3	就学前		7	小学校 2		12	中学校 1	
1994		4	就学前		8	小学校 3		13	中学校 2	
1995		5	就学前		9	小学校 4		14	中学校 3	
1996	埼玉医大答申	6	小学校 1	気づき	10	小学校 5		15	高 1	退学
1997		7	小学校 2		11	小学校 6		16	仕事	
1998	埼玉医大手術	8	小学校 3		12	中学校 1		17	仕事	
1999		9	小学校 4		13	中学校 2		18	仕事	
2000		10	小学校 5		14	中学校 3	言→M	19	仕事	
2001	3年B組金八先生	11	小学校 6		15	高校 1	C 退学	20	仕事	言語化
2002	放浪息子開始	12	中学校 1		16	高校 2	退学	21	仕事	
2003	特例法成立	13	中学校 2		17	仕事		22	仕事	
2004	特例法施行	14	中学校 3		18	仕事		23	仕事	
2005	人権推進計画	15	高校 1	言 M→C・要→△	19	高 3		24	高 1	休学
2006	兵庫県小学生	16	高校 2	退学	20	大 1	C・要→○ 退学	25	仕事	
2007		17	高校 3		21	大 2		26	仕事	
2008		18	仕事		22	仕事		27	仕事	
2009		19	高 3	C・要→○	23	仕事		28	仕事	
2010	文科省通知	20	短大 1		24	仕事		29	仕事	
2011		21	短大 2		25	仕事		30	仕事	
2012		22	仕事		26	仕事		31	仕事	
2013		23	仕事		27	仕事		32	高校 2	C・要
2014	文科省調査	24	仕事		28	仕事		33	高校 3	○

表2-2と表2-3-1・表2-3-2を見てわかるように、「気づき」は小学校卒業までに全員が経験している。それに対して、「言語化」は全員が中学以降である。時期的にはトランス女性は2003年以降、トランス男性は2001年以降に経験しており、2年の差がある。教員に対して自らを「トランスジェンダー」あるいは「性同一性障害」と伝えたのはすべて高校入学以降である。また、「要求」の実現は2003年以降である。2003年は特例法が成立した年である。また、翌2004年は「人権教育のための国連十年」の最終年であり、その国内行動計画を受けて各自治体が「人権教育・啓発推進計画」を策定した時期である。その際、推進計画の個別課題の中に「性同一性障害」を加えた自治体は少なからずあった[9]。

　また、ユイコさん以外の9人は2009年以前に高校を卒業あるいは休学・退学をしている。したがって、ユイコさん以外の9人の学校生活には文科省2010年通知の影響はない。ユイコさんについては2010年に高校に入学した。しかしながら、序章でも述べたように文科省2010年通知は主として教育相談について述べられたものであり、具体的な対応策や配慮事項は示されていない。「教育現場に最も大きな影響力を与えたのは、2015年に文科省が発出した通知」（東 2018: 296）であり、ユイコさんのインタビューの中にも文科省2010年通知がユイコさんの高校生活に直接影響を与えたことを示す語りは見られなかった。

　調査協力者のみなさんの小・中・高等学校時代にはこのような時代背景がある。

　第3章以降、調査協力者のみなさんの語りを引用する。その際、以下のような記号を用いている。

・聞き手である私の発話は──を、調査協力者の発話は名前の後ろに：をつけた。
・本文中の短い語りの引用は「　」を用いた。
・hhhは笑いを、［　］は私による補足を、…は「間（ま）」をあらわす。
・調査協力者のみなさんの語りは、できるだけ忠実に引用した。

・うなずきや相づちは読みやすさを考えて、適宜省略した。

■注
1　「3年B組金八先生」の第6シリーズのこと。
2　トランス女性は性自認が女性のトランスジェンダーのことである。同様に、トランス男性は性自認が男性のトランスジェンダーのことである。かつて前者はMTF（Female to Male）、後者はFTM（Female to Male）と呼ばれていたが、Female／Maleは二分法的な生物学的性を指すこと、また、MTF／FTMは二分された性の移行をイメージさせること、さらに「今は女性／男性だが、もともと男性／女性だった」というニュアンスがつきまとうことから、現在は「トランス女性／トランス男性」と呼ぶようになっている。なお、「トランス女性／トランス男性」という言葉は比較的最近になって使われはじめたため、インタビューの中ではMTF／FTMが用いられている。
3　Xジェンダーは、日本で使われている言葉で、女性でも男性でもない性自認を指す（Dale 2013）。
4　「ノンバイナリー」とは、「男・女」「彼・彼女」「男性・女性」のようなバイナリーなどちらか一方にとらわれないすべてのジェンダーアイデンティティを指す（Young 2021）。
5　それぞれの名前は調査協力者のみなさんが自らつけた仮名である。
6　「突撃系」は私の造語である。当時、過度な女性性・男性性を表現することを通して、自分がトランスジェンダーであることを証明しようとしていた当事者が散見されていた。鶴田による「なんちゃって」（鶴田 2009: 190）に近いニュアンスである。
7　金田は「クローゼットとは、広義に自らのセクシュアリティを他者に対して、どのような手段をもってしても開示できないような空間や状況、もしくは心的状況を指す」（金田 2003: 77）としている。
8　表2-2の中の「放浪息子」はトランス女性をテーマにしたマンガ。詳細は第5章で述べる。また、「兵庫県小学生」は、序章で述べた当時小学2年生の「男児」を「女児」として通学することを認めた事例。また表2-3の「おっぱいをとったカレシ」はトランス男性をテーマにしたマンガ。詳細は第4章で述べる。
9　例えば、京都府が2005年に発表した「新京都府人権教育・啓発推進計画」など（http://www.pref.kyoto.jp/jinken/keikaku.html　2014年12月10日取得）。

第3章

トランスジェンダー生徒に対する学校の対応と当事者からの評価

　本章では調査協力者のみなさんのうち、ユイコさんとマコトさんを除く8人の語りを紹介する。ユイコさんについては第5章で、マコトさんについては第6章で語りを紹介するとともに詳しく分析するので、本章では割愛する。また、本章の8人も含め、みなさんの語りの詳しい分析は第4章でおこなうので、本章では語りを紹介するにとどめることにする。

　各節の冒頭に、私との出会いについての語りを紹介する。その後、学校段階ごとに語りの紹介を行う。その際、それが何年度のことだったかを示すことにする。また、それぞれの語りの最後に、学校時代を振り返った語りも示す。

1　何にもそんな言葉ないから「自分変なんや」みたいな
——トランス男性のハルトさん

　ハルトさんと初めて出会ったのは、私が主宰する自助グループだった。ハルトさんは一度高校に入学したが、すぐに退学した。その後定時制高校に入学した。ハルトさんは、当時在籍していた定時制高校の養護教諭ふたりと一緒に参加してくれていた。ハルトさんはインタビューの中で自助グループへの参加のきっかけを次のように語っている。なお、この語りは復学後の高校の教員から自助グループに誘われた時のものである。

　　ハルト：S先生と出会って、で「交流会6月にあんねんけど、来てみーひ

ん?」「いやぁ…」最初気乗りせえへんくて、「でも出会ってみたい? FTMと?」って言うから「それは、はい」って言って、「じゃ行こうや、楽しいから」っつって、「いやぁ…」「いけるいける! 主宰してるの、もっともっと上の人やから。何人か年上もおるって! いけるいける! 行こう!」「はぁ…。いやぁ、じゃ行ってみますわー」って言うて、行ってみたら、おもしろかったhhh。

1-1 幼稚園時代の語り (〜 1986)

ハルトさんは調査時32歳で、調査協力者のみなさんの中で最年長である。

―― じゃまぁ、子どものころからずっと、小学校の前ぐらいからずっと聞きたいんやけど、どんな感じやった?
ハルト:小学校の前…、幼稚園の頃から、女の子が好きやった。ずっと。でも、まわりにあわせて「男の子好き」って言ったり、つきあったり、しながら。あ、一番大きかったのは、「中学校に行かない、制服があるから行かない」って言って、制服の採寸を究極に拒みましたね。
―― あー。まぁ、もうちょっと、もうちょっと、性のことだけじゃなくて、例えば友だち関係のこととか、幼稚園くらいからずっと、ゆっくりと教えて。
ハルト:幼稚園は、A大学附属幼稚園だったから、けっこう小学校に上がる時に、同じ子がほとんどいない状態で、幼稚園は幼稚園だけで仲良かった子はたくさんいたけど、その小学校1年生の間はX市にいたけど、あんまり遊ぶこともなく。
―― 幼稚園は制服あったん?
ハルト:ありました。
―― 女の子の制服を着ていた?
ハルト:女の子の制服。

―― もう、それはしゃぁなかった？
ハルト：もう、それはなんか、しゃぁなかったっていうか、もうなんか、その時は「これを着なあかんのや」っていう認識かなぁ。んー、その頃は親の着せるがままの格好を着せられてた感じで。
―― まぁ、しゃぁないわなぁ。
ハルト：うん。
―― どんな遊びしてた？
ハルト：遊びは、もう自転車、ローラースケート、ホッピング、べったん。
―― べったんってなんや。メンコ？
ハルト：メンコメンコ！ メンコ！ それから、ビックリマンシール、戦隊物のロボットごっことか、戦いごっことか、超合金のおもちゃで戦ったりとか。あ、野球！
―― あー、野球やってたん？
ハルト：そうっすね。幼稚園時代、野球やったり、あと、バッタとかコオロギ捕まえたり。なんしか男の子と、家の近所の男の子としか遊んでなかったと思います。
―― 友だちは別に何ということなく？
ハルト：そうですね、あの頃はなんてことなく。
―― 楽しかった？
ハルト：楽しかったと思います。
―― 幼稚園の先生が、「そんな遊びしたらあかん」という話はしはらへんかった？
ハルト：それは、一回も言われたことなくて、まぁ母さんも別に…。

楽しそうな幼少期を送っていたと思った私は、ハルトさんに「よかったやん」と言った。

―― よかったやん。

ハルト：んー…。
―― え、でもない？
ハルト：…
―― あれ、でもなかった？
ハルト：そのまま引っ越さずにいたら、よかったかなぁと思う。
―― で、引っ越しをしたのが？
ハルト：小学校１年の、夏。

1-2　小学校時代についての語り（1987 〜 1992）

　引っ越しを境にハルトさんの学校生活は一変したという。ハルトさんが転校した小学校では、幼稚園や保育園が同じだった子どもたち同士ですでにグループができていたという。ハルトさんは、すでにできているグループに入れてもらう形でしか友だちがつくれなかった。そして３年生の時に決定的なできごとがあったという。

―――　友だちがいないっていうか、もう友だちになりにくい？
ハルト：なりにくかった。で、１年生の時はそうでもなくて、まぁまぁ、ましやったんやけど…。んー、せやな、最初は友だちができにくい…。そうや、最初は、ま、ちょっと転入生っていうのもあって、まぁまぁ寄ってきてくれてたりもしてんけど、小学校３年生まではそれでうまくいってて。３年生のある日に、ちょっと問題が起きて。それが、その前日に男の子とちょっと殴りあいのケンカをして、男の子を泣かしてしまって、その男の子は仕返しに、お道具箱にゴキブリを入れはったんですよ。そしたら、ぼくは次の日お道具箱を開けました。ゴキブリが出てきます。閉めました。先生んとこ言いに行きました。そしたら、先生がおもしろがって、冗談で先生は言ったんやけど、「おまえ〜、お道具箱整理しなかったからゴキブリ湧いたやんけ〜」って言って、机を廊下に出して、お道具箱ひっくり返して、ゴ

キブリを踏みつぶしたんですよ。先生が。それがきっかけで、バイ菌・ゴキブリ・男女(おとこおんな)・オカマ・汚い・乞食、とかいうことが、最初は同じ３年生だけやったんが、気づくと１年から６年まで。で、それが中学校に行っても高校に行っても、直らず。

―― 小学校は何クラスやったん？

ハルト：４クラス。

―― ４クラスで６学年あるわけやろ、けっこうな数やんな。

ハルト：だいぶ多かったですね。でも、ぼくが掃除当番とか給食当番とかだったら、なんかこう、机拭く係とかやったら、「ちょ、オレの拭かんといて」「あたしの拭かんといて」みたいなんで、誰のも拭けない。で、自分らで拭くみたいな。で、給食も「あいつが触ったの食われへんから。ちょ、お前入れんな」みたいな。それで、小学校５年くらいからグレだした、かな。

―― 先生は、その一番初めのゴキブリの事件のことに関しては、何か謝ったりした？

ハルト：しない。

―― しない？　その後どうやったんその、いじめがわかったら？

ハルト：もうみんな先生たちも、認識済み。何も言わない。放置。で、そのことがきっかけで何回も殴りあいとかなったりとかして。

一方、ハルトさんは小学３年生からソフトボールをしていたという。同じチームの子どもたちは、「そのチームの間だけは、友だち」だったという。さらに小学５年生からハルトさんは空手を習いはじめた。

ハルト：空手も同じ小学校の子いて、その空手に一緒に行ってる子たちは、唯一、放課後一緒に遊んでた。全部男の子やけど。家近所で、空手も一緒で、子ども会も一緒で、その子たちとだけ、がんばって空手も続けてたし。

第３章　トランスジェンダー生徒に対する学校の対応と当事者からの評価

―― じゃ、ガス抜きっていうか、そういうふうな子らはおったわけや。
ハルト：あと、その空手やりはじめてからは、違う小学校の子たちと、あの、違う市に空手を習いに行ってたんで、その、違う小学校の子たちと毎日遊ぶようになって、そのへんからかな、他校とつるんで、悪いことしたりしはじめるようになったな。

当時の服装についてたずねた。

―― 小学校は 1992 〜 1993 年くらいか。なるほどね。小学校時代はそんな感じか。例えばその、入学式とか卒業式の時…、あ！ 普段の服装とか格好とかどうやったん？
ハルト：えー、あんまりお金なかったから、おばあちゃんがつくったスカート履かされたり。で、まぁまぁまぁ自分で服選べるようになってからは、「スカートイヤや」って言うことができるようになって、ある程度は、だいたい男の子の格好してたり、時に着せられたり、ぐらいな感じ。
―― 小学校の入学式とか小学校の卒業式とかゆうたらやっぱり？
ハルト：卒業式はスカートやったんちゃうかな。そうやな、小学校の卒業式ん時の服は、意味わからん服を着せられたような気がする。スカートやったんかズボンやったんかわからんけど、とりあえずなんか女の子っぽい。あ、髪型はツーブロックで、なんかもうほんまに男の子みたいな髪型やのに、服装がなんか変やったような気がする。うん。

　そのようなハルトさんを、一緒につるんでいる子らは「ボーイッシュな子やなぁ、とか。まぁまぁ感覚的には男のツレみたいな、でもまぁ一応女の子やけど、男のツレみたいな」と思っていたという。そのような扱いに、ハルトさんは「違和感あったけど、楽しかった」と語った。

1-3　中学校時代についての語り（1993 〜 1995）

　——　やがて中学校へ？
　ハルト：いじめ、おさまらず。で、2つの小学校がくっついて、なお人数増えて6クラスになって。ま、最初そのゴキブリ事件を知らない子は仲良くしてくれてたけど、ある1人2人を省いては、やっぱりまた差別がはじまって。中でも何人かだけは、まぁ仲良くはしてくれてたりとか、あとはもうその頃には、結局もうヤンキーみたいなことになってて、他校とつるみーの、同じ中学の先輩とか後輩とかとつるみーの、いじめられーの、しばかれーのみたいな。
　——　なんやそら。
　ハルト：なんか、よくわからん位置にいたような気が。学校とかで会ったら、しばかれたりとかいじめられたりとかすんねんけど、暴走とかシンナーとか悪いことする時は、時にみんなで仲良くて、でも、気に入らんかったらしばかれたりとか。なんかよくわからへん位置やった。

　ハルトさんの家ではDVがあり、例えしばかれたとしても「家帰るくらいやったら、みんなと一緒におろう」と思っていたという。私はもしもハルトさんが女の子と認識されていたら男の子はしばかないのではないかと思い、次のような質問をした。

　——　例えば女の子やったら、しばかへんやろ？…でもないか？
　ハルト：男と女いっぱいおった、オレらのグループは。そん中でしばかれてた。
　——　そのグループの中で他の女の子が、その、しばかれる標的になることは？
　ハルト：女の子は女の子にしかしばかれてなかった。その、先輩とかでも。オレは、男と女からしばかれてた。よくわからへんかった。

このようなハルトさんに対して、教員は呼び出しをおこなった。当時のハルトさんはシンナーやバイクの窃盗、あるいは万引きなどをおこなっていたという。しかしながら、ハルトさんは自分が暴力を受けていたことは話さない一方で、自分がやったことについては正直に話していたため、それほど怒られなかったという。
　中学校の制服については、ハルトさんはジャージ登校だったという。

> ハルト：で、中学校ほとんジャージで登校したから、制服イヤやから、スカートやったから、イヤでジャージで行って、なんか言い訳してたような気がする。
> ―― 言い訳通るのかい、それ？
> ハルト：いや、うん、無理やり通してた。なんか通してた。だって着ていってへんやからさ、「今、持ってへんやん」言うて。「じゃ、帰るわ」とか言うから、「ほなもう、それでええわ」みたいな。

　ハルトさんの中学校では体育は男女別だった。水泳の授業はあったが、ほとんど出なかったという。また、修学旅行では女の子の部屋だったという。

> ―― そうか、他にどんなんあるかな。修学旅行は？　中学の時、行った？
> ハルト：うん。
> ―― まぁ、でもしゃぁないわなぁ。女の子の部屋？
> ハルト：女の子の部屋。
> ―― 好きな子おったん？
> ハルト：おった！
> ―― かわいかった？
> ハルト：むっちゃかわいかった、やばかった！hhh。せやな、それ考えたら修学旅行、もう中学なった時に完璧に恋愛対象は、あ、小学校高学年から恋愛対象は完璧に女の子で。でもま、男の子とつきあったり

しながらの、でもばれたくなかったから、それは一生懸命隠してて。でも、うん、めっちゃ好きやった！

ただし、卒業式は「半ば中学校あきらめモード」で、制服を着て出席した。

1-4　1度目の高校時代についての語り（1996）

ハルト：高校、私服のとこ行くつもりか、それか超ヤンキー学校行くって言ってて、どっちも却下され、先生の目が届くＢ高校に無理やり願書出しに行かされ。

―――　なんで先生の目が届くん？

ハルト：なんか先生と先生がつながってる、すごい仲良い。だからそこに行けと、無理やり願書出しに行かされ、適当に書いたつもりが合格してしまい、あぁ…みたいな。

―――　Ｂ高校ってのは、学力的にはどれくらいの学校なん？

ハルト：オレらの時は、中の中くらい。オレは一番下の下に行きたかって。下の下の、教室でシンナー吸ってるような学校に行きたかってん。

―――　具体的にはどこなん？

ハルト：Ｃ高校。に、どうしても行きたかった。友だちみんな行くって言ってたから。そしてもう、やっぱりこうマジメな子しかいいひんからおもしろくなくて、じゃ、なんか学校の先生に「お前が来るべきところではないな」って言われて、「もう来んでいい」って言われて、「じゃあ、やめたるわ」って言ってやめた。速攻。

―――　それは1年生のしょっぱな？

ハルト：1年生の夏休み終わってからくらいかな、まぁそれくらいに。

―――　その「おるべきではない」ってのは、なんで？

ハルト：「お前みたいなやつがおると和が乱れる」とか「お前みたいなやつは必要ない」とか「お前みたいなやつは…」とかみたいな感じに目の

敵にされとったから。

――　それはヤンキーっていう意味で？

ハルト：んー、わからん。今となっては謎。そんなにめっちゃ悪かったんかなーみたいな。他にもおったのになぁって、もっと悪いやつは。なんし、気に入らんかったんやと思う。

――　髪の毛の色とかは？

ハルト：なんか黒染めしろって言われたから黒染めしたし、まぁ、いちおう校則は守ってたつもりやけど。

――　でも、制服はやっぱりダメやった？

ハルト：制服も、ちゃんと高校は着て行ってた。じゃないと入れてもらわれへんから。

このようなハルトさんに、トランスという自覚をした時期をたずねた。

――　そもそもその、自分がトランスって自覚したのはいつ頃なん？

ハルト：んー…。いつ頃やろう。んー、たぶん、小学校から中学校に上がる時には、もうすでにたぶん完璧に認識はしてたであろうという。

――　あー、でも言葉はないよね？

ハルト：だからその頃には、その、何にもそんな言葉ないから「自分変なんや」みたいな。だから、「男…、いや女」みたいな。「女、女？」みたいな、なんか、言い聞かす感じかな。

――　じゃ、女だと言い聞かせたんや、自分に。

ハルト：とりあえずだってそうじゃないと、これ以上またいじめが酷くなるのかと。

ハルトさんは高校退学をきっかけにしてDV家庭から逃げ出し、ひとり暮らしをはじめた。そこからの人生は「急降下」で、「『殺人とシャブはしたことない』ぐらいの勢い」だったという。仕事は主として夜の仕事で

「男心がわかるのを逆手にとって、女として働いて No.1 をキャバクラでとっ」たこともあるという。

そんなハルトさんに、もしも B 高校をやめなかったらどうだったかをたずねてみた。

　—— もしもその、あの時やな、その B 高校が、例えばそのまんま受けとめてくれていたら、全然違った？

　ハルト：うん。卒業して。オレ、最初看護か保育かで悩んでて、もともとだから結局、誰かの役に立つ仕事がしたくて、今の夢はもちろん養護教諭だけど、もともと、ヤンキー気質でもなくて、自分でもわかっててそれ。でも、逃げるとこなくて、そいつらとおったら楽で。だからテストの点数とか自然ととれてて、みんな 6 点とかなのに勉強してなくても普通にとれたりとか。だから、まぁ厭味に聞こえるやろうけど、しゃんでもできる子やったし、したらもっとできる子やったから。実際今回の成績も 5 段階評定 4.7 って、ほとんど授業も最終出ず、テストだけで勝ち取った、そんな子やったから、高校であん時クビになってへんかって、親…いや違う、DV のおっさんがいなかったり、弟のお父さんがくっそほど借金つくったりせんくって、オレん家が壊れへんかったら、オレは今頃、まともな人生歩んでたと思う。

1-5　2 度目の高校についての語り（2005・2013 〜 2014）

調査時、ハルトさんは定時制高校の 3 年生だった。そこで調査時の高校についてたずねた。

　—— じゃ、ちょっと話、もどろか。今 3 年やから、え、29 で入りなおしたん？

　ハルト：1 年生を、8 年前 9 年前かなんかに、同じ学校の定時制で 1 年生だけ

単位とって、やめて。で、癌になったんが、んっと…、去年？だったかな。その前の、一昨年の12月から去年の1月2月まで入院してたんかな？　で、退院してすぐ編入試験受けて、2年生として入ってきた。

　ハルトさんが高校に行こうと思ったのは「がんばろうと思った」からだった。その理由は「学校の先生になりたかった」からだという。ただし、1年生で高校をやめることになった。その理由は、ハルトさんが母親が経営していたスナックの女の子に手を出し、その責任をとらされる形でスナックを経営することになったからだという。
　1年半後、彼女と別れたハルトさんは会社に勤め、別の彼女と5年間つきあったという。その彼女とも別れ、その時に癌が見つかり手術したという。その後、高校に2年生として編入した。

―――　癌が見つかって、手術して、ほいで？
ハルト：すぐ、退院してすぐ、が2月26日で、そっからすぐ1カ月くらいで編入試験があって、そのまま入学。2年生として入学して、去年1年間、問題はいっぱい起こしたけど、何とか。まぁまぁ勉強をひたすらがんばりーの、揉めごとも起こしーの、っていうくり返しをして、2年生というのは無事終わって、今やっと3年生。
―――　9年前に入った時の先生は、今は全然？
ハルト：いてる、いてる、いてる。でも、FTMってよう言わんくって。帰ってきてからかな、8年後に帰ってきてからは、すんなり普通に言った。入ってすぐ。「オレ、そやねんけど、どないしたらええ」って聞いて。で、そっから、実は来週の木曜日に、学校での僕の名前が職員会議にかけられて、通るかどうか。
―――　ごめん、ちょっと待ってな、もう一回その、2年生の再入学の時にもどすけど、そのカムアウトした相手は？　誰やった？

ハルト：学校の先生。

── 担任？

ハルト：担任…、と、保健室の先生。あの、お母さん［ハルトさんは 2 人いる養護教諭のうちのひとりを「お母さん」と慕っていた］じゃない方の。8 年前にいた先生。とか、何人かいたんちゃうかな？

── 同時に？

ハルト：えー、何の時にかわからへんねんけど、こうこうこうやねんっていうふうに言って。で、その先生、担任かな、担任に言ったんかな。が、もちろん職員会議か、それか連絡会かなんかで伝わって。で、ある日いきなり、S 先生っていう、人権推進委員会か保健委員会やってはった先生が、なんかいきなりちっちゃい紙を担任に渡して、「放課後、大至急 S まで」って書いてあって。オレ、何してんやろ、何のことで怒られるんのやろって思いながら、職員室ばーんって開けて、「S 先生って誰ー」言うて行ったら、「あ、僕です」って、なんか堅物そうなおじちゃんが来て、こんな先生知らんぞと。なんやー思ってたら、「ちょっと隣の部屋行こうか」って、「また怒られるんかー」と思って。そしたら「君、トランスかー」「はぁ」「そうかー、月に 2 回ほどカウンセリングの先生来てんねんけど、会ってみる気ないか？」って言うから、「あ、はぁ」「交流会あんねんけど行ってみる気ないか」って。交流会ってなんやねんと思って、そん時正直、「は、はぁ。とりあえずカウンセリング出ますわぁ」「ほんなら言うとくから、来る日呼ぶから来てな」って。

ハルトさんは 2 年生の時にまわりの生徒にカミングアウトしようと思ったが、まわりの教員は「問題ばっかり起こしてるのに、これ以上問題を」起こすととらえたり、「やっぱりこう性別でずっといじってきてた子ら」がいることを心配したりして、カミングアウトをとめたという。しかしながら、ハルトさんは、自助グループで出会った高校生のトランス男性が名

前を変えたことを知り、自分も変えたいと思ったという。そのことを養護教諭に伝えたところ「言ったらええやん。テストに名前、フルネーム書かなあかんやん。イヤやろ？」と励まされ、「ハルト」という名前で学校生活を送ることを決意したという。「来週の木曜日に、学校での僕の名前が職員会議にかけられて、通るかどうか」という語りは、このような経緯を受けてのことである。

1-6　2度目の高校への評価

―――　今の学校は、好き？

ハルト：保健室の先生と、何人かの先生は、好き。学校自体は、うーん…、好きっちゃー好きやけど、対生徒になると、9割キライ。1割は、オレの理解者。オレについてきてくれる子。オレも仲良くしたいと思ってる子。

調査時のハルトさんは、体育については女子と一緒だった。ただし、更衣室はそもそも存在していなかった。またトイレは保健室横の女子トイレの中にある車いす用のトイレを使っていた。さらに学校生活全体についての「配慮」についてたずねた。

―――　まぁ、じゃ、あれやな、保健の先生だけはいろいろと気にしてくれてるんやな。

ハルト：むっちゃ。あんな先生に出会えるとは思ってなかった。オレはあの人らみたいな先生になりたいと思った。

―――　学校全体として何かをやってくれてるっていう感じはする？

ハルト：まぁ、配慮はしてくれてるんかなーっていうのはあるし、でも中には、「あんた男なんじゃないん？　やっぱり女なん？」みたいな、なんか「白黒どっちなん？」みたいな人と、「もう、グレーでいいやん」っていう人がいて。オレは白か黒かけっこうはっきりしたいタ

イプやねんけど、自分の性別のことになると、すごいグレーな部分があるのも事実で、なんか、どうしていいのかわからへんところがけっこうあったりもするし、「ん、これって女子の方おっていいんかな」とか「これってこっちおっていいんかな」とかいう時に、ま、先生は「大丈夫ー？」みたいな感じで「そんな気にせんでいいんやで、あんたのしたいようにしたらいいで」って言われるけど、その「したいように」がわからへんし。

ハルトさんは「お母さん」に対しては絶対的な信頼をおいていた。「名前の変更」について、「お母さん」は次のようにハルトさんに語ったという。

―― 学校にFTMはいんの？
ハルト：んー、昔いたって。でも、その子は入ってすぐやめた。やから、ちゃんと在籍したのはオレが初めて。前例にないって。名前を変えるとか、そんなんも前例にないし、どうしたらいいんかなーみたいな。だから「オレが前例になる」って言ってはった。「その代わりあんたその責任はすごい重たいで、背負えるん」って言われた。「あんたのお陰で入りやすくなるか、あんたのお陰で過ごしにくくなるかは、あんたにかかってんねんで」って言われた時に、もうちょっとしっかりしなあかんなってのは思った。
―― それは誰に言われたん？
ハルト：母さんhhh。ぼく、母さんの言うことしか基本聞かないところがちょっとあって、ま、それはもちろん「あかん」ってよく怒られるんやけど、でも母さんに聞かれて、ちゃんと答えたし、「がんばる」って言ったから、がんばれると思う。

2　性別をおしつけるも何も、性別なかったです
──トランス女性のツバサさん

　ツバサさんが私の存在を知ったのは、ツバサさんが在籍していた大学の授業で、私がゲストスピーカーとして話をした時のことだったという。その時のことをツバサさんは次のように語っている。

　　──　12月くらいやね。あれ。
　　ツバサ：12月くらいに、土肥いつきって人が講演に来て、びびって。でも、なんかこうそんなに、はるな愛とかのニューハーフの世界やったのが、あれ？　わりとなろうと思ったらなれるんかなって思って。

　その後、ツバサさんは、私が主宰する大人の自助グループに参加してくれた。さらに、トランスジェンダー生徒の自助グループにもサポーターとして参加してくれるようになった。

2-1　幼稚園時代についての語り（〜 1997）
　幼稚園時代のツバサさんは「落ち着きがなくて挙動不審で、ベラベラしゃべって、ゲームは友だち」だったという。遊び相手は男の子だったが、友だちは少なかった。また、ツバサさんは幼稚園の頃から小学校受験のために勉強していたという。
　ツバサさんが通っていた幼稚園には制服があった。

　　──　例えば、服装とかどんな感じやったんですか？
　　ツバサ：服装。そうですね。うーん。幼稚園は確か制服なんですよね。
　　──　あ、制服やったんや。
　　ツバサ：制服で、男女差はたぶん特になかったんじゃないかなぁ。
　　──　ほーん。

ツバサ：でも、スカートとズボンっていう違いはありました。
―― あったけど。
ツバサ：当時小学校くらいまで服装がどうとかいうより、出されたものを着ますみたいな感じで、面倒くさかったっていうのもありますね。

次に制服以外の場面における性別による扱いの差異についてたずねた。

―― あ、そんな感じなんや。なら、あんまり性差はない感じ？
ツバサ：性差で覚えていること。なんか性差で意識させられたことあるかな。でもおままごとが好きなことバカにされたことありますね。
―― あー、誰に？
ツバサ：友だちとか。家に、めっちゃでっかいおままごとセットがあったんですよ。それ見て笑われて、なんかあったっての覚えていますね。

2-2　小学校時代についての語り（1998〜2003）
―― じゃあ小学校にいこ。小学校時代って当然地元の小学校やね。
ツバサ：小1から小3までは遊んだりしていました、けっこう。小4からは受験勉強です。ずっと。
―― あ、そうなんや。へー。小学校は制服？
ツバサ：小学校は私服でした。全部おさがりで、私もあんまり文句言ってなかったと思います。
―― あーなるほどね。持ち物なんかは？
ツバサ：持ち物。ポケモンの筆箱とか好きでした。
―― ポケモン。かわいい。持ち物は自分用に買ってもらってた？
ツバサ：あの、ミッキーがめっちゃ好きやのがあって、親戚のなかで一番年下なんで、めっちゃもらうんですよ。
―― あー、はいはいはい。
ツバサ：お道具箱セットでポケモンとかあるじゃないですか。

第3章　トランスジェンダー生徒に対する学校の対応と当事者からの評価　　79

――― うん。
ツバサ：で、それで好きなもの選べた。
――― あーなるほど。ふんふんふん。
ツバサ：性差を意識させられたっていうのは、持ち物ではランドセルが黒より赤がよかったっていう子がけっこう知りあいにもいるんですけど、ランドセル自体にあんまりこだわりがなかったから。普通に蹴って帰っていましたからね。

次に服装についてたずねた。

――― えっと。服装は親戚のお下がりで。
ツバサ：あと、服装はわりと母親が、何っていうんやろ、わりとかわいらしい服を、男の子としてかわいらしい服を着せる傾向があったんで。なんか帽子だけレディースやったりとかありましたね。
――― へえ。それはそれでいいよなあ。しっくり。
ツバサ：うーん。ていうか、しっくりというか、そういうもんやと思っていたし、母親がいいって言うんならそれでいいって思っていたし。「これは男の子のものだよ、女の子のものだよ」って言われて着せられているわけじゃなかったんで、特に。
――― 「これ着いー」みたいな。
ツバサ：「これ着いー」みたいな。

ツバサさんに小学校における遊びをたずねたところ「いい思い出」はなかったと語った。なぜなら「先生もキライ」であり「通りすがり殴ったりするような、治安の悪い」小学校だったからという。そのような小学校でツバサさんはいじめを受けていたという。その理由をツバサさんは「頭よすぎたんですよ」と語った。

ツバサさんは、そのような学校の中で受験勉強したという。受験の理由

を、まずは「母親がしろって言うんで」としたあと、「小1のはじめの頃からこいつらは絶対キライ」であり、中学校になっても同じメンバーであることは避けたかったからだという。

　ここまでのツバサさんの語りの中で出てきたのは、勉強のことと学校の治安のことやいじめのことがほとんどだった。そこで、性別違和についてのエピソードをたずねた。

　　──　その頃から自分自身の性別のこととかは？
　ツバサ：髪切るのはものすごくイヤがりました。昔から。
　　──　あー。じゃあ髪の毛はけっこう長かった？
　ツバサ：ここくらいまであったときはありましたね。
　　──　肩くらいかな。で、そのことで何か言われたことはあるの？
　ツバサ：父親が言いますけど、母親はそんなガミガミ言わなかったですね。
　　──　あれは、学校の教員とか、切れとか。
　ツバサ：学校の教員は話されたこと、覚えてないですね、はい。

一方、友だちの反応は少し違ったという。

　　──　あー。友だちから何か言われるとか、それはない？
　ツバサ：あ、でも、「おまえ、それ病気なんじゃない？」みたいなことを言われたことはあります、小6の時にあったと思います。
　　──　ちょっと待って。92年生まれやったけ？
　ツバサ：はい。
　　──　で、小6。12歳。なら。
　ツバサ：2004年。
　　──　じゃあ、金八[1]の放送の後やね。
　ツバサ：なんですかね。特にそれまでは自分がそんな言葉があるなんて知らなかったんで。

―― 「病気なんじゃない?」て言われた。

ツバサ:「病気」みたいなイメージやった。細かい言葉まで覚えてないけど。

―― うんうん。いじめみたいな感じやった?

ツバサ:いじめじゃないと思う。

―― いじめじゃない。

ツバサ:ちゃんとしゃべっていた友だちに言われた。

―― あーそうなんや。そうなんや。じゃあ、いじめというより、理解しようとしていたみたいな。

ツバサ:理解…っていうか、何気ない会話だったのかなぁ。でもそのときは気にもとめませんでしたけど。

2-3　中学校時代についての語り (2004 〜 2006)

ツバサさんが入学した中学校は、制服のある私学の男子校だった。

―― 次、中学校に行きましょうか。

ツバサ:中学。

―― 中学は制服?

ツバサ:制服ですね。

―― どんな制服?　詰め襟?

ツバサ:知っているでしょう?　むっちゃダサい。学ランで。最初からこれはダサいなって。これはダサいし着たくないし、でも着なあかんのやなってイメージです。制服は最初から最後まで好きじゃなかったですね。

―― 学ランと女の子はいわゆるセーラー服。

ツバサ:男子校です。

―― 男子。あーそうかそうかそうか。

ツバサ:6年間ずっと。

ツバサさんは、私がツバサさんが入学した中学校を知っていると勘違いしていた。このやりとりのあと、ツバサさんは私に学校名を教えてくれた。

　——　超エリート校やんか。
　ツバサ：おちぶれましたけどね。
　——　あ、そっかそっか。男子校か。なるほどな。それは自分で選んだ？
　ツバサ：自分で選んだつもりはないんですけど。説明会に行って、オカンが「ここにしい」って言って。んじゃ、「ここに入って母親が喜ぶんならそれでいいかな」って気持ちやったんだと思います。
　——　あーそっかそっか。親が喜ぶのはうれしい？かった？
　ツバサ：だったんですかね。当時は。
　——　中学校時代はどんな感じやった？
　ツバサ：どんな感じ…やっと、受験勉強から解放されたなと思っていたら、また勉強ばっかりで、ほんまに遊べないのが辛かったですね。

　ツバサさんの中学校は全員クラブに入らなければならなかった。

　——　あーけっこうD中学ってクラブもやっているんちゃう？
　ツバサ：クラブ。クラブ活動に専念にしたのはないですね。特に。
　——　いちおう入ってたん？
　ツバサ：入っていましたよ。入らないと絶対ダメなんで。
　——　あ、そうなんや。
　ツバサ：鉄道研究会に入って、中で、レゴで遊んでいました。
　——　そっか。鉄道研究会な。
　ツバサ：一番ゆるいところに行ってみようって。
　——　ほんでレゴ。
　ツバサ：レゴ。レゴと、あと、つくるのが好きだったので模型つくっていました。

―――　ほー。鉄道模型。じゃなくて？　単なるプラモデル？　鉄道以外の？
ツバサ：あー、ザクとかつくった記憶があります。
―――　あーガンダムか hhh。

　ここまで、ツバサさんからは、髪の毛についてのエピソード以外、性別違和についての語りはほとんどなく、逆に「男の子らしいエピソード」が語られた。そこで、男子校に入学したことについてたずねた。

―――　中学校時代って、いうたら男だらけの環境やん。それはどうやった？　自分にとって。
ツバサ：どうやったって、自分にとってそれがすべてやったから何とも思わんかったんかなぁ。イヤやなとか出ていきたいなとか、それ以外知らないから、何とも。それ以外の世界がわからなかったですね。
―――　よその学校と交流とかなく？
ツバサ：ぜんぜんないですね。
―――　街を歩いていたらさ、中学生の女の子とかいるじゃん。あまり気にせず？
ツバサ：中学校のときはあまり気にしたことないです、女子を。

　ここでもツバサさんからは性別違和については語らなかった。そこで、二次性徴についてのエピソードをたずねた。

―――　うん。例えば、自分が髪の毛、さっき言っていたけども、中学校で二次性徴が激しく起こるじゃないですか、それが自分の中で何かあった？
ツバサ：中学の間は特に感じたことはないですけど。でも、鏡を見るのがどんどんイヤになったっていうのはありますね。中高通じて。
―――　あー、ほうほうほう。そういうのを誰かにしゃべる機会は？

ツバサ：ぜんぜんないですね。
―― ぜんぜんない。でも自分の中でひたすらそれを。うん、こう今ふっと振り返って中学校時代にそういう自分が、外に向かって自分が出てるってことはあったと思う？　特にない？
ツバサ：中学校の時。…中学の時には大変なことがもっとあったと思います。勉強とか、あとは友だち関係とか、性別とか関係なくものすごく悩んだり。
―― どういうこと悩んでいたん？
ツバサ：え、なんか、小学校の頃のような露骨なものじゃないんですけど、やっぱり、なんか、友だちづきあいがめっちゃへたやったんで、軽んじられていたところがあったんで。そこで、まあ、こいつはなぐってもいいみたいな扱いを受けていたのがイヤやった。

　ここでもツバサさんは「鏡を見るのがどんどんイヤになった」とするだけで、学校の制度的な扱いへの違和は語らなかった。そこで、トランスジェンダーが学校でイヤだったこととしてあげることがよくある体育の授業についてたずねた。

―― 体育の先生とか性別を押しつけるっていうかそんなのあった？
ツバサ：性別をおしつけるも何も、性別なかったです、あそこの学校。
―― 逆に性別がないって感じ。
ツバサ：っていうか、わけられていたら意識すると思うんですけど、ないっていうか、もう、一個なんですよ。トイレも一個しかないんですよ。
―― ああ、そうやね。
ツバサ：なんか性差を意識させられるっていう環境に、逆になかった気がします。

2-4　高校時代についての語り（2007〜2009）

ツバサさんが入学したのは中高一貫の進学校だった。

　　──　じゃあ、高校いきましょか。
ツバサ：高校。
　　──　中高一貫やからあまり変わらないかもしれないけど。
ツバサ：でも、高校から声変わりしたのはショックでしたね。自分の中で。
　　──　ああ。
ツバサ：あと高校では元カレとひともんちゃくありましたね。
　　──　ああ。というか、性的指向はどっち向いているんや。
ツバサ：彼女がいたこともあるので、男が好きって言ったらめっちゃ失礼な気がするんですよ。
　　──　うんうんうん。
ツバサ：どうしたらいいんやって思って。何て言えばいいんですか？
　　──　まあまあいいよ。カレシがおった時期があった？
ツバサ：カレシ。そうですね、告白もして、OKももらった気がしていたんですけど、本人はそんなつもりなかったんじゃないかなあ。

　　（中略）

　　──　たとえば自分は男好きかなあってことで悩むっちゅうことはなかったん？
ツバサ：高校の間は女装をしたいという気持ちがあったからやってたんですけど、むっちゃ変な哲学をもっていて、男とはみんなそんなもんやって思っていたんですけど、それを表にしないっていう生き方をしないと人類滅びてしまうやんっていう。だから男はみんな女になりたいって思っていたんですよ。
　　──　なるほどなるほど。
ツバサ：で、ほんとは男が好きやけど女を好きにならないとたぶん世界は滅びていくんやろなあってこと思っていた。

このようなツバサさんに、自分がトランスジェンダーであると感じた時期ときっかけをたずねてみた。

―――　そう。そっかそっか。で、何やろ、実際に自分がこれはトランスやなって思ったのはいつ頃になるの？
ツバサ：それはですね。大学1回の終わり頃の授業で土肥いつきって人が講義に来た時ですねhhh。
―――　あーそんなヤツがおったんや、くくくhhh。ひでーな。ほー。それまで自分の中でモヤモヤ感ってあったん？
ツバサ：モヤモヤ感っていうか、謎理論があって。男っていうのは、みんな女になりたいけど、我慢しないと人類滅びてしまうんだろなみたいなことがあって。でも大学に入って違うんかなって思って。じゃっかん違うぞ、これは何か違う気がするって思っていて、その疑念がモヤモヤ感になっていった時に、授業に土肥いつきって人が来て、何だろこの授業、とても意味がないような気がするってhhh。
―――　あーそうやったんやhhh。へー。ちゅうことはやな、それまでは中高までは性別で悩むことは特になかったわけや。
ツバサ：特に悩む。…確かにそうかもしれないですね。すっごいいじめられたとか、特になかったんじゃないかな。むしろ、こう、あの学校っていう箱の中やったら、トランスするって越境っていうじゃないですか。するとこ、ないですから。
―――　ないよね。するとこがない。例えばよくFTMの場合に、女子校であってもたとえば「スカートイヤや」って言って、「タイツはイヤや、自分は靴下」みたいなこだわり持っている子がいたりするんやけど。その中で精一杯抗っていたりする子がいたりするんやけど、そういう余地がないのか？
ツバサ：制服はほんまキライでしたけどね、これ着ていかなあかんのやろなって。

第3章　トランスジェンダー生徒に対する学校の対応と当事者からの評価

―――　しゃあないって？

ツバサ：しゃあないって。みんなイヤやろって思っていた。

2-5　男子校経験を振り返って

―――　今のツバサさんが振り返って、どうよ？　男子校っていう制度はよかった？　自分にとって。悪かった？

ツバサ：なんとも言えないです。

―――　何とも言えない。

ツバサ：その時期に気づけなかったこと、すごい不幸だと思ったこと、まだそこに気づかなかったことが幸いして今生きているんかなって思うこともあります。

―――　もしもそのときに男子校でありながら気がついていたらどんな感じやった？

ツバサ：首吊っていたかもしれないですね。

―――　ふーん。

ツバサ：そうですね。まったく触れることがなかったんで、授業でも。

―――　それはどうなんやろ。ほんとにもしもの話やからわからないこともあるんやけど、今のツバサさんが振り返った時に。うん。例えばそこでセクシュアリティの授業があったとして。

ツバサ：あの環境で自分がセクマイ、セクシュアルマイノリティだって気づくのが生まれるのは不幸やと思いますね。絶対。

　　　（中略）

ツバサ：でも今の私が男子校に入るのはぞっとしますけどね。中で気づいたらやめるんじゃないかな。

―――　やめるか。その中でたぶん抗いようがない。

ツバサ：だって学校に「扱いを変えてください」って提出する以前に、変える扱いがない。セーラー服の方がいいなって思う前に、いいなって思うセーラー服がない。

―― まあ、一択やもんな。プールの扱いがどうたらああたらという話もしようがない？
ツバサ：「プールで着替えるのを見られたくないから専用の更衣室を用意してください」って言っても、男子更衣室しかここにはないわけからhhh。
―― 逃げ場がないんや。
ツバサ：逃げ場がないっていうか、そもそも、逃げ場っていうか、
―― 逃げ場、じゃなくて、選択肢？
ツバサ：選択肢がない。二元論ではなく一元論。
―― 逃げ場って言ったのは、その、そん時に、
ツバサ：気づいたときに逃げ場は絶対にないです。逃げても、男、女というジェンダーロールがここにあるじゃないですか。あ、露天風呂みたいなものです。露天風呂っていうのはおかしいかも。だから、隣に何があるかわからないんです。壁があって。それが世界のすべてですという感じです。檻に入れられているからっていうか、見えないんですよね。だからこの環境がイヤやなって思っても、自分の知っている世界はその世界だけなんです。共学だったらガラス張りだから隣が見える。でも男子校やったら、うちの場合はほんとに壁なので、隣からは声も聴こえてこないんで、まったく。この向こうに何があるのかなって想像するだけの、何ていうか、広い視野もないんですよ。
―― うん。うん。言わんとすることはよくわかるんだが。そこで高校時代を過ごしたことは、どうやった？
ツバサ：今ですか。
―― 今振り返って。
ツバサ：わからないんですよね。自分の中で、ほんと。早めに気づいて高校をぱっとやめてホルモンはじめて、今より若干胸がある方が幸せやったかんなって言われたら、微妙やなっていうのもあるし。
―― それはそれで微妙なんやね。

ツバサ：あの時期に気づいていて、うちの親との軋轢も考えたりしたら、どうなっていたやろうか。
―― まあ。トランス的には不幸な空間やな。
ツバサ：トランスとして入るならオススメはしないですね hhh。
―― hhh。
ツバサ：だって壁の向こうに何があるかを知っている人が入るのは。
―― あ、そっか。逆に言うと、ツバサさんがその時にずっと気づいていなかったことが生き延びられた、
ツバサ：理由なのかもしれないですね。

3 「したい」っていう選択肢なんてないですよ
――トランス男性のススムさん

　ススムさんと初めて出会ったのは、あるセクシュアルマイノリティ系の団体が開催した交流会の場だった。ススムさんは関東のY県の出身で、当時19歳だったという。その後、ススムさんは関西の大学に入学し、Z県に引っ越してきた。当時のことをススムさんは次のように語った。

ススム：19歳の卒業した年の、夏に、いつきさんに会ったんです。
―― 3月に卒業した、その次の夏？
ススム：はいはい。
―― なるほどね。で、その時は、もう大学には入ってた？
ススム：入ってました、入ってました。19歳で手続きとったんで。
―― ふーん、そうか。で、もう大学はもう、男も女も関係ない？
ススム：へへへっ。
―― ん、なんかあったの？
ススム：なんかありましたよ。あの、とりあえず、何やったかな。住所を移す前、だからZ県に引っ越してくる前に、「名前何とかならへんか」

っていう話が出てきたと思うんですよね。で、いつきさんに相談したのか何なのか。そのE大学に、あの、福祉系だったかな、何かの学科の先生で、まぁあのゲイの先生がおって、「その先生に相談してみたら？」っていうのをフラッと言われて。

　ススムさんはその教員に相談することで、学生証の名前の読みを男寄りに変えることができた。そこから連鎖的に生活にかかわるすべての書類を男寄りの読みで作成することができたという。

3-1　幼稚園時代についての語り（〜1991）

―――　ちっちゃい頃からだらだらと話してもらったら、適当にツッコミを入れますんで。ちっちゃい頃、幼稚園とか保育園とかどんな感じやったんですかね。

ススム：えぇっとー、幼稚園は…。まぁまぁまぁ、一貫して聞かされるのは「異端児やったな」っていう。異端児って言われてたんですけど。まぁまぁ、あの、教室抜け出して、校長室の机の下に隠れてって。幼稚園の、校庭の隅に隠れてもぞもぞしてたり。まぁ集団生活にはこうあんまり、得意じゃない方だったってのは聞いてますけど。

　次に、友だち関係についてたずねた。

―――　友だちは男女どっちも？

ススム：そうそうそう。おって、で、その保育所で、こう何て言うのかな、身体障害と知的障害持ってるような子が一人いたんですけど、その子の世話係みたいな感じでいたってのがすごい記憶に残ってますかね。で、そうですね、その保育所でも、水着が、なぜかパンツだけだったりもして。

―――　それみんな？

ススム：いや、他に上に着てる子もいるんですけど、なんかほんとに普通の下着のパンツだけとかhhh。

―― 女の子も別に？

ススム：そうそうそうそうそう、フリフリの花柄のパンツだけ履いてプールに入ってたりとか。だからそのあたりは自由奔放だったかな。

―― そうなんや、なるほどね。じゃあんまりそのへんはこう、性別を強要されたような覚えはない？

ススム：覚えがないですね。

3-2　小学校時代についての語り（1992〜1997）

―― OK、じゃ、小学校時代に行きましょうか。服装はしんどくなかった、私服やね、もちろん？

ススム：私服です。

―― なんかそれ以外に男女の区分けっていう、例えば名簿とかはどう？

ススム：名簿は、まぁ男女それぞれあいうえお順で、で、黒板にこう名前、日直とか何とか係とか用の名札があって、それも緑っぽいのとオレンジっぽいので、ガーっと貼ってあったりとか。体育館履きも、あずき色と緑色で、体育館シューズにも男女別があったりとか。

―― 色の使い方微妙やね。

ススム：そうそうそうそうhhh。まぁ色わけはありましたわ。あと何やろな、まぁランドセルは赤と黒のみだし、…あ、ブルマ！　小学校卒業するまでブルマ！ブルマねぇ、他の県はもうその時代はすでに短パンになってたらしいんですけどhhh。

次に遊びについてたずねた。

―― で、遊びとかはどんな感じやった？

ススム：遊び…は…、ほんとに根っから山が好きで、もう真っ暗になるまで

山の中駆けまわってた感じですね。だから、おやつも木の実とか、そういうもんを漁ったりとか。

─── 小学校の低学年？　一応高学年とわけて考えたいんやけど、低学年はそんな感じ？

ススム：うん。まぁ高学年もそんな感じやったけど。とりあえずゲームとかそういうのには、何というかかかわりというか、接点がなくて。あったとすれば親が使ってた元祖ファミコンが倉庫に残ってたんで、それをちょっと引っ張り出してきたことはあったんですけど。うん、遊び、遊びなぁ。あ、放課後によくバスケをしてましたね。

─── だいたい男の子？

ススム：まぁどっちもいたかな。ほんとにねぇ、卒業するまではそんな、どっちがどっちっていう感じの学校じゃ全然なくて。

　次に、トランスジェンダーらしいエピソードが出てくる可能性のある水泳について質問した。

─── 水泳とかプールはどないしてた？

ススム：いやぁ、ガンガン入ってました。あ！っていうか、あの、小学校３年くらいの時にスイミングスクールに通いだして、そこでめっちゃかわいい女の子がおって、その子と一緒にスイミングバスに乗って、あの学校終わってスクールに行ってっていうのが唯一の習い事なんですけど、プールめっちゃ好きでしたね。

─── は〜、で、水着着て？

ススム：水着着て。

─── 別にそこに何か違和感とかあるわけでもなく？

ススム：水着はねぇ、イヤっていう感覚が記憶にないんですよ、なぜか。うん。なぜかなくて。ただその、学校のミニバスケットチームの女子チームの方なんですけど、そこに入った時がすごいしんどくて、何

て言うのかな、こう、女子同士のチームプレイがすごいなんか、無理だったんですよ。その時だけじゃなくて、中学入ってからもそうなんですけど。何て言うのかな、順応できないっていうか適応できなくて。

――― 女子の世界にってこと？

ススム：うーん、だったのかな。なんかわからない…。なんでダメだったのかはわからないんですけど、バスケは好きなんで、学校の放課後とか外で。まぁあの、都会と違って門が閉まるとかっていうアレがないんで。夜に中に入って花火とか打ち上げられるような開放的なところだったんで、まぁ日が暮れるまでバスケして、一緒に帰ってきてっていうのは全然大丈夫だったんですけど。だからバスケ自体は好きで、ただそのバスケチームがアカンかったのはありましたね。まぁただ単に集団に適応できないのかもしれないですけど。

――― それは低学年？　高学年？

ススム：高学年に入ってるかもしれないですけど…。低学年はね、あの、小学校2年くらいの時に、まぁ田舎なんで、裏庭とかで、いつもこう、何て言うのかな、野グソというか畑で用を足してたんですけど。まぁ弟が4歳下なんですけど、こう小学校に上がってくると立ちションとかできるようになるじゃないですか。その時に、「あれ？」っていうのが一番最初だったんですよ。

――― 弟が小学校2年？

ススム：いや、自分が小学校2年の時で、だから、8歳くらい？　弟は4歳くらいで、まぁまぁ、自分でこうウロウロできて、で、自分で用を足せるようになりはじめてって頃で、「なんで違うんやろ」って思ったのが、こう、記憶に残ってる一番最初なんですけど。でもその時はそれくらいで、記憶には残ってるけど、それほど深く考えることはなかったんですよね。ほんとに何やろ、押しつけられることがなかったことがすごい大きいなって思うんですけど。

このようなススムさんの語りが、小学校5・6年生頃以降、変化する。

―――　精神的に考えると、その時は男女の区別っていうのは、はっきりとって言うかぼんやりと感じたと。
ススム：うんうん。
―――　それがあんまり、でも…。
ススム：そうそう、だってランドセルで6年間赤いの背負ってましたけど、何て言うのかな、それが特にどうやっていうのは。ちょっと意識しはじめたのは、その、4年以降、小学校5、6年の頃に、なんかいろいろわかれてるっていうのを、こう、見るようになったんですよね。そこまでは全然意識してなかったんですよ、何も、ほんとに。
―――　そうか、だからいちおう区分けはあるんだけれども、小学校の4年くらいまでは全然意識してなくて、5、6年くらいから何となく「あ、あるなぁ」みたいな。
ススム：そうそうそうそう。「なんかいろいろあるやん」みたいなのはありましたね。だから、小学校5年の時の、その、音楽発表会ってのが各クラスであって、その時はなんか黒っぽいスカートか短パンか、で、上がシャツか、だったので、その時にスカートイヤやからって言って、でもこう「スカート履かなあかん」。で、スカートっぽくなってるけど、でも中は短パンになってるっていう黒いやつがあって、で、それを履きたいって言ったのは、たぶんあの、何て言うのかな、初めてだと思います、服装を自分で選んだ。でもまぁスカートの機会も小学校上がってからは全然なくて、髪の毛もバッサリ切っちゃったし、弟とおそろいの服装やし。だから特に抵抗もなく、与えられたものを着てたんですけど。その時に初めて、音楽発表会に着る服を、こう、買わなきゃいけないってなった時に、そのスカートに見える短パンを選んだっていうのは、めっちゃ記憶に残ってます。

このようなススムさんに対して、周囲からのいじめがあったかどうかをたずねた。

　　　——　まぁ、ボーイッシュやったんやろうけど、そのことでまわりからいじめとかは？
　　　ススム：あのねぇ、うん、だからいろんなもんがいっぺんに押し寄せてきたのが4、5、6年なんやけど、だからまずあの、その時に初めて「おなべ」って言い出しはじめられて。
　　　——　はぁー、「おなべ」って言われた？
　　　ススム：もちろん言われた！っていうくらいに、おなべ、おやじ、めがね猿、めがねおやじ、のあたりかな。このへんのあだ名はその時すごい言われてて。うん、でもそれに別に怒るわけでもなく。
　　　——　それいじめと感じてた？
　　　ススム：感じてなかったhhh。その時は感じてなかった。

　子どもたちだけでなく、教員もまた「『よう、おなべ！』とか『よう、おやじ！』とか」声をかけていたという。それでも、小学校は「唯一学生時代で、もどってもいいかなって思える時代」だったという。

3-3　中学校時代についての語り（1998〜2000）

　　　——　うん、ほなまぁ、中学校行きましょうか。
　　　ススム：中学校、暗黒の中学校、hhh。
　　　——　暗黒の中学校？
　　　ススム：暗黒やねー。なんかさー、入学する前から制服をこう、試着したりだとか。あのまぁサイズ測ってつくって、「なんでこんなん着なあかんのや窮屈な」って思って。で、まぁ入学式の写真もなんかブスーっとしてるんですよ。（中略）で、中学校の入学式の時も、なんか

もうほんまにイヤやって、みんなはこう、うれしそうにしてるんですよ、他の女子たちとか。で、その何て言うのかな、入学して早々、その制服の同じもの同士でわかれてしまうような、あの雰囲気がどんどんどんどん強くなっていって。
―――　えっと公立の中学校？
ススム：公立の中学校。共学。うん。中学まではY県の共学校なんですけど、もう、何て言うのかな。逆にこう、上履きとかそういうものの色は男女共通になってきたんですけど、もうほんとに、制服の同じもの同士の行動になってきて、それがほんとにね、小学校と違いすぎて、なかなか飲み込めないというか。なんやろー、しんどかったっていうのかな、なんか息苦しかったですね。
―――　あれやな、性別でわかれるというよりも、制服でわかれる感じ？
ススム：そうそうそうそう。感覚的にはそんな感じで。で、えーっと。そうやな、体毛がもじゃもじゃ生え出したのも小学校6年くらいの時で、だけどその時はまだ大丈夫やったんやけど、中学1年になって、制服のスカートっていったら下が丸見えやから、で、そこでおなべコールが少し強くなって。で、2つの小学校がぐわっと来るんで、1クラス40人の7クラス、で上の学年8クラスとかも普通にあって。だから何やろな、その時に初めてイヤやと思ったんですよ。
―――　あ、じゃ悪意を感じたと？
ススム：そうそうそう。その時に初めて悪意を感じて。

　このようなススムさんはスカートを回避するために、勝手にジャージ登校をはじめたという。

ススム：入学式の次の日に、あのジャージ登校を勝手にしはじめて、それはもうなんか、同級生に久々に会うと「あんた、あれ、よくやったなぁ」みたいな感じでよく言われるんですけど、あの校門で先生が立

って見張ってるじゃないですか。そこをうまいことダッシュで逃げ切るっていうね。

――― ジャージ履いたまま？

ススム：そうそうそうそう。で、あの登校する時は、ちょっとこう利口になりはじめて、ジャージを着て、上から制服を着て。でも登校したら1、2分でパパっと脱いだらジャージになるっていう格好で登校するようになって。もうそれは3年間続きましたね。

――― へぇー。じゃ校内ではジャージやった？

ススム：校内はずーっとジャージです。上下とも。で、まぁその中学校が、ジャージでおってもそんなに怒られへんっていうか、あの、時々先生がチクリと「ほんまは制服はこっちやねんで、制服がこれやねんで、ジャージが制服ちゃうねんで」みたいな釘を刺すんですけど、まぁやりたい放題っていうか。チェックされて直すまでの指導みたいのはなかったんで、もうあの、へたしたら女子も男子もジャージで一日生活して、そのまま部活行って、で、帰るみたいな。

――― ん、それだけ聞いたら別に暗黒でもないような気が。

ススム：いや！んー、そりゃでも制服との闘いはね。制服との闘いは登下校もそうやし。何て言うのかな、何かしらの行事はやっぱりどうしても制服着なあかんしっていうのはありましたよね。で、うん、制服着ると、からかわれるんで、ジャージでいるとからかわれへんっていう。

さらに、制服以外の制度についてたずねた。

――― 制服は、まぁめっちゃあったけども、それ以外はあんまり変化がない？

ススム：ジャージの色も一緒、そうそうそう、ジャージやったら男女の見分けつかん。

―― 名簿は？
ススム：名簿はわかれてますよ。名簿はわかれてましたけど、ジャージやったら、区別つかんという感じでしたね。
―― でも、こう男女のグループみたいなんはあった？
ススム：もうできあがってますよ。だからなんかもう、決定的に混ざれないような。
―― ススムさんはどっちにおったん？
ススム：んー、中1、中2はどっちにもおらんかった。で、えー、一部の女子と、こうまぁ学校内で、こっちがしんどい思いしてる時に声かけてくれた友だちがいたりして。
―― あぁ、そんな子はいたんや。
ススム：はいはいはい。ちょろっとおって。うん。

次に、性別違和が顕在化したきっかけについてたずねた。

―― ふーん。その制服の話はわかったけど、ススムさん自身は、自分自身の性別への違和感はどのへんで出てきたの？　顕在化したのはもっと先？
ススム：その、何やろ、トランスジェンダーの言葉を聞いたっていうか、金八のアレを見たのは中学3年なんですね。中学3年の、まぁ金八がはじまるのは年度の後半だったかな。
―― あぁ、中3の時にはじまったんや。完璧金八世代やな。
ススム：そうそうそう金八世代hhh。何やろな、顕在化したのは…。こうパシっていう年ではないですけど、中学校に入って、こう、その、いろんなわけられ方をされて、まぁ小学校の時もされてたんでしょうけど、うん、何て言うのかな。やっぱりこう、中学校に入ると、成長とともに、まぁ中学1年で初潮があって生理がはじまってとか、なんかまぁ自分の身体の変化とか。で、まぁ、ちょっとこうお化粧

したり、こうストレートパーマを女子があてたりとか。なんか、男子は男子でなんか厳つい、「荒々しいのが男らしい」みたいな風潮がはやったりとか。なんかその「らしさ」がぐわーっと出てきたんですよ、中学校に入って。小学校時代には感じることのなかったことが中学校に入るとぐわーっと出てきて、その中で、んー、自分がやってて楽な方って、どっちかって比べたら、男子の方だったんですよ。だから、例えば学校の受験を見に行ったりする時に、その時に初めて電車乗ったりしたんですけど、足を閉じとかなあかんっていうのが、なんであそこまでイヤやったのかわかんないんですけど。

―――　それは中３の高校受験の時？

ススム：高校受験の時。こう、足閉じとかなあかんかったりとか、なんかこう、おしとやかにすることに対する反発心みたいのがすごくあって、うん、だからその「らしさ」に対する受けつけられない感、だからその、中学の時代とともに植えつけられていくんですね。

このようなススムさんを、まわりの生徒はどのように見ていたのだろうか。

―――　まわりの子らも、それはわかりはじめるわけ？「ススムちゃん、なんか変…」みたいな。

ススム：いや、変はもともと！hhh あの、おなべ呼ばわりされてた人たちからは、もうなんか、「まぁ、ススムだからねぇ」みたいな感じですよ、この状態。だから、こう小学校時代は浮かなかったものが、浮くようになってきたっていう違いだけで、自分自身がなにかこう、変に変わってたんじゃなくて、そのまま上がってきたものが、どんどんそのまわりの男女からは浮いてきてたっていう。あぁ、それが一番適切な、一番近い表現かもしれない。自分はそのまま上がってきてるのに、その男女がどんどんどんどん自分と噛みあわなくなってきた。

このようなススムさんに対して、中学2年生になって男子による「叩き」がひどくなったという。ススムさんは交通事故で軽いむち打ちになったことをきっかけに2〜3カ月中学校を欠席した。そんなススムさんを気にかけてくれた教員もいたという。やがてカウンセリング登校からはじめて、少しずつ登校できるようになった。

　さらに中学校3年生になった時のクラス替えで、担任の教員はススムさんをいじめていた男子グループを複数のクラスにばらけさせたという。その結果、中3時代は穏やかに過ごせたという。

　──　で、えっと、ちょうどそのころに金八があった？
　ススム：そうそうそうそう。
　──　金八見た？
　ススム：見ました。
　──　どないでございましたか？
　ススム：えっへっへっへ。いやぁ、これ見た後どこにも視線を動かされへんかって。あの、まぁまず最初に、隣で見てたり後ろで見てる弟とか親とかどう思ってるんやろと思いながら。でも回を追うごとに、もう目が釘づけですよ。あの、そんなに番組のチャンネルをとろうとしない自分が、その番組だけガン見してる感じ。（中略）うん、なんやろね、放心状態ですよね、あれ見た時って。だからもう、1年後かもう1年前にそれを放送してくれてたら、たぶん受験にも響かなかったと思うんですけどhhh。もう全然頭に入らなくなっちゃって、勉強が。

　ススムさんは「金八」を見ることで自分のことを「言語化」できた。そのことはススムさんにとって「ものすごいデカかった」という。やがて、ススムさんはインターネットの掲示板などを見つけ、「ちょっと自分のことを書き込んで、反応を返してもらうのが、あの時はものすごい、そこに

没頭した」という。
　そんなススムさんに中学校時代に相談相手がいたかどうかをたずねた。

　　──　あ〜、じゃ逆に言うとその時はほんとにひとり？
　ススム：ひとりなんですよ。
　　──　だよね。
　ススム：そうやなー、だから悩みを言おうにも言いようがないじゃないですか。
　　──　うん、言いようがないってのはどういう意味で？
　ススム：えーっと、何て言うのかな、どこをどう悩んでるのか自分でわからへんし、それをがんばって表現しようとしたところで、その、相手がどう思うのかもわからへんし。だからその、女子になろうとした期間ってのが２回あって。１回目は小学校６年の時で、その、まぁいろいろからかわれたりしてる中で、うまくやっていきたいし、臨海学校とか修学旅行とか女子の方にわけられるじゃないですか。その中でうまくやっていきたいから、その女子のしぐさだったりとかをものすごいまねしてた時期が、１回目が小学校６年の時なんですよ。（中略）２回目が中学校３年にあがって、えーっと、何て言うか和気あいあいとできる環境がそこにあって、「ちょっとまわりにあわせなあかんわ」と思って、もうずっとばっさり切ってた髪も、じいちゃんにバリカン当ててもらってたんですけど、それをしばらくストップして、髪を伸ばすようになって、なんかこのへんくらいまで、こう。
　　──　おかっぱっぽく？
　ススム：おかっぱまではいかないんですけど、うん、なんかこう、ちょっと…。
　　──　ショートカットのお姉ちゃんくらい？
　ススム：そうそうそうそう。そんな感じまでちょっと伸ばしましたかね。うん。
　　──　で、そうや、学校に対してのカムアウトなんかはとうてい考えられない？

ススム：カムアウトしようがないですもん。自分が何者かわからへんから、カムアウト以前の問題で、自分がこう、何者なのかっていうか、どういう人間なのか、だからその、カムアウトするも何もカムアウトするものがないんですよ。
―― あーでも、ジャージ登校はずっとしてた？
ススム：うんうんうん。もう意地でもジャージ登校でした。
―― いやでも、それはきっと学校スルーしてたよね。
ススム：あっはっはっは。ほんまですよ。もう。
―― 水泳とかはどないしてたん？ プールの授業なかった？
ススム：え、ありましたよ。プールの授業は出てたんです。

　ススムさんが水泳の授業には参加していたのは「水泳が好きなんで、なんかそこで泳いだり跳び込んだりしてる時は、無心に、何も考えんでいい時間」だったからだという。ただ、「トランスの話を、もし早くに知ってたら、たぶんそんなプール入ったりとか水泳部の方に行ったりとか絶対しなかった」と語った。

3-4　高校時代についての語り（2001～2002・2005）
―― ほんなら中3の時に、金八でガン見して、どっぷりトランスの世界に入って。
ススム：はいはいはい、ネットの中でどっぷり出会って。
―― で、高校はどうしようと思ったん？
ススム：高校はねー、あの、行きたかった高校が女子校やって。あの、市ごとに区がわれてたんで、当時は。その市の、トップ校って言ったら男子校と女子校なんですよ、それぞれ。

　金八を見たススムさんは「入ったら入ったで、そこでどう生活していったらいいのかわからへん」と考える一方、「勉強、これからもできるよう

にしがみつきたい」とも考えていたという。そこで、最終的に進学した学校についてたずねた。

　　　──　共学？
　　ススム：共学じゃなく、女子校。私立の方の。
　　　──　え、そっちも？
　　ススム：いや、共学って聞いてたんですけど、なにせその［性別の］混乱期の中で、あの、何やろな、とりあえず女子校は避けたいし、で、ここ共学やし、授業料はないから助かるしと思って入ったら、別校舎やった。男女別校舎の共学やったっていうオチなんですけどhhh。
　　　──　すっげーオチやな、それ。
　　ススム：あっはっはっはっはっは。しかも、ジャージは禁止やし、必ず制服で。あの魔女みたいな靴、女子の変な革靴履かされて。で、何やったっけな、髪の毛も刈り上げ禁止とか。

それでもススムさんは学校に対してカミングアウトした。

　　　──　その、行ってた１年間はどんな感じやったん？
　　ススム：えーっ。いや、まぁとりあえず学校入って、あのー、まぁまぁちょっと落ち着いてきてる６月とか７月とかに、保健室の先生とか、そこにもいちおうカウンセリング室があったんで、その先生に言ってみたり、担任にも相談してみたりもしたんですけど。
　　　──　何を？
　　ススム：「もしかしたら自分はこういう、トランスジェンダーかもしれない」っていうのを、相談を、初めてしてみた場だったんですけど、なんか、「いやー、その年代にはよくあることで」とか、「やー！私の受け持ったクラスの子も、座って便器でトイレをするから、なんかそういう時期はあるのよ」みたいな、あの、返し方をされて。まぁも

　　　　う真っ向から否定だったんですね。で、うん、まぁまぁ、ばっさりいきましたし、もう何回か、保健室だったりカウンセラー室だったりとか顔を見せましたけど、話にならなくて。
―――　あ、ほんとにそのカウンセラーすらも話にならない？
ススム：はい、はい。なんで、担任はもう「そんなことより勉強しなさい」みたいな。「もっと今のあなたに大事なことはこっちですよ」みたいな感じであしらわれてたかな。だから、もうなんやろう、こう、中3終わりくらいから、はっきりと言語化されて、他の人たちと画面越しに交流もはじめて、で、うーん、自分のなかでうわぁーってこう、何て言うんですかね、無謀な行動力というか、っていうのがあって。だからその高1の夏の、夏休みの最後の日に、あの、親にも言わずに埼玉まで、お年玉持って行ったんですけどね。
―――　病院に？
ススム：病院に、へへへ。
―――　じゃぁ、学校に対してカムアウトしたのにまったくとりあってもらえずに、そのまま女子高生？
ススム：はいはいはいはい、そうですよ、まったく。
―――　うーん。まったく普通に女子高生？
ススム：あははは。普通になのかなぁ。
―――　まぁとりあえず、あの、やらされた？
ススム：やらされましたね。うん。
―――　別校舎ってことは女子クラス？
ススム：女子クラスですよ。しかもあの、ひとクラスしかないんで、その国公立向けの。だからまったく、そのひとクラスの世界なんです。他のその、別のクラスとの交流もなく、部活動も禁止で、うん。で、授業の前に朝補習を受けて、授業を8時限まで受けて、で、その後また夜7時くらいまで補習があって、で、帰って来てって。そんな生活やったんで、もう視野の狭いこと狭いこと。

――　はぁー、そうか。めっちゃ、ある意味、勉強的にはエリートなん？

ススム：まぁ。挫折というか、リタイアはしましたけど。

　――　ふーん。でその時に例えばその、あっちの校舎に行きたいという気持ちは？

ススム：あぁ、そりゃすごいありましたよ、うん。

　（中略）

　――　じゃ高校では、あっちの校舎行って学ラン着たいけども、もう、女子クラスでって？

ススム：…女子クラスしかないですからね。

　――　あっちに行きたいってのは言えない感じ？

ススム：いやいや、それはもう全然、「したい」っていう選択肢なんてないですよ。

　ススムさんは2年生に進級するが、休学してしまう。理由のひとつは親の破産で、物理的に学校に行けなくなった。そしてもうひとつの理由はメンタル面だった。実はススムさん以外にも「まぁまぁけっこうな子が体調崩したりとか、病んでたりとかはしてた」という。ススムさんは、それにプラスして「自分で自分自身の問題が抱えきれなくなっ」たという。最終的にススムさんは2年生の10月に入院し、その翌年4月に、通信制高校に編入した。

　――　なるほどね。通信の時は、その話は一切なし？

ススム：してないですわ。

　――　体育とかもあったっしょ？

ススム：はいはい、ありました。

　――　全部女？

ススム：あの、何て言うのかな、全部私服なんで、通信は。あの、だから自分のジャージを持ってきて、体育とかレクリエーションとか、まぁ

授業とかに参加して。だからまぁ、名前以外は、何て言うのかな、特に男女でわけられるような場面もなく、うん。まぁ「どっち？」とかは個人的には聞かれたりたとかしましたけど、特にその、通信の中で交流があるような場もなく、ま、単位とって淡々と卒業していく、それだけの場所だったんですけど。

3-5　小学校・中学校・高校を振り返って

―――　こう、ざーっと学校を振り返って、キツかった？　学校は？

ススム：学校はねー…。小学校以外はキツかったhhh。

―――　小学校が楽やったんかな、何やろうね。

ススム：小学校が楽だったんは、えーっ、どっちでもよかった。何でもよかった。あの、「らしさ」を強要されることなんて記憶に残ってないですし、あったのかもしれないですけど。うん。給食ガツガツ食って、残り物をヤツらと奪いあうみたいなhhh、なんかほんとにそういうのがこう、まわりの目を気にすることなくできてた時代だったんでね。学校生活があんなふうだったらいいのになぁとは思いますけど。

―――　中学校の時のしんどさの根源はどこにあったと思う？

ススム：えーっ。何て言うんですか、その…。だからその、あれよあれよと言う間に「らしさ」が、男らしさ女らしさが、あっという間に育ってくんです、まわりに。

（中略）

―――　中学校時代、それでもこう、うれしかったことは何やろ？　よかったこと、中学校時代の中で。

ススム：よかったこと…、何やろ。何やろなぁ…。いや、自分が何者かもわからなくて、そういう中で、こう、そういう自分を受け入れてくれる受け皿があったこととか、あと何やろうな。えー…、何やろな。

（中略）

ススム：あとは何やろう、数学は楽しかった！　中3になって、中3と高1

がすーごい数学が楽しかった時代なんですよ。だから、高校1年間続いたのは、その数学のうまい先生に巡りあって。だから、数学だけは偏差値70いくつだったんですよ。
―― すごいね。
ススム：えっへっへっへ。(中略) 数学はね、なんかドンドンドンドンのめり込むんですよ。で、中3の時もそういう先生で。だから授業終わった後も廊下で、しまいには「10分休憩やめてくれ」って言われたんですけどhhh。「なんぼでもつきあうから10分休憩の時はやめてくれ」って言われたりとかするぐらい楽しくて。だからその没頭することがあったのは救いですけどね。で、没頭できるような教え方をしてくれるっていうのが、やっぱ教え方やと思うんですよ。

4　そういうちょっとしたことをやってもらうだけで自分はうれしかったなぁ――トランス男性のユウヤさん

　ユウヤさんと初めて出会った時のことを、インタビュー中にユウヤさんにたずねてみた。

―― 初めて会ったのっていつ頃やったっけ？
ユウヤ：初めて会ったのは、自分が3回生の7月18日とかそんくらいですね。自助グループの講演会だったんですよ。
―― 何年前やろ？
ユウヤ：3年前ですね、たぶん。そのちょっと1カ月くらい前に、教員やろうかどうしようかって悩みはじめて、教員やってて性別って変わるん？みたいな感じになって。変わんなくて、このままの性別で生きるのもいいや別に、みたいな。2回生3回生の時が120％の時だったんで。「イヤやし」ってなったらもう、「派遣でいいやっ」とか言ってて。で、インターネットちょくちょく触ってたら、「ん？　土肥い

つきさん？ ん？ 何だ、この人は？ この人、会ってみたい！」ってなって。その時にはもう今のパートナーがいて、パートナーに言ったら「先輩で、そのつながりがいる」ってTさんが出てきて。で、Tさんに「会ってみたいです」って言って、「これあるで」ってチラシをもらって、「行く！」って言って、来て。「どの人ですか？」って言って「この人だよ」って言われるまで、どの人かわからなかったです。「えぇ！ あぁぁ〜！」みたいなhhh。

ユウヤさんは私に研修会の日付まで教えてくれた。これ以降、ともに教育関係者ということもあり、ユウヤさんとの先輩後輩という関係のつきあいは今も続いている。

4-1 保育園時代についての語り（〜1994）

　——　幼稚園保育園とかそのあたりから、だらだらとでいいので、話してください。
　ユウヤ：ちっちゃいころは…そこまで性別には違和感なく、でも好きな遊びは、ブロック遊びとかでした。
　——　どんなテレビとか見てたの？
　ユウヤ：何とかレンジャー。で、保育園の頃に、カクレンジャーだったかな？がいて、将来忍者になりたかったhhh。ひとりで忍者修行してた覚えがあります。
　——　あははは。忍者修行っていうと、何？
　ユウヤ：とりあえず…、のぼり棒に登るとか、雲梯やるとか。朝からやって、ごっこして。口の中切っちゃって、病院に運ばれたこともあります。

そんなユウヤさんであったが、親から与えられた服については抵抗した。

　——　服装はどんな感じだったんですか？

ユウヤ：服装は…与えられた物を着てたって感じで。ピアノをはじめて、保育園にエレクトーンが入ってきて、みんなそれが弾けて、いいなぁってなってピアノをはじめて。そしたらピアノの発表会があって、そこで渡された服がスカートで、「それはイヤ」って言って、大泣きした覚えはあります。普段はもうズボンで、あと上、なんか着てたけど、保育園に行っちゃったらスモックだったんで、普通に渡された物を着てる感じでした。

4-2　小学校時代についての語り（1995 〜 2000）

　──　なるほどね。やがて小学校にあがって。
　ユウヤ：小学校は、制服で、最初普通にスカート履いてたかな。というかもう履くしかないんですよ、制服は、もうそれ着ていかないと学校に行けないんだなと、もう小学校1年生だとランドセルも背負っていかないと学校には行けないんだなと思ってたので。普通に違和感なく行ってて。でも冬になると、長ズボン履いていくのも OK な感じだったんで、冬になった途端、いつも長ズボンで登校して。で、あとは、服装で言ったらそんなんだし。でも友だちは、いろんな人が、いろんな変な友だちができました。

　小学校時代のユウヤさんは「毎日飽きずに学校へ行って、たぶん、親の用事で休む以外は全部行ってましたね」という。ユウヤさんの学年には「女の子グループ・男の子グループってあって」、ユウヤさんは「一番その両方があわさってる男女グループみたいなところにいた」という。

　──　そうかそうか。で、小学校の時は、男女グループか…。なんやようわからへんな。あ、で、遊びはもっぱら？
　ユウヤ：小学校に入ったら、ずっとゲームでしたね、ずっとゲーム。テレビゲームか、ゲームボーイポケットが出てきたので。ポケモンもはや

りだしたので、それやって。で、それの通信とかで。その遊ぶ相手も、この人この人、じゃなくて、ゲームを持ってる人という。
―――― 現代的やなぁ。
ユウヤ：運動も苦手だったんで、当時は。なんで、外で遊ぶよりは家でゲームやってたいと。
―――― 別にその時は男とか女とか考えたり関係なしで？
ユウヤ：関係なしで、ゲーム持ってる人、もしくはゲームできるか、同じようなのが好きな人。あ、一時期、シール交換は好きでした。
―――― シール交換？　というと？
ユウヤ：おまけのシールとかあるじゃないですか、それを集めといて、たまに友だちと、まぁ女の子がほとんどなんですが、貼っても剥がれるシール帳に貼って、それ持ってって交換しあってました。
―――― それはどんなシールなん？　どうしてもこう、男の子用・女の子用みたいのあるんちゃう？
ユウヤ：あー、ありますね。でも自分がほしかったのが、ポケモンか、ドラえもんか、とかだったんで、かわいいものを持ってれば交換してくれるじゃないですか。だからその、かわいいものに入るシールは何でもいいから手に入れといて、自分のほしいものはほしいもので置いておくという戦略でhhh。

このようなユウヤさんが「イヤだ」と思ったのは性教育だったという。

―――― 小学校の時とかは、性教育、生理の教育とかそんなんはなかった？
ユウヤ：ありましたありました！　もうなんか、でも他人事でしたね。5年生で林間学校があって、その時に女子だけで残されて、なんやかんや生理のその話をされ。それは「なんでうちがここにおらんとあかんの」と思いながら、でもなんか、その名票[2]が男女になってたんで、「そっちに属するからしょうがないのか」「しゃーなし、話は聞

いたるよ」って感じで話は聞いて。で、静かにしてれば何も先生は言わないじゃないですか。だから「とりあえず聞きゃあいいんでしょ」って。で、なんか一人一枚ナプキン配られて、これの使い方もわからないし、「何、これ」って。で、それを「必要な時に開けるんだよ」って言う前に、配られて即行開けたんで、「それはいかんよ」って言われたのは覚えてます hhh。

　生理のその話もイヤだったし、二次性徴の性教育の時もすんごいイヤで、「男の人と女の人と、どうやって変わっていくでしょう」みたいな時に、それも5年生の時に先生にあてられて、「ユウヤさんわかりますか」みたいに言われて。でもよくわかってないっていうか、その、「女の人の体では、どこが変わりますか」っていうので「お母さんの体見ればわかるでしょ」みたいなこと言ってきたんですよ。でも、うちのお母さん看護師ですごい働いてたんで、そんなお風呂一緒に入ることもそこまでなく、お父さんと入る方が多かったんで、「なんで自分が」っていうのもまずそこであったし、なんか「答えられなかったらずっと立ってなさい」みたいな感じの先生だったんで、1時間ずっとそのままみたいな。他の人が答えて、「座っていいよ」って言われて、もうわけわかんなくなって、その日はずっと泣いてましたね。もう性教育はいい記憶がないです。やだなって。

4-3　中学校時代についての語り（2001 〜 2003）

―――　で、やがて中学校へと。中学校は？

ユウヤ：中学校も制服で、がんばって着て、「着るしかない」「しょうがない着よう」。けど水泳、ほとんど入ってないです。中学校1年生の時の、2回ぐらいしか入ってないですね。

―――　どうやってすり抜けられた？

ユウヤ：がっつり風邪引いて、1年生の時に胃腸風邪になって、放置しすぎたのか、もうなんか無理ってなって、1週間くらい休んで。そんな

んで医者からも「今年の水泳やめなさい」って言われて「よっしゃ！」ってやめて、2年生の時は生理とか、なんだったかな？　病気かなんかで…、ちゃうわ。2年生の時は軽い不登校になって、1週間くらい反抗期になって、それでやってなかったりとか。3年生は「もう入んなくてもいいでしょ」と思って、風邪引いたって言えば入んなくていいんだってことが身についたんで、「風邪引きました、風邪引きました」ってhhh。水泳0点、っていうhhh。水泳以外はやってたんですけど。

ユウヤさんに制服を変えようと思わなかったのかどうかをたずねた。

―――　なるほどね。で、制服…、金八っていつごろやった？
ユウヤ：小6か中1ですね。
―――　見てた？
ユウヤ：あれは、当時は見てなかったですね。めっちゃ厳しいんですよ、家が。もう中学校まで、とりあえず9時に寝ます。で、8〜9時の間のテレビは一切禁止なんですよ。で、その間に宿題やる、とかだったんで。9時に寝たらドラマ見れないじゃないですか。だからもう見れず。見たのは、再放送。
―――　いつになるんかな？
ユウヤ：けっこう後ですよ。上戸彩がやってて、そんな話をちらっと聞いて、でも見る機会なかったから高校生とかじゃないですかね。けっこう遅かったですね。
―――　例えば、制服を変えるというようなことは、思いもよらんかった？
ユウヤ：んー、変え方がわからなかったってのが一番なのと、中学校の時は、トランスジェンダーっていうよりも、自分が女の人を好きなだけなんじゃないかってのもあったし。あと、インターネットとかで調べたら、なんか「若いから」みたいな書き方もあったんで、だから

「とりあえず、このまんまでいっか」って感じで。それから、あとは中学校の時にサッカーやってたんで、髪も今よりもっと短かったし、すごいなんか学校でもボーイッシュって感じで通ってて、「まぁそれでいっか」ぐらいな感じ。逆にみんな「なんで女子のセーラー着てんの」って感じで、「わからんけど着てる」みたいな。「着ろって言われてるから着てる」って。

——　みんなってのはクラスの子ら？

ユウヤ：クラスとかでけっこう言われましたね。で、部活は科学部だったんですけど、科学部は実験とかやって、「制服汚すとアレなんで」って言って、勝手に体操服でやって。そしたらまわりのやつらも体操服でやりはじめたんで、まぁ特に、制服はしゃーないと。あと、スカートっていうのを、そのなんか、ただ腰に巻きつける布って考えたら自分がすごく楽になって。で、下にズボン履いてたんで、体操服のズボン。で、それで安定してたし、いっかって。

4-4　高校時代についての語り（2004・2006〜2007）

ユウヤさんは国際コースのある私学の女子校に進学した。

——　制服はしゃーないなと。

ユウヤ：そうですね、まぁ制服中学までだったんで。

——　あれ、高校は制服と違ったん？

ユウヤ：いや、高校も制服は着てたは着てたんですけど。中学校で、やっぱりまわりの女の子と自分がちょっと違うなってことに気づきはじめて。で、中学校の時に英語の先生を好きになって、女の先生、「めっちゃこの人ええわぁ」ってなって。で、その時に、「あぁ自分先生になろう」って思いました。英語の先生になろうって思って、英語のできる高校に行きたいと思って、家から通える範囲で英語できるとこって言ったら、私学の女子校だった hhh。で、まぁ英語やりたい

しって思ったのがひとつと、あとその「女子校行ったら女の子になれるんじゃないか」ってのもあって。この、みんななんか土日は化粧してかわいくして出かけるんだみたいな話にもついていけないし、興味もないし、そういうのに興味を持つんじゃないかなっていう期待も込め、女子校に行き、違ったなっていうhhh。

ユウヤさんが進学した学校では、ユウヤさんが在籍した国際コースは高校1年生から2年生に上がる時に1年間ニュージーランドに留学する制度があった。

 ユウヤ：たまたまホームステイ先、ふたつあったんですけど、そのホームステイ先の隣の家が、ゲイのカップルの人たちで。普通に幸せそうに暮らしてて、「何だ、これ！」みたいな。すっごいびっくりして。で、「あの人たちはゲイなんだってー」みたいな感じで。ニュージーランドの南東の方で。で、「そうなんだ」って、「こんな暮らし方あるんだー」って感じで。でもほんと、その一回しか会ってないんですけど、それが一個あって「いいなぁ」って思った。あとふたつ目が、一回移動してホームステイ先が変わって、そこになった時に、たまたまテレビで「Lの世界」、レズビアンの生活を描いてるドラマがやってて、それを見る機会があって。見てみたら「ホストマザーのおばさんのお姉さんがレズビアンなんだよ」みたいな感じで。で、ホストファーザーの方も、ゲイの親戚がどうのこうのって言って。

ニュージーランドからの帰国後、ユウヤさんは自分のことを調べた。

 ユウヤ：3月に帰ってきて。で、3月の時に、性同一性障害ってなんなんだろうって思って、図書館行ったりとか、いろいろインターネットとか調べて、これなんじゃないかなぁ…って思って。で、もうずっと、

高校で留学行く前も何となくで彼女いたし、留学行った時も彼女いて。で、その時につきあってた人に、「これなんじゃないか」って紹介してみたら、「かもねー」って、軽い感じで返ってきて hhh。

さらに高校2年生の時に転機となるできごとがあった。それは合唱コンクールだった。

ユウヤ：高校2年生の時に、合唱コンクールがあって。毎年あるんですけど。で、そん時になんか全員そろえようって。タイツと靴下と別れてたのが変だからって、全員そろえようってなって。「タイツで」ってなって。「いやぁ、タイツなんか履けないし。あれは女の人が履くものでしょう」みたいな。だんだんトランスの120％に近づいていくところだったんですけど、「無理無理無理無理」って。担任の先生にも「そんなんだったら学校来うへんし」って言って。で、なんかもう授業もサボりはじめ。

　自分の中でも、ずる賢いんだと思うんですよ。何日休んだら、何時間休んだら留年になるってのがわかってたんで、計算して、自分で。「じゃ、あと何時間大丈夫だから、休む、今回も」って担任の先生と言ってたら、もう担任の先生が、「どうしたん？」みたいな。保健室の前が進路指導室だったんですけど、そっちに呼び出され、「どうしたん？」ってなって、「全部イヤ」って hhh。で、その「全部イヤじゃわからん」ってなって、「何がイヤなん？」ってなって。で、最初に「まぁ、制服はしゃーなしだと思ってるけども、けど、その合唱コンクールのタイツとかマジで無理、マジで無理」って言って。「なんで？」ってなって。「いやぁ先生に軽蔑されるから、マジ言えへん。無理無理無理」ってしたんだけれども、「どうしたの？」みたいな。「でも言わなきゃもうわからんよ」って言われて。「確かにそうだ！」と思って hhh。「いや、先生にどう見えてるかわからんけど、

自分もしかしたら性同一性障害かもしれん」って言ったら、「あぁ～ぽいよね～」って言われて、「えっ！」っと思って。「なんでそんな驚かないんですか？」って聞いたら、「いや、私の友だちの旦那さん…というかそういう人がFTMで、会ったこともあるし、そういう人も知ってるよ」って言われて、「あ、そうなん？」みたいな。もうなんか、自分のまわりにいないと思ってたんですよ、その時は。

　そんなんがあって、だからもう「タイツはイヤ、タイツはどうしても無理」って言って。「タイツ履くなら、もう合唱コンクール出れません」って言って。「じゃあそのタイツの件は、先生からも言ってみるよ」って言って、その指揮者の子が中心になってやってたんですけど、「指揮者の子に話してみるけど、自分で自分のことちゃんと話してみな」って言われたんで、話して。話したのかな、次の日くらいに。「無理です」って。でも「無理です」って言って、もうそれ以上言えなくて。「とりあえず無理、タイツ無理。それを履くんだったら、もう、うちは出ない」って。で、中間発表の時かな、中間発表があって本番発表があるんですけど、その中間発表の時にそれがあって「無理です」って言ったんですけど、「じゃわかった、ユウヤは違ってもいいよ」って言われて、「ん？ん？」って思って。だから全員タイツで自分だけ靴下だったら忘れた人みたいじゃないですか、「ちょい待ってよ」って思って。中間発表の時は、「ユウヤはいいよ」って言われたけど、それがイヤでイヤで、教室のベランダでぐずってて。

　で、先生があやしみに来ると言うか。「とりあえず会場には行こう、会場には入ろう」ってやってたら、なんか締め出されちゃって。3クラスつながってるんですよ、ベランダが。で、自分の教室入ろうと思ったら、鍵かかっちゃってて、「えっ？」ってなって、ふたりで。これ締め出されたって。もう1クラス1年生のクラスがあったんで、こっちから行こうってなったんですけど、そのクラス、体育

の授業で、完全に締め出されちゃって。「やばい、どうしようどうしよう」って。で、先生も「あぁ、クラスの発表聴きたかったなぁ」みたいなこと言うし。で、「先生ごめんなさい」って言って、真下が保健室だったんで、保健室の先生呼んで、「なにしてるの〜」みたいな。「すいません鍵とってきてください」ってなって、鍵をとりに行ってもらって。出るつもりなかったんですけど、先生に本当に迷惑かけたって思って、忘れた人でもいいから出ようって、その中間は出て。だから後から「ユウヤ、タイツ忘れたんでしょ？」みたいに言われ、「ちゃうし！」って。で「本番の時は自由でいいです」っていうの、その本番の何日か前に指揮者の子が言ってくれたんで、本番はもうばらばらな感じで。

　その後もユウヤさんは「イヤなことがあったら授業を休」んだという。それに対して担任は「どうしたん？」と聞いてくれたという。
　一方、親へのカミングアウトもこの頃だった。

　　ユウヤ：親にもカミングアウトしたの２年生なんですよ。進路アンケート書かないといけない、どうしようって。心理学やるか、写真部だったんで、人が見てかわいいって思うものを探りたいみたいな。人の視覚についてやりたくて、何学部かわからんけどそんな感じで言ってて。でも教員にもなりたくて、じゃ教育学部かって３つくらい出てきて。…って考えてるんだけどって言ったら、「心理学ってなんなん？」みたいなことを言われ、もうこの際だからいいやって思って、そん時はもうトランスジェンダーってことも知ってたから、「自分トランスジェンダーだと思うんだけど。まぁ性同一性障害って言われてるようなやつだよ」って言って、そしたらお母さんと一対一の時の話で、泣きはじめちゃって、でもう「あっ。これ話しちゃいけないことなんだ」と。でもう３日間くらい口きいてくれないし、寝込

んじゃってるし。で「お父さんには自分で言いなさい」って言われて、でお父さんにも自分で言って、お父さんの方は「なんでそう思うの？」って言われて、「いや、もうなんかずっと違和感あります」って話して、「そうかぁ」ってそれだけで終わって。

次に、学校は制度的にユウヤさんへのサポートをしたかどうかをたずねた。

───　学校はなんかしてくれたの？　制度的には？
ユウヤ：してないです。けど、カミングアウトして、高校2年生の時に帰ってきて、カミングアウトした先生が、その高2の時の先生と、高1の時に社会教えてくれてた先生と、写真部の先輩に言ったら、なんかその先生につながって、「この先生もいろいろ知ってるよ」みたいな。で、この先生が「違う学年でトランスジェンダーの子いるよ、会ってみ？」って感じで、1個上の自分と同い歳の子に会いに行って、その子とつながったりとか。他の先生って言ったら、隣のクラスの英語の先生と、あともうひとり3年生になった時の先生かな、にカミングアウトして、何人かにはしてて。

また、高2の担任と高3の担任の間で引き継ぎもしていたという。

ユウヤ：あと、2年生から3年生になる時に、「もし担任が変わったら、自分からは言えないし、できることなら先生から言っておいてほしい」って、2年生の時に先生に言っておいたんで、3年生の時に担任変わったんですけど。でも、よりなんか、ジェンダーとかいろんなことやってる社会科の先生になって、「いちおうその先生に話はしといたよー、でも自分でちゃんと言いなよ」って自分で言わせることはしてきたんで。「あ、じゃあ機会があったら」って言って、4月に個

人面談みたいのがあって、その時に、「進路のこと以外になんかある？」って言われた時に、「実は、聞いてると思いますが…」って言って。で、その先生も「ま、いいんじゃない？」って感じで、「いっかぁ」って。

―――― 軽っ hhh。

ユウヤ：軽いです、うちの学校基本軽いですね。

―――― そっか、じゃ制度としてはあんまりないけど、いろいろ話を聞いてくれる先生はおったんやね。

ユウヤ：はい、いましたね。事情もわかってくれたりとか、何かあったら気づいてくれる。自分がわかりやすかったのもあって。

さらに、ユウヤさんは制度的にも「一個変わった」ことがあったとして、卒業式のことを、次のように語った。

ユウヤ：一個変わったなっていうのが、卒業式は絶対タイツってのが決まってて。で、もしタイツじゃないんだったら、親の印鑑もいる。そのひと言がないとダメですってなってて。「先生、もらえません…」って言ったら、「いいよいいよ」ってなって。白靴下があるんですけど、「そっち履いておけばいいよ」って。自分の卒業式の時も、親は見たら一発でわかるんですよ。全員タイツで、「なんであいつだけ靴下なんだよ」ってなるんですけど、普通に靴下で、「すいません、無理です」って。

このようなユウヤさんを、まわりの生徒も「留学帰りの変なヤツ」として受けとめてくれていたという。そしてユウヤさんも留学で仲よくなった友だちやその周辺、さらに彼女ができたら彼女のまわりの友だちへとカミングアウトしていったという。

4-5　中学・高校時代を振り返って

―――　そうかー。振り返ると学校時代、中学・高校時代は？

ユウヤ：先生がよかったと思いますよ、話聞いてもらえる環境にあったし。否定されると思ってたら「あ、そう」くらいだったし、「あ、そうなん」みたいな。あとは「自分の友だちでもいるよー」って言ってくれたし、中高はそういう言葉に救われてたし。中学校は特に「今はそういう人まわりにいないっていうかわからないかもしれないけど、この先絶対会うよ」とは言われてたし。

―――　中学校の先生が？

ユウヤ：その「セクシュアルマイノリティと呼ばれる人たちに会うよ」って言われてて。でも、ほんと中学生だと「ほんとかよ！」って思ってて hhh。でも、この先生が言うことだったら信じてもいいかなと思って。先生はよかったと思ってます。

―――　システム的にさ、呼ばれたい名前で呼ぶとか、制服を変えるとかっていうふうなことはなかった？　けど、よかった？

ユウヤ：なかったけど、なかったけども、例えば高校なら、その、タイツ履かなくてもいいように裏でまわしてくれてたりとか、そういうちょっとしたこと、それがもうできないもんだと自分の中では思ってたから、そういうちょっとしたことをやってもらうだけで自分はうれしかったなぁって。ほんとにちょっとでよかったなぁって。

5　なんかもうすべてが「もうええわ」ってなりましたね
――トランス男性のシュウトさん

　シュウトさんと初めて出会ったのは、シュウトさんの家の近くのファミリーレストランだった。シュウトさんの友だちの友だちが私の勤務校の生徒で、私に「会ってほしい人がいる」と伝えてきたのがきっかけだった。その時のことをシュウトさんは次のように語っている。

―――　で、会うたんいつやったっけ？

シュウト：えぇ、曖昧ですね、えぇぇ…いつだったか…。

―――　1年次か2年次かどっちや。

シュウト：2年ですかね、たぶんそうですね。

―――　なんであぁなったん？

シュウト：えっとまぁ、後輩に「なんか逆の人いるけど」みたいな連絡が来て。そこでまぁ、会ったことなかったんで、まだ。「え、それはぜひ会ってみたい」っていうことで。で、そっから連絡とってみたいな感じで。

（中略）

―――　うん、会いましたね hhh。

シュウト： hhh。

―――　どないでしたか？

シュウト：ど、どういう…、いやでも…。いやでも驚きでしたね。いや「ほんまにいるんや」と思って、同じ境遇の人が。もうそこは驚きでしたね。

―――　会えたんはよかった？

シュウト：まぁそうですね。はい。

5-1　幼稚園時代についての語り（〜 1989）

　シュウトさんは幼稚園の頃の記憶はあまりないという。ただ「よく外で遊んでたとか聞きますね」とのことだった。また、男女問わず遊んでいたという。服装は兄やいとこのお姉さんのお下がりを着ていたという。幼稚園には制服があり、スカートをはいていたという。また水遊びもあったが、水着を着て「普通に」やってたという。そこで水着についてたずねた。

―――　へぇ〜。それは別にそれでよかった？　大丈夫？　ちょっとイヤやった？

シュウト：たぶん何も考えてなかったと思います。
―――　　うん。ま、じゃ平和な幼稚園時代？
シュウト：ま、幼稚園は厳しかったんで。
―――　　何が厳しかったって？
シュウト：勉強とかめっちゃしてたんで。もうイヤでした。そっちの方がイヤでした。
―――　　あぁ～。勉強してた？
シュウト：勉強してました。英語とか、九九とか覚えてました。
―――　　うーわー、きっつ。

このように、幼稚園時代のシュウトさんは、性別について「なにも考えてなかった」という。

5-2　小学校時代の語り（1996～2001）

シュウトさんは制服のない公立小学校に入学した。シュウトさんは低学年の頃のことはぜんぜん覚えていないという。そこで当時の写真を見たことがないかどうかをたずねた。すると、スカートをはいているのは入学式くらいで「えーっと、やっぱスカートは拒んでましたね」とのことだった。
そこで、水泳の授業についてたずねた。

―――　　まぁ、やがてその、時代が過ぎていって、小学校高学年か。高学年…、小学校ではプールあった？
シュウト：プールありました。
―――　　どないしてたん？　やってた？
シュウト：いや、小学校では普通にやってました。
―――　　ふーん。イヤとかそういうのは特になし？
シュウト：何も考えてなかったですね。
―――　　あぁ、考えてなかったか hhh。

シュウト：はい、普通にプールやって楽しんでましたね。

　小学校時代、休み時間は外に出てサッカーとかドッジボールをしたという。そこで、教員から性別にかかわることを言われたかどうかたずねた。

　――　なんかこう、先生からそういうことでいろいろとこう、性別にかかわること言われたことはない？
　シュウト：なんか、小学校の先生からは、よくわからんことずっと言われてました。
　――　ん？
　シュウト：よくわからんこと。
　――　んん？　よくわからんこと？
　シュウト：はい。なんかどういう意味かもわかんないんですけど、よくわからんかったです。言ってることが。

　そんなシュウトさんであったが、小学校時代の男女の区分けについては以下のように語った。

　――　小学校時代はその、男女の区分けとかあったん？
　シュウト：…は、あ、プールの授業とか。あと、あ、並ぶ時とかですかね。
　――　名簿は？
　シュウト：名簿…どうやったかな…。
　――　男女混合？
　シュウト：いや、たぶん別ですね。
　――　あ、男女別やったんや。
　シュウト：はい。
　――　そういうのはなんか、「イヤ」とか言わなかったん？
　シュウト：そういえばイヤでしたね。あと、なんか「さん」と「くん」でわ

けるのとかも、両方「さん」でいいやんみたいな感じでしたね。
―――　それはなんか、自分の中に性別のこだわりみたいのが出てきてる感じ？
シュウト：高学年くらいになったら、たぶん出てきてたと思いますよ。
―――　ふーん。性教育の授業とかあった？
シュウト：あぁー、ありました。
―――　あれはどんな感じやった？
シュウト：なんで、女子だけ保健室みたいな、って言われて、ずっと行かなかったんです。
―――　ふん。
シュウト：そしたらやっぱ男子とか、保健室の前にいてるじゃないですか、「なんで入らへんの」みたいな、言われてるときイヤでした。

5-3　中学校時代についての語り（2002〜2004）

シュウトさんは地元の制服のある公立中学校に入学した。

―――　どないでした？
シュウト：いやもう中学校はもう暗黒時代ですね。一番辛いですね、やっぱり。
―――　はーん。
シュウト：プール入らなかったですね、中学校は一回も。
―――　どないして？
シュウト：いやもう、わざと風邪みたいにして、「めっちゃ風邪引いてるんで」とか、あと「水着忘れたんで」とか言って逃げてましたね。
―――　生理は理由に使わんかった？
シュウト：いや、それは絶対イヤでしたね。来たのも遅かったんで、使う時もなかったんで、ないです。

さらに他のエピソードについてたずねた。

―――　ふーん。他、どんなことあった？　水泳以外で。
シュウト：水泳以外ですか…。中学なって、ま、小学校のときは普通に男と遊んでたのが、中学上がってそのまま男と遊んでたら「男たらし」みたいな感じのことを陰で言われてるんかなっていうのを思ってしまって。
―――　実際言われてたん？
シュウト：いや、わからないですね、陰でなんで。他の人が言われてたりしとったんで、「そうなんかな」みたいな感じですね。

中学校に入ると、男女の区分けは制服以外に「名簿」「さん／くんづけ」「体育」など多岐にわたったという。そこで、どれが一番つらかったのかたずねた。

―――　その辛かったのは何が辛かったん？
シュウト：やーなんか、体がなんか女の体になっていく、みたいな。自分の違和感みたいな、気持ちの違和感みたいな感じですね。
―――　なるほど。学校に対して辛かったことはないの？　学校の扱いに対してしんどいとかいうことは。
シュウト：なんなんですかね、両方ですねもう。もう、どうやって言ったらええのかもわからへんし、自分ってなんなんって感じするしみたいな感じで、両方があわさってもう、もう、学校行きたくなかったです。朝、ほんまに学校行くの辛かったですね。

5-4　高校時代についての語り（2005 〜 2007・2009）

シュウトさんは公立の制服のある高校に進学した。高校進学の際、制服のない高校への進学を検討したかどうかたずねた。

―――　例えばその、制服のない学校とかみたいな。
シュウト：いやあったんですけど、そこ行こうと思ったら、まぁ学力が全然足りなかったんで、もう諦めるしかないなーと思って。
―――　あ、考えた？
シュウト：考えました。
―――　F高校とか？　どことか？
シュウト：えっと、G高校かH高校しかなかったんで、公立やと。
―――　あぁそうやな。
シュウト：ちょっと学力がなかったんで、諦めましたね。でも定時っていう選択肢もあったんですけど、親に「定時はやめてくれ」って言われたので、じゃあいいわ、公立行ってみようかな、って行きました。
―――　F高校と定時って全然違うじゃんhhh。
シュウト：はい、違いますhhh。
―――　あんまりそんなこと考えへんかったん？
シュウト：考えなかったです。とりあえずまぁ私服っていう選択肢しかなくって。
―――　私立っていう選択肢はなかった？
シュウト：いやもう絶対無理でした。金銭的に厳しかったですね。
―――　あぁ〜。うん。で、まぁしゃーないか。でまぁやむを得ず地元の公立高校行って、どんな気持ちで行った？
シュウト：えー、どんな気持ちですか…。いやでも、気持ち的にはまぁ「楽しもう」って感じでしたよ。はい。
―――　でも「女子高生」をせんといかんわけやんか。
シュウト：あぁそうですね、もうそこは割り切るしかないって感じでしたけど。まぁでも、耐えれなかったですね。

シュウトさんに「言語化」の時期をたずねた。

―――　いつ頃知ったん？その自分のいろいろな感情を整理する言葉みたいなん。

シュウト：いつですかね…。高1くらいやったと思いますけど。

―――　高1くらい。きっかけは？

シュウト：何やったんですかね…。何やったんですかね…。

―――　テレビ、ネット。

シュウト：テレビ…。えっと…。

―――　誰かの言葉。

シュウト：…ネットですかね。たぶんネットやと思います。

―――　どんな感じで？

シュウト：なんか、なんなんだろ、チャットみたいな感じのところで、ちょっとよくわからない言葉が出てきてた時に、「それ、何なん？」って聞いた時に、そこで説明してはって。で、それがFTMやったんですよ。

―――　はいはいはいはい。

シュウト：で説明してて、自分でも調べてみたら、「これ、自分のことかな」みたいな。で、もう、そっから、ずっと探ってましたね、ネットで。

―――　それは高1くらい？

シュウト：高1くらい。

　　　　（中略）

―――　そのへんからどういうふうに変わったん？

シュウト：いやもう、早くホルモン注射したいなみたいな、それしか考えなかったです。

―――　おわhhh。

シュウト：はい、とりあえずカウンセリング行きたいなと思って、ずっと調べてて。でも「18歳未満は親もついていかないといけない」みたいなん書いてあって、「じゃ無理や、18歳まで待とう」と思って決意しました。

―――　あー、そうなんや。親は、無理っぽい感じやった？

シュウト：そうですね、まったく言ってなかったですけど、無理って感じでしたね。

　ネットによって「言語化」を経たシュウトさんは「『この言葉あるし別に自分らしくおってええやろ』みたいな開き直りができ」たという。頭髪については、「ワックスとかバンバンつけて、なんかカッコつけて」たという。また、学校の中ではスカートを履いていたが「折らずに長いまま履いたりとかして」いたという。また、「後輩の子に中学のズボンもらったんで、それ、帰り、履き換えたりとかして」いたという。

　そのようなシュウトさんが、まわりからどのように扱われていたかを知るために、高校時代の友人関係をたずねた。

―――　友だち関係はどんな感じやったん？

シュウト：…どんな感じやったんですかね…。でも中学よりかは、まだ楽しかったですね。

―――　あ、中学校時代って日常的にどんなことやってたん？　遊びとか。

シュウト：いやもう同年代とは遊んでなかったですね。もうなんか、近所の年下の子と、サッカーとかキャッチボールとかゲームとかしてたんで、同年代とはあんま遊んでなかったですね。

―――　なるほど。やっぱりみんなの遊ぶ感じが男女でわかれてる感じやったん？　中学校時代って。

シュウト：はい。もう同年代の男と遊べへんなと思って。年下の男の子とけっこう遊んでましたね。

―――　あ、遊ぶ相手は男やったん？　基本的に。

シュウト：が、あってましたね。うん。なんか女の子と遊ぶ時はちょっと、あわないっす。

　　　（中略）

―――　学校では、そのどっちかのグループわけとかあるやんか、どこにおったん？

シュウト：ずっと転々としてました。どっかに縛られんのイヤなんで、ずっと転々としてました。

―――　ん、それは自分にとってどうやったん？

シュウト：いやまぁ、その方がよかったです。

　私と出会った時に後輩が仲介をしてくれたということだったので、誰かにカミングアウトしたかどうかについてたずねた。

―――　誰かに言うてたん？　自分のことは。友だちとか後輩とかに。

シュウト：あ、その子だけじゃないですかね。どうなんですかね、でも言った覚えはないんですけど。

―――　バレてた？

シュウト：そうかもしれないです。

―――　ふーん。あぁ言った覚えはないねんや。

シュウト：言った覚えはないですね、まだ。はい。

―――　へぇ～。ようその子、バレててそれをわかって、かつそんなこと言うてくれたなぁ。

シュウト：そうですね。ほんまに。

―――　なんでやろ。

シュウト：わかんないです hhh。なんでなんやろ。

―――　その後輩っちゅうのはどこなん？　あの、学校は？　同じ学校？

シュウト：いや、違います。何でつながったんですかね。友だちの友だちとかですかね。なんかとりあえず、直接的な友だちとかではなかったですね。後輩の友だちとかそんな感じでしたね。中学校ちゃうかったんで。

さらに、私と出会ったことで学校生活に変化があったかどうかたずねた。

　──　　そっから変化あった？
　シュウト：いや、変化は特にないですね。
　──　　こう、学校生活で？
　シュウト：まー、でも保健室の先生との出会いは、まぁ大きな変化でしたけど。はい。
　──　　具体的には？　どんなことがあった？
　シュウト：なんか、制服、ズボン履きたいみたいな話してて。で、まぁそっからいろいろ上の人、ま、校長先生みたいな感じですかね、とかと連絡とりあって、保健室の先生が。で「卒業式の日までにやったら何とかできるかも」みたいなこと言ってくれてはったんですけど、それまで待てなかったんで。ま、でも、もしすぐズボン履いてたとしても、なんかそのズボン履いてる自分とか見た友だちとかが何て思うやろーとか思ったら、履けてたんかなとか思いますけど。
　──　　うん。あーでも、そういうふうに動いてくれたんや。
　シュウト：そうですね、卒業式の日とかやったら、まぁいけるみたいな感じでは言うてはりました。

　実は、シュウトさんの学校の養護教諭はたまたま私の知りあいだった。シュウトさんのことを知った私は、その養護教諭にシュウトさんのサポートを依頼しており、それ以降、シュウトさんについての情報交換をしていた。私の「学校生活で？」という質問は、養護教諭と出会ってどうだったかを話してほしいというオファーだった。
　さらに、養護教諭にどのように自分のことを話したのかをたずねた。

　──　　何て言ったん？　学校の先生には？「ズボン履きたい」って言っ

たん？

シュウト：何て言ったんですかね…、覚えてないですね。いやでも普通にズボン履きたいとは言いました。

──── FTMとか、あるいはGIDとかそういう言葉は使った？

シュウト：言われたんじゃないですかね、向こうに、保健室の先生に。

──── 向こうから言われた？

シュウト：はい。で「何で知ってんの」みたいな感じで返した時に、「いや、こうこうこういう先生がな」みたいな感じで言われて。で、そっから、はい。

──── それ…、いや要は、チクられちゃった？

シュウト：え？

──── チクられたと思った？

シュウト：いや、そうは思わないです。

──── いや、正直に言うたらええんやで。

シュウト：いや、思わないです。逆にでも聞いてきてくれてよかったなって。はい。

──── そうか。じゃ自分としてはもう、どこに言えばいいかわかってた？　わからなかった？

シュウト：いや、わからなかったです。

──── 担任か、養護教諭か、それとも校長とかか。

シュウト：わからなかったですね。

──── ふーん。じゃそうやって呼び出されてよかったんや。

シュウト：はい。よかったです。

──── そうか。でその、その時は「ズボン履きたい」だけ言うたん？

シュウト：だけ言いましたね、いやもうほんまにその時の願いはそれやったんで、ズボン履きたいやったんで。

──── 1回だけ？　何回か話してる？

シュウト：いやでももう、たぶん2年の後半くらいからずっと保健室行って

たんで、たぶんずっとそんな感じの話してましたね。何話してたかは全然覚えてないですけど、でもとりあえず「ズボン履けるようにがんばろう」みたいな話はされたりとかされてて。基本ズボンの話くらいですね。

―――　うーん。でもそれは、大きかったよね？　大きかった？

シュウト：いやもうそれはめちゃくちゃ大きいです。

しかしながら、結局シュウトさんは高校をやめることになる。

―――　そうか。で、えー２年から３年上がって、で。

シュウト：上がって…。全然学校行けなくなりましたね。

―――　それ、なんで？

シュウト：なんでなんすかね。いやなんかもう、たぶんほんまに耐えれなくなりましたね、制服とか。まぁ、女子で行ってることに対してもですし、なんかもうすべてが「もうええわ」ってなりましたね。

　そして高校３年生の夏休みの途中くらいに正式に退学届を出した。ところが、その翌年、シュウトさんは再び高校に行きたい考え、私に「どこがいいですかね」という連絡してきてくれた。シュウトさんにとって、高校選びの際、制服がないことが条件だった。私は隣県の高校を紹介し、シュウトさんはそこに行くことにした。隣県の定時制高校に通うためには、隣県の住所が必要となる。そこで、シュウトさんは自助グループの参加者の住所を借りて入学した。

5-5　２度目の定時制高校を振り返って

―――　どうやった？

シュウト：いやもう自由すぎて、よかったです。

―――　あぁ～。あの時ははじめから男でいったんやったっけ？

シュウト：はじめから男でいきました。最初は若干声高かったんですけど、まだはじめやったんで。でも何とかいけました。

　シュウトさんは定時制高校入学時「男として通いたいです」とだけ言ったという。定時制高校には制服はなく、名簿も混合だった。また「基本は名字で『くん』づけだったんですけど、普通に『シュウト』って呼ぶ人とかも」いたという。

シュウト：いや全部、男扱いにはなりたいと思ってたんで、「や、全然かまわないです」みたいな感じでしたね。
────　あっけなかった？
シュウト：え、いや、でもその方がよかったです。はい。普通にいけたんで。

6　直接聞いてきてくれたのが、すごいうれしかった
　　　──トランス男性のユウキさん

　ユウキさんと初めて出会ったのは、ユウキさんの学校に呼ばれて講演をした時のことである。講演のあと、「会いたいと言っている生徒がいる」とのことで、校長室で待っていると、ユウキさんがあらわれた。ユウキさんは当時のことを次のように語っている。

ユウキ：高校1年生のときにビラ配られまして、話…。
────　あー、そやそやそや。
ユウキ：土肥いつきさんという方が来ると…。
────　来ると。
ユウキ：ちょ、これ会いたいなぁ…。テレビでしか見たことなかったんで、あの、性同一性障害の人が。やばい。本物くるやんけ！　もう芸能人来るやんけ！　ぐらいの感じやったですね。hhh。（中略）すげぇ

　　　　　ー、すげぇーってなってましたね。本物やーと。すごいうれしかっ
　　　　　たです。いはる、いてるんやなぁ。自分以外にいてるんやなぁって
　　　　　思って。
　――――　あぁ。そっか。だから、リアルで会うたんは初めてやったん？
　ユウキ：はい。すっごいうれしくて。すげぇー、ほんますげぇーって思いま
　　　　　した。

　その後、ユウキさんは私が主宰する自助グループに参加してくれた。ユウキさんは卒業後も現在にいたるまで中心メンバーとして運営を支えてくれている。

6-1　幼稚園時代についての語り（～ 1993）
　――――　幼稚園か保育園とかって、その頃はどんな感じやったん？
　ユウキ：幼稚園のときは…。んー、なんでしょうね。全然覚えてない。いじ
　　　　　められてたんですよ。
　――――　いじめられてたんや。
　ユウキ：弱くていじめられてたんで。
　――――　あ、そうなんや。
　ユウキ：そのことぐらいしか全然覚えてなかった。あっ、発表会がありまし
　　　　　て、けっこうなんかスパルタな幼稚園で、発表会の稽古とかすっご
　　　　　い厳しくて。で、女の子の３つずつぐらいダンスわけられるんです
　　　　　けど。男の踊り、男と女が混ざる踊り、女の踊りっていうのが、３
　　　　　つ勝手にわけられて、自分が女の子の踊りのとこに行かされてて。
　　　　　まぁ、それは別にどうでもよかったんですけど、発表会当日に化粧
　　　　　させられたんですよ。口紅とか塗られて。それがすっごいイヤやっ
　　　　　たですね。イヤですね。
　――――　他にそれイヤがってる女の子っておったん？
　ユウキ：いや、なんかみんな喜んでて。「ヒャー」みたいな。「化粧や！」み

たいな感じやったと思います。自分が潔癖もあったんで、特にイヤ。なんか気持ち悪いなぁ。それがなんか女やからとかはちょっとよくわかんなかったし、ふたつくくりにされるんが、とにかくなんかイヤでした。

── ふたつくくりってこんな感じの？
ユウキ：こういうのんとか、三つ編みっていうのがすっごいイヤでした。なんでかはわかないんですけど。そんぐらいで、とくにま、性別気にしてなかったですね。

次に遊びについてたずねた。

── 遊びってどんなんやってたん？　だいたい。
ユウキ：男の子の遊びとか女の子の遊びとか、とくに当時はなく、人形遊びもやって。ま、仮面ライダーでしたけど。リカちゃんとかではなくて、仮面ライダーの人形遊びとか、ようしとったんですけど。
── あんまり性別にこだわった話せんでええで。ざっくりした話が聞きたいねん。
ユウキ：とくに、性別全然考えてなかったです。でも遊ぶ友だちはけっこう女の子ばっかりで。男はなんか嫌いでした。

6-2　小学校時代についての語り（1994〜1999）

　ユウキさんは小学校1年生の時に転校した。最初に通っていた小学校は私服だったが、転校先の小学校には制服があった。しかし、「制服がずっと当たり前やったから、なんでスカートっていうのはあんまりな」かったという。ズボンについては「ズボンええなぁっと思い、足広げてもええしみいたいなぐらい」だったという。また、ランドセルの色については同級生の女の子が紺色のランドセルを使っており「めっちゃかっこいいやん」と思っていたという。

小さい頃のユウキさんは「すごい弱かったんですよ。カリカリで」という体格だったが、4年生くらいになった時、「すごい体格おっきくなっ」た。当時の遊びについて、ユウキさんは次のように語った。

ユウキ：4年生くらいなったらすごい体格おっきくなって。ちょっとみんなより身長高くて、ちょっと体格もみんなよりおっきく、小学生のわりには。だから、すっごい強くて。なんか、みんなでボコボコに、みんなで砂場行って、しあってました。みんな女の子なんですけど。
――　別に男の子も女の子もみんな活発に遊ぶ感じやったん？
ユウキ：そうですね。
――　なんか例えば、ドッジボールとかあるやん。ようドッジボールは女の子は逃げるのが仕事みたいなん。ああいうのは別になかったん？
ユウキ：全然なかったですね。みんな戦いあってた。
――　あっ、戦いあってたんや。みんな。
ユウキ：活発なクラスでした。
――　なるほどな。別に先生とかも折りあいはいいん？
ユウキ：はい。すごいいい先生でしたね。

6-3　中学校時代についての語り（2000～2002）

――　　　なるほど。で、やがて中学校か。
ユウキ：中学校になって制服が新しくなって、男子が短パンやったのに長ズボンになって、「おぉ、めっちゃええやん」って見てた。なんか、男子短パンの時は「寒そー」みたいな、「冬、寒そーやなぁ」って思って見てたんですけど、長ズボンってなんかかっこええな。大人っぽいな。かっこええな。で、なんか女子は、スカートのひだが細かくなって、みんな「かわいくなった」みたいなこと話してんですけど、「そうかなぁー」って思いながら。だんだんなんか小学校のときに遊んでた男子ともしゃべらんくなって、男女もわかれるようになっ

て、「なんかなぁー」と思って。

　小学校時代のユウキさんは習い事をたくさんしていた。さらにユウキさんは、小学校時代に中学受験を考えており、成績もよかった。中学校１年生の最初の頃、ユウキさんは小学校から好きだった男子に告白したがふられた。その後、女の子とつきあうことになった。

　　ユウキ：あぁーでも、中１の夏休みくらいから女の子とつきあうようになって。それはまぁ、ネットで会った子なんで、まだ会ったことはなかった子で、まぁネットでつきあうみたいな。自分は本気やったんですけど、まぁ向こうはようわかんないですけど。そんなんがいっぱいあって。ほんでまぁ、おもしろ半分で友だちに言ったりしてて、仲いい子は。で、そんなんもあったんで、えっと、クラスの子ともつきあったりしてたんですけど…。
　　──　ん？　女の子？
　　ユウキ：女の子。女の子とつきあって…。それがバレて…。バレてはないはずなんですけど、言ってないし。まぁ、なんか膝枕してもらってたら、「あいつらつきあってんぞ」となり。他の子にもしてもらってたから、自分的には「なんでなん？」って感じなんですけど。まぁ、噂が広がって、学校にいづらい状態になって…。余計遊ぶんも楽しかったし、全然学校行かなくなって、成績もガタ落ちで。

　やがてユウキさんは授業には出ず、クラブだけ行くようになった。入部したクラブは剣道部だった。なぜなら、「剣道は性別も関係ない」からだった。そして「今思ったら、[剣道は]すごい自分にあってたなと思います」と語った。
　ユウキさんに当時の自分の性別の認識をたずねた。

―― そん時はでも、あれやな。その、性別うんぬんはあったん？
ユウキ：なんかでも、ネットで男としてやってて。なんか「ネカマ[3]ってあるんやから、自分が男ってやってもバレへんわ」って。で、男でやってんのがすっごい楽しくって、しっくりきて、自分にとっては。なんか、自分は「男や！」って気持ちはずっと別になかったんですけど。そんな、お母さんのお腹に置いてきたとも思わなかったし[4]。ただ、自分が女の子やっていうのにはちょっとだけ違和感、…ちょっとだけというか、違和感は何となくあったから、しっくりきましたね。ネットではしっくりくるなぁーって。

　ユウキさんにはレズビアン寄りのバイセクシュアルの幼なじみがおり、その幼なじみには、ネット上で男として女とつきあってることを話していた。当時のユウキさんは学校には通えるようになっていたが、ほぼ遅刻だった。特に、プールの授業は午前中に設定されていたため、遅刻していってプールの授業に出ずにすむようにしていたという。
　ユウキさんに、幼なじみ以外の友だちにカミングアウトしていたかどうかたずねた。

―― 例えばその、ビアンの子とはそもそも、ほれ、「自分、誰それ好き」みたいな話はできるけど、他の子らとはどうやったん？
ユウキ：仲いい子とか、剣道部の子には、もう自分のことは、まぁ言うたりとか。ちょうど、まぁ中２ぐらいなったら金八やってたんで、「あぁ、これやわー」と。まぁでも、仲よおない子は自分のことビアンや思ってないんで、あれやったんですけど。で、剣道部の子が、当時『デザート』[5]っていう少女漫画の雑誌に載ってた「オッパイをとったカレシ。」[6]を、まだ載ってたとこやって、その子がめっちゃ『デザート』読んどって、「これや！」思って、ビリビリー！ってちぎって、持ってきてくれたんです。「これ読んでみー！」みたいな。

「これやろー！」って感じで。でもう、すっごい感動。読みにくかったですけど、ちぎれてて。もう、あの雑誌ごとくれたらいいのにねえ。今でも残ってるんですけど、ちぎったまんまのやつを。単行本出る前で、すっごいもううれしくて。テレビとか、本とか、当時上戸彩がやってて、金八で読んではる本、虎井さん[7]の本とか出てきとったんで、それ調べて、大きい本屋に買いに行って、本はめっちゃ読んだりしとって。でもなんか、激しいんですよ、みんな。なんか生まれたときから考えてるというか。別に置いてきてないし。「なんかなあ」「なんか違うなあ」とは思ってたんですけど、「オッパイをとったカレシ。」読んで、胸オペ[8]するまでの話で、なんか、すっごい自分としっくりきて。まあそれもなんか「置いてきた」って書いてましたけど、本の中に。でも、その「オッパイをとったカレシ。」がすごいしっくりきて、「あ、自分これなんやなー」ってのは、なんとなく思ってましたけど。

―― 中２？

ユウキ：中２…ですね。

　ユウキさんの中学校は、３つの小学校から生徒が来ていた。さらに、ユウキさんが通っていた小学校は２つの中学校に校区がわかれた。したがって、ユウキさんと同じ小学校の生徒は少数で、いじめの対象になっていたという。

　一方、ユウキさんは学校の中で目立つ存在だったという。

ユウキ：自分まぁ、生徒会もやってたんで。目立ちやがり屋で。生徒会はまじめなもんやのに、ちょっと前代未聞やみたいなんになって。「お前ピアスやめろ」とか、「髪の毛黒くしろ」とか、なんかなんかやっとたんですけど。

―― けっこう、やんちゃくれやってんな？

ユウキ：目立ちやがりです。そうですね。
―― 中学校時代は？
ユウキ：先輩に呼ばれたりして…。
―― マジで？
ユウキ：なんで男の先輩が女呼ぶねん思いながら、呼び出されて行ったりしましたけど…。
―― で、どうなったん？
ユウキ：でも、なんかうれしくて。男の先輩が女の自分やのに呼ぶんやみたいな。なんかうれしくて…。
―― なにに呼ばれたん？
ユウキ：「調子乗んなよ！」みたいなhhh。「謝れ！」みたいな。「刺すぞ」とか言われたり。「お前、明日殺すぞ」って言われて、もう別にええで、明日遠足でおらへんしってhhh。「明日殺されへんし。別にええし」とか言うて。「敬語使え！」とか。敬語ってなに？ hhh

当時のユウキさんの服装について、ユウキさんは次のように語った。

―― スカート履いてたん？　それでも。
ユウキ：スカート履いてます。あーでも、中にズボン履いてましたね。ずっと。
―― えっ、ズボンは見えない程度な感じ？
ユウキ：見えてたと思います。ひざぐらいのズボンで。なべシャツの存在を知らなくて、中学校1年生のとき、2年生ですね、もう。あっ、1年生の時もそうですね。サラシで胸をつぶすみたいなんは、なんとなく、その、知ってたんで。その、「極道の妻」[9]とか。あんなんで、サラシでつぶせると。

そんなユウキさんを教員はどのように見ていたのかたずねた。

—— なるほどな。先生はどないしてたん？

ユウキ：…なんもなかったですね。

—— なんも気がついてないん？

ユウキ：そうですね、たぶん。もう、もろにいじめを受けてる子とかは、まぁ、わかるんですけど。自分とか、気ぃ弱いタイプでもなくなってたし、言わないですし。だから、「あいつ学校けえへん、なんでやねん」みたいなぐらいやったと思います。

—— ほーん。ほんなら家庭訪問とかはない？

ユウキ：…ないですかね。あっ、でも、その、呼び出されて、親。なに、なに悪いことバレたんやろーって。チャリ通[10]バレたんかなぁーって。

—— チャリ通？

ユウキ：なんやろなー思って、イヤやなー思って。親を呼び出された時に。その、中学２年の終わりの頃ですかね？まぁ、作文で、「僕」とか「オレ」とか使ってたんで、「この子もしかしたら性同一性障害じゃないか」みたいな感じで親に話しにきました。そん時に、あぁー！
　その話かいな！　と、びっくりしまして。なに怒られるんや思たら、その話か…。

—— その、教員から先まわりやったんや。

ユウキ：そうですね。って言われても、自分も先生に言うつもりもまったくなかったし、言ったからって何やねんって思ってましたし。自分もある程度パソコンで調べて、なんか知識持っとったんで、別に、「高校入ってバイトして、なんやしたるわー」みたいなん思っとったんで…。

—— なんや？　その「なんやしたるわ」って？

ユウキ：あの、ホル注[11]したりとか、「金貯めて手術[12]するわ」って思っとったんですけど。親に別に言うつもりはなかったのに、親に言われて。で、オカン泣いとって。あぁ、この話したらあかんねんなぁって思いながら。それっきりでしたね。

このようなユウキさんに、制服を変えようと思わなかったのかをたずねた。

―― ふーん。いやこれ、もう、もしもって言ってもしゃーないんやけど。もしもそこでカムアウトしたら学校はなにかとりくみをしてくれたと思える？
ユウキ：どうでしょう。でも、のちのちに自分が講演に行ってた時に、中学の先生が来てくれてたんですよ。そんなん見たらちょっとうれしかったですし。でも、いや、自分がたぶん変えたくはなかったと思います。いじめられるし。hhhhh。でも、スカートイヤやし。うん。なんか、闘える場所やと思ってなかったんで、学校の制服とか、変えたりとか。
―― あーなるほどね。でも、自分の中で、もやもやはずっと続いてた。
ユウキ：そうですね。

やがてユウキさんは3年生になった。3年生の担任は進路についての相談で「制服ないし、定時制行ったら」と言ったという。それを聞いた保護者は激怒したという。そこでユウキさんは私服の学校を探したが、すべて学力が高かったので断念した。結局、「制服買うときにイヤやなぁ思っ」たが、「3年間女子高生したらええわ」と思い、引っ越し前の地元のＩ高校に進学することにした。

6-4　高校時代についての語り（2003～2005）

当時のユウキさんの高校にはちょっとやんちゃな女子もいたという。ユウキさんはそんな女子と仲よくなったという。

一方、ユウキさんは、高校では「単位」[13]があるため欠席できないものと考えており、プールの授業も含め出席していた。したがって「そんなに問題ない子やと思います」と語った。

ユウキさんは高校に入ってからも剣道部に入部し、坊主頭にしたこともあった。

　　―― まわりの衝撃は？　なかったん？
　　ユウキ：でもたぶん、徐々に短くなっていったんで。「あぁ、ついに坊主にしよったんか」という感じじゃないですかね。
　　―― なるほど。高校の雰囲気どうやったん？　クラスの雰囲気とかは？
　　ユウキ：よかったと思いますよ。

　1年生のクラスはみんなが仲よく、「男子とこんなにしゃべれるんやっていうのが、すごいうれしかった」という。
　ユウキさんと私が校長室で出会ったのはこの頃だった。

　　ユウキ：そん時はほんまに早くホル注もしたかったですし、早くオペ¹⁴してって思ってたんで…。
　　―― んー、なんでそんなにも早くホル注とかオペしたいと思ったん？
　　ユウキ：んー、なんかイヤ、身体イヤやし。なんか男らしくなりたいし。「そんな、大人なって中途半端な、どっちかよぉわからん大人なんかなりたないわ！」って思って。「おっさんかおばはんか、よぉわからん人間なんかにならなあかんねん」って思ってました、当時は。
　　―― まぁ、でもその、ちっちゃい頃はこだわりがなかったのがさ、だいたいどのへんからそないなってたんかなぁ？っていう。
　　ユウキ：中学生…ですかね？
　　―― 中学校の時か、ふーん。
　　ユウキ：まぁでも、その、ちっちゃい頃からスカートはもう、小学校の2年生ぐらいまで。そっからはもうスカートはイヤやって。制服はもうしゃーないから、しゃーないもんやし、そういうもんやと思ってたんで。私服はもう絶対イヤで。で、まぁなんか、ピンクい服とか買

うのも、買わされてる？　買ってもらうのもちょっと。一緒に買いに行ったら、できるだけ避けとったりしてて。っていうのは、ちょっとありましたね。
──　ふーん。
ユウキ：で、中学校入って、だんだん違和感が強くなっていって。っていうか、性同一性障害を金八で見て、「自分これや」って思ったんですけど、なんか調べてるうちに、まぁ、エセが多いと。あのテレビをやってから、エセが多いと。ていうのんを見て、自分も「なんかなぁ」って。思いこみ激しいタイプやし、でも「そうじゃないし」っていう自分と、「そうなんかなぁ」っていう自分がずーっとずっとあって。これまぁ、最近、ていうか、ずーっとあったんですけど。どっかで「もどられへんかなぁ」って。女として生きていけるならば、生きていった方が絶対楽ですし。で、ずっとずっと思ってました。

ユウキさんは、私と出会ってすぐに親にズボンを履きたい旨を話した。

──　うん。で、2学期から行けると思て。
ユウキ：まぁ、家帰って「ズボン履く」言うたら、「あかん」言われて hhh。なんでやねん。ええやんけ。ズボンくらいと思ってたんですけど。

一方、ユウキさんは、私に会いに来たあと相談室に呼び出された。

──　そのあとに相談室に呼ばれた。
ユウキ：呼ばれました。
──　うん。ほんでなに言われたん。
ユウキ：「どうする？　今後」みたいな。えー！どうするもなにも、えー。みたいな。バレてるとしか。へー、みたいな感じやったんで。
──　で？　そのあとどうしたん。「どうする？　今後」って言われて。

第 3 章　トランスジェンダー生徒に対する学校の対応と当事者からの評価

ユウキ：「ズボン履く」。

――「ズボン履く」って言うた。

ユウキ：たぶん、そんなんやった。で、パーって横見たら「本メッチャ並んでるやん」と思って。セクマイ関係[15]の本がブワーッて並んでて。おぉ、おぉって思いました。

――へー。え、それ、呼び出したん誰？

ユウキ：U先生です。

――あ、U先生なん。そっか。でも、その「ズボン履く」は、もう、ほとんどカムアウトではない？

ユウキ：あ、もう。あ、カムアウトっすね。あ、バレてるやんって思ったんで。せやったらもういいかなあって。で、この人は勉強してくれてはんのかなっと思ったね。本がブワーッとあるし、それって、でかいなあって思いました。

――あー、そうかそうか。ふんふん、ほな、その、本が並んでるみたいなのは、ひとつの、なんちゅうか、保険ちゅうか。

ユウキ：そうですね。まったく買って並べてるだけやとは思わないんで、あ、すごいなあって。知ってくれてはんのやなあって。

――やっぱ、それがその、ズボン履きたいという言葉につながる、ひとつのきっかけ。きっかけというか、ひとつの、こう、安心みたいな。

ユウキ：そうですね。安心しました。ま、いつきさんに会った時点から、次の日からもう、ズボン履くって気持ちになってたんで。だから、呼んでくれてよかったです。あの、相談室に。次の日かなんか、忘れましたけど。

　ユウキさんは高校卒業後、U先生と一緒に研修会の講師を務めるようになり、在学時の教職員側の動きをU先生から聞くことができている。そこで、当時の教職員の動きをたずねた。

―― 学校は親がOKちゅうことやったら、OKちゅうことなん？
ユウキ：そうですね。
―― ほーん。
ユウキ：ま、でも後々に聞いた話でやったら、やっぱり反対はすごかったんかなんかして。生徒指導の方とかも、もう反対やったみたいですけど、まぁ押さえつけてくれたみたいですけど。
―― U先生が？
ユウキ：U先生が。

　一方、保護者はユウキさんがズボンを履くことに反対だった。そこで、ユウキさんは保護者を説得する材料として診断書を使おうとして、私が紹介した病院に通院しはじめた。医者は親と話しあうことをユウキさんに要求したという。そしてそれが結果的に親との対話のきっかけになった。そして、2年生になる前に診断書が出た。診断書を父親に見せた数日後、父親は「学ランはあかんけど、ズボンだけやぞ」と言ったという。
　このような親の許可の背後にもU先生のサポートがあったという。ユウキさんは、当時のことを振り返って、「［診断書が］切り札やと思ってたんですけど、実際はもしかしたら違うんかな」と語った。ユウキさんは異装届[16]を提出して、2年生の4月1日からズボンが履けるようになった。

―― 2年生なって。
ユウキ：なんか、ほんまに最初は、ほんまにあんなに履きたかったズボンやのに、学校に行くんがイヤで、人目がすっごいこわくて。で、途中まで行って結局、学校に入れなくて帰って。それクラブの日やったんですけど。4月1日なんかで。めっちゃ悔しくて。あんな履きたかったズボンやのになんやねん！　って。で、次の日は、友だちに言うて、剣道部の友だちに校門まで迎えに来てもらって、一緒に入って。行けたんですけど。そっから何日かして始業式で。始業式は、

なんか…。「なんなんあいつ」みたいな、「あの子、男なん？　女なん？　どっちなん？」とか、先輩がほにゃほにゃ言うたりとかしてんのん聞いてて、イヤやなぁって。で、隣のクラスの仲いい子とか、が、「なんでーズボンなん？」とか言うてきて、「あ、履きたいから履いてんねん」って。「えっ、そうなん。ええやん」みたいな。なんか、そんな感じです。その日は一日それで、次の日に、離任式で、U先生に言うてもらう。…離任式の後ですかね？あと、高校2年生、自分の学年だけ残して言うてもらう…っていうんで。「一緒に行くか」って言われたんですけど、そんなん人目こわいし、無理です。

―――それどっちがええの？　その、言うてもらう方がええのか？　言わん方がええのか？　どっちがええの？

ユウキ：自分は当時言ってもらいたくて…。

―――たくて？　うん…。

ユウキ：で、お願いして。

　U先生は、学年集会でセクシュアルマイノリティの話をするとともに、ユウキさんの名前は出さないが「もし陰口とかその子が傷つくようなこととか、ちょっとでも耳にしたら、私は許しません」といった主旨の話をしたという。学年集会のあと、クラスでは「もう全然なんにも言われず」だったという。さらにU先生は他学年にも話をした。

―――だから別に、ちょ、待ってな。だからその、名前は言うてへんやろ？　もちろん。

ユウキ：いやー。わかんないっす。

―――名前、言うたかもしれん？

ユウキ：言うたかもしれない。でも見たらわかりますし、ズボン履いとるし。まぁ、わかんないっすけど…。でも先輩が、こわい先輩がぶわー寄ってきて、はぁーなんやろ、きたー。「君なんや？」「あっ、はい」

みたいな。「がんばりや」って言ってもらって、めっちゃうれしくて、「あっ、はい」みたいな。いやうれしいなーと。

また、制服以外の「扱い」について、例えば呼称については「英語の先生が、『さん』と『くん』どっちで呼んだらいいって聞いてきてくれ」たという。それに対して、ユウキさんは「目立ちたくないし、今まで通り『さん』でいいですよ」と答えた。また、体育については、「どっち行くってなった」が、「筋トレ嫌いですし…。ほんでその、男友だちより女友だちの方が多かったんで、今まで通り、もう目立ちたくもない」ので、女子のままを選択した。トイレについては、「女子用の職員トイレをいちおう使え」と言われたという。しかし「なんで女子やねん？　と思った」ことと、遠かったことから、「授業中と、体育終わりすぐとか、昼休憩入ってちょっとした後、空白の５分間ぐらいがある」ので、従来通り女子トイレを使っていた。また、更衣室については、「みんなに失礼なんで、みんなふつうに着替えよるやん。こっちが恥ずかしくて。で、まぁ、失礼」なので、相談室や保健室を借りていた。さらに修学旅行も「女子の方が仲よかったんで。そうっすね。高２はほんまに仲良かったし、女子とはとくに仲良かったんで、部屋一緒にどこ行こっかなぁ？」と考えていたという。

そのような高校２年生を振り返って、ユウキさんは次のように語った。

―――　ほーう、結局あれやな。そのカミングアウトしたことがよかった？
ユウキ：よかったです。してよかったです。みんなが知ってるけど、別にふつうというか。その状態が自分にとってすっごい楽で。
―――　まぁ、中学校、高１、高２ときて、やっぱ高２が楽やったん？
ユウキ：高２が一番楽でしたね。応援団にも入って。応援団で、剣道部の先輩がひとりおったんで。あの、男と女にだいたい服わかれるんですけど。服とダンスがわかれるんですけど、その先輩に、「あの、男でいきたいんですよ」って言ったら、「言うとくわ」言うてくれて。で、

男の方でやらせてもらったりして、すごいよかった。みんながすごいかわいがってくれて、先輩がかわいがってくれたし。みんなが受け入れてくれて。

高校3年生になったユウキさんは学ランを着用したいと考えた。

　　──　で、高3？
　ユウキ：高3になって、まぁずっとあれですね。高2の時も高3の時も、ズボンで、上が女子用のブレザーで、それがすごいイヤで。写真撮ったりとか、卒業アルバムの写真もそれですし。すごいイヤでしたね。制服指導はいるときも、それ絶対ないとあかんくて。めっちゃダサいんですよね。てか、もう入らないんですよ、太ったんでhhh。パンパンやし。できるだけ、まぁロッカーに入れたりしてたんですけど、3年生なったら、Uっちが転勤してもうたんで…。

U先生が転勤したため、教職員の理解度が変化し、「生徒指導の先生がなんか強くなっていって。厳しくなって、［ブレザーを］とりに帰らされたりとか」したという。ただ、担任と保健の教員には引き継ぎがなされていて、助けてくれたという。

ユウキさんは3年生で文系クラスを選択した。文系クラスには、これまでのクラスで一緒になった生徒があまりいなかった。

　　──　高3なんやけど、えっと…んま、後輩それはそれでおって、で、応援団は応援団で。で、クラスはまぁイマイチで。
　ユウキ：イマイチで。まぁ、男さしてもうてる。
　　──　男さしてもうてる。
　ユウキ：今までの友だちは、ぜんぜん男として。特に男友だちが、男としてすごい扱ってくれましたね。

―― ふーん。
ユウキ：たまに帰りの電車が一緒になって、なんか「女の子紹介してや」とか。なんか、すっごい、なんかわかんないですけど、男扱いしてくれるんが、すごいうれしかったっす。

　高校1年生や2年生で同じクラスだった生徒が3年生になってからも「男扱い」していたことを象徴するできごととして、ユウキさんは応援団の副団長選出のエピソードを語ってくれた。

ユウキ：応援団は団長するぞって決めてたんで、立候補して。団長は、ちょっとこのメンバーやったら無理やから、副団長したいなぁと思って。ほんならなんか、女の子5人、まぁ自分含めて、5人と男1人が副団長に立候補して。で、副団長は2人なんですけど、まぁ「女ばっかりなったらあかんし、男1、女1でいいんちゃうん？」みたいな話なった時に、「そんなん関係ないやん！」みたいなこと言ってくれて。その、1年生の時に仲よかった子が。でー、なんやかんや、その、1年生のときに仲よかった男の子がずっと、なんかちょっと、ちょっとしたサポートをずっとしてくれましたね。
―― ふーん。
ユウキ：「ユウキ、こっちやんけ」みたいな。
―― あー、そうなんや。
ユウキ：言ってくれたりとか。ぜんぜん自分のこと、あんまり知らんような文系の女の子らばっかりのとこ、女の子ばっかりやったんで…。
―― じゃ、その子が、その3年生一緒やったん？
ユウキ：えっと…クラスは違うかったんですけど、応援団がちょうど一緒になって。打ち上げの時とかももう、なんか「男の方こいや！」みたいな感じで言ってくれたりとか。よかったですね。

先にも紹介したように、ユウキさんは学ランで卒業したいと考えていた。しかしながら、父親は許可しなかった。そのため、父親と２回ほどではあるが、交換ノートを交わす一方、再び診断書をとりに通院した。そして１月に診断書が出た。

ユウキ：高校３年生のときに、で、やっと切り札ができたので。もう印籠や思て。見せたら、そんなに印籠でもなくhhh。「そっか」だけで終わったんですけど、まぁまたズボンのときと一緒で、ある日突然、親父が「学ラン着るか」言うてくれて。で、「卒業式だけやぞ！」って言われたんで、まぁ「予行練習の日も」っていって、２日間、着してもらうようになって。

——　えっと、どないやって、どうやって手に入れたん？

ユウキ：あの、コスプレ友だちが、学ランいっぱい持っとったんでhhh。コスプレ友だちとか、自分はしてないんですけど。コスプレやってる友だちが。（中略）剣道部の子やって、コスプレめっちゃしよる、いっぱい持っとるんっすよ。学ランもあって。で、ボタンは、あの、ちゃんとⅠ高校のボタン買うて。ほんで、裏ボタンは、あの…昔読んでた、ヤンキー雑誌の、なんかチェーンついて龍でっていうやつを買おっと思ってたのに、まぁ時間がなくて、買えなくて、ふつうの裏ボタンで。…ほんまにうれしかったですね。予行練習の日に着て学校行くんですけど、またやっぱり、人目がすごいこわくて。ズボンのときと一緒やなって。行けないなって思ってたんですけど、みんなが来てくれたんですかね？　まぁ入っていったんかわかんないですけど。「ええやん」って言ってくれて。で、そうかな？　ちょっと恥ずかしかったんですけど。で、卒業式の日はちゃんと胸張って出れたなって。Ｕっちも見にきてくれてて。一緒に写真撮って。すごいよかったです。オカンも卒業式見にきてくれてて。まぁどう思ったんかはようわかんないですけど。でもすごいよかったです。最後に。

ユウキさんの高校は、ユウキさんが3年生の時に近隣の高校と合併して新しくJ高校になった。その年の入学生から制服が新しくなり、女子はズボンを選択することができるようになった。このことについてユウキさんにたずねた。

―――　J高校は女子のズボン制服があったんやろ。で、それ、自分の存在、大きいないんかな？　どやろ。そんな話は聞いてない？
ユウキ：勝手に大きいと思ってますhhh。
―――　勝手に大きいと思ってる？
ユウキ：ほんまのことは知らないですけど、でも、ズボンできるきっかけになったんじゃないんかなって思ってます。（中略）ズボンがあるって、ほんまにすごいし。それにちょっと貢献できたんかなって思ったらうれしいですって、勝手に思ってます。ぜったいワシのおかげやって思ってますhhh。
―――　なるほどね。そっか。うん。

6-5　高校時代を振り返って

―――　どうなん？　学校がひっぱっててくれた感じ？　例えばズボンの話とか、学校がひっぱってくれた感じなんか、その、ユウキが要求してって感じなのか、どっちなん？
ユウキ：自分が要求してっすかね。ま、たぶん、水面下ではずいぶん動いてくれてはったんですけど、自分が言って、やってもらうみたいな形をとってくれていた気はします。勝手に動くんじゃなくて。
―――　なるほどね。
ユウキ：それが、ほんまよかった。他の高校とかにしゃべりに行ったりして、聞いてたら、先生が先先先先動きすぎていたりしますし。うん。自分は、言って動いてもらってた感じがよかったかなって。なんか、闘ってる感あったりとかして。

―――　あー、闘ってる感ね。うーん。そっか。なるほどね。

（中略）

―――　そっか。ほなまぁ、高校時代をバーと見渡した時に、なにが一番よかったんかな。いろんなことがあると思うんやけど。

（中略）

ユウキ：よかったこと。学校生活で。

―――　なんか、あーしてくれたのがうれしかったなっていうか。

ユウキ：うーん。トイレがどうにかしてほしかったです。

―――　ん？

ユウキ：トイレがもうちょっとどうにかしてほしかったですけど。でも、まあ。あ、学校の先生が「『さん』で呼んだらいい？『くん』で呼んだらいい？」ってはっきり聞きに来てくれたことがうれしかったです。

―――　うーん、ふんふん。あ、勝手に決めなかった。

ユウキ：はい。最初にU先生に聞きにいってたらしいんですけど、「いや、本人に聞いたって」って言ったらしくって？　で、それを直接聞いてきてくれたのが、すごいうれしかったです。

―――　ふーん。そうかそうか。じゃぁやっぱりあれやな。あの、要求を聞いてから動くというふうに学校はし続けてくれた。

ユウキ：そうですね。

―――　が、よかった。

ユウキ：はい。勝手に先先進まれても、こっちもなんかおいてけぼりというか。必要以上にされるのって、けっこうしんどいじゃないですか。

―――　ふんふんふん。なるほどね。で、その過程で、例えば自分で自分を見つめ直すみたいなことってあった？　例えば、自分にとって、例えばこれが大事やとか、これは今必要ないとか、いうことは考えた？

ユウキ：考えたと思います。

―――　で、それに学校はつきあってくれた。

ユウキ：そうですね。なんか、とことんつきあってくれたんで。

7　新しい前例としたらおかしくないでしょう
　　――トランス女性のキョウコさん

　ある日、私の勤務校に他校で教員をしている友人Ｖさんから電話がかかってきた。内容は「トランスジェンダーらしき生徒がいるので、電話させてもいいか？」という主旨だった。その後、間もなく私の携帯に高校生から電話がかかってきた。それがキョウコさんだった。当時のことをキョウコさんは次のように語っている。

　　――　　うん。あれ、私の携帯やったっけ？
　　キョウコ：携帯。で、その翌日ぐらいは休みやったから言うて。
　　――　　え、次の日、休みやった？
　　キョウコ：そう。で、O地区の方にお邪魔して。
　　――　　あれ？　それ、次の日やったっけ。あれ。
　　キョウコ：次の日やったか。もう、ほんまに2、3日中。で、お邪魔して。話して。で、そこで、ようやく高校1年生。15〜6歳にして、ようやくトランス、GID、ジェンダー系の話を、結局知識としての吸収。
　　――　　あ、そうなんや。

　その後、キョウコさんは私が主宰する自助グループに参加するようになり、高校卒業後も後輩たちの面倒を見てくれるようになった。

7-1　幼稚園時代についての語り（〜1994）
　　――　　とりあえずちっちゃい頃、保育園とか幼稚園とか、それくらいのあたりから、こんな感じやったでっていう、そんな話を聞きたい。どんな感じでした？
　　キョウコ：どんな感じ。内向的。
　　――　　内向的。じゃ、友だちは？

キョウコ：友だちは、えー、通常の男友だち、女友だち、両方とも。
―――　ふーん。どんな遊びしてたん？
キョウコ：えー、おままごとから人形遊び。え、その他、ごっこ遊び、等々。
―――　ごっこって、どんな遊び？
キョウコ：まぁ、通常の鬼ごっこだとかかくれんぼだとか、そっち側のアクティブな方面での遊び。
―――　うんうん。あー。ごっこ遊びと聞いたから、あの「カクレンジャーごっこ」とかさ、よう言うやんか。ああいうのはせんかった？
キョウコ：あれはやってたけれども、えー、ヒーロー側には一切まわらず。
―――　うん、悪役？
キョウコ：側の方で。
―――　なるほど。ふーん。それ、自分から選択したん？　みんなから押しつけられた？
キョウコ：えー。自分からの選択。

次に小さい頃の服装についてたずねた。

―――　ふーん。えーと、保育園は、別に制服は？
キョウコ：えーとね。幼稚園やったんやけども、言うたら、もう、スモック。
―――　あー。スモックね。ほな男女別のスモックやったん？
キョウコ：男女別の、スカートとパンツスタイルの、別形式やったけど、その当時はパンツスタイルのメンズスタイル。
―――　ふんふんふん。ほな、それは別に、それはそれで。
キョウコ：なんの違和感もなく。

7-2　小学校時代についての語り（1995 〜 2000）

―――　小学校時代の話。
キョウコ：えー。小学校時代。幼稚園時代と同じく、内向的。なに言ってた

　　　　　っけ。
――　　小学校、制服あった？
キョウコ：小学校、制服なしの、親の買い与えてくれるメンズの私服での登
　　　　　校。
――　　で、えっと。制服はなかったんやな。で、えーと。名簿なんかは
　　　　　男女混合やった？
キョウコ：名簿は男女混合。
――　　ふーん。まぁあの、並ぶ時とかは？
キョウコ：並ぶ時は…。基本、男女混合の、えー、体育等々についてのえー、
　　　　　整列だけが男女別。

次に友だち関係や遊びについてたずねた。

――　　で、小学校の低学年の頃って、どんな感じやった？遊びとか。友
　　　　　だち関係とか。
キョウコ：友だち関係、1年2年までは通常通りの、普通の遊び方で、友だ
　　　　　ちも多くいたけど、えー、3年前半からの、えー、現段階での、
　　　　　あの、陰険ないじめじゃなく、直接的な暴力いじめでの不登校。
――　　あー、なんで、いじめの原因は。
キョウコ：えー、体重増加。

キョウコさんはいじめにあった原因を「体重増加」としたが、ジェンダー表現の要素があったかどうかをたずねた。

――　　ほな、その頃に、その、例えば、その、ジェンダー表現というか。
　　　　　は、どうやった？
キョウコ：は、まったくなんにもなしの。
――　　ふーん。こう、自分の中でなにか「ちゃうな」みたいなの、あっ

た？
キョウコ：まぁったくなにも浮かばないままで、なにもかも当たり前と思う生活。

　キョウコさんは保護者の仕事の関係で4年生の時に引っ越しをしたが、そこでもなじめず、友だちはいなかったという。6年生では肥満外来に通院して、半年間入院した。

―――　あー、そうやったんや。ふーん。なるほどなるほど。でも、病院は、あれやな。いちおう、男の子の方の部屋に。
キョウコ：そうそうそう。男部屋に入ってたけども、5年中期からの1人称が。でも、「ぼく」って言った覚えがない。
―――　あー、あ、いつ頃？から？
キョウコ：ずーっと。
―――　ずーっと。たぶん幼稚園の頃から。ほーん。なんて言ってたん？自分のこと。
キョウコ：え、だから、戸籍名称の名前にちゃんづけ。
　　　　（中略）
―――　ふーんふーんふんふん。と、ずっと言ってた。自分のこと。例えば、「私」でもないし「うち」でもないし。
キョウコ：えー、それで、ずーっと一人称は自分の名前にちゃんづけで呼んでいたのが、それが5年中期ぐらいから、一人称が「うち」に変わって、かな。

　ここまでトランスジェンダーらしいエピソードを語らなかったキョウコさんだが、ここで初めて1人称について語った。さらにそれは幼稚園にまでさかのぼるとした。

7-3　中学校時代についての語り（2001〜2003）

キョウコ：で、そのまま地元の中学繰り上げで入学して、えーと。入学3日からの不登校。

―――　へー。なんで？

キョウコ：ま、その、いじめが原因の不登校からはじまって、人の輪の中に入っていく習慣がまったくない。ま、いわば、診断はできないけども、対人恐怖症に近い形。

キョウコさんは地元の中学校に進学したが、「男子の輪の中にまったく入れな」かったという。さらに、入学3日目にあった生理についての授業中の「中途半端な知識がある子に向けての、中学体育教師の、あの、下衆ーい下ネタ」があったという。それを聞いた時の気持ちをたずねた。

―――　なんやろ、えっと。その時の自分の気持ちは、たぶん、いま振り返ると男的やった？　女的やった？　中性的やった？

キョウコ：なにもかも受けつけない中性的。

キョウコさんは「下衆ーい下ネタ」について行けず、登校拒否[17]になったという。

キョウコさんが通っていた中学校は「年に何回か、全校舎の窓ガラスが割れたりするようなところ」だったという。そのような中学校で、キョウコさんは「あわない。浮く。異端的な存在」だったという。キョウコさんの不登校は2年生後期まで続いた。キョウコさんは6年生の入院時から髪の毛を伸ばしはじめていた。その髪を父親と兄に切られたという。

2年生後期から、キョウコさんはフリースクールに通いはじめた。フリースクールでは私服登校が可能だった。しかしながら、週1回あった母校登校では学ランを着なければならなかった。

―――　　ふーん。で、そのフリースクールの先生なんかどうやった？
キョウコ：フリースクールの先生は、えー、なんやろね。いじめ・虐待等の、まぁ、鬱の傾向のある生徒に関しては、すごい寛大というか、受入の体制ができていて。ただでも、そこでもひたすら言われてたのが、「うち」一人称の変更と、あとはもう、服装とかもこう。その当時に、演劇部に入ったのが一番最初やったね。

キョウコさんは授業には出なかったが、演劇部の部活には顔を出していたという。キョウコさんは演劇部について次のように語った。

キョウコ：で、そこはまあ、言うたら女所帯。
―――　　はーん、なるほど。ふんふんふん。
キョウコ：その中で、演劇っていうのを選んだこと自体も、なにかしらの、なに、変身願望じゃないけど、自分自身をかなぐり捨てたいっていうのがあってこそ。
―――　　ふーん。で、役柄は？
キョウコ：役柄は、そのところが扱ってたものが、ファンタジーものとか、まぁ言ったら、サスペンス系になってくると、まぁたいがいまわってきてるのが魔女だったりだとか、そういった、まぁ、暗ーい方面の。で、えー。その部活の先輩達が、えー、男役の方を優先してする人がいたから、あまってくる役が女性役のおこぼれにあずかる形。
―――　　ふーん。それどうやった？　自分では、うれしかった？
キョウコ：それはすごい楽だった。
―――　　楽やった。ほー。ほな、その、中学校時代、演劇部は居場所やった。
キョウコ：居場所やったね。

やがてキョウコさんはコスプレに「手を出し」はじめた。それにともな

って、フリースクールでは「ゆったりとしたロングスカート」を履くようになったという。ただし、フリースクールにおいても「男は男らしく、女は女らしくやったから」なので、教員からは「すっごい非難された」という。

キョウコさんは２年生の後半から教室で授業を受けはじめた。しかしながら、体育には一切出なかったという。

 ――― どうやって休んだん？
キョウコ：出ません。そのひとことだけ。
 ――― あー、出ません。で、保健室かどっか行った？
キョウコ：いえいえ、見学で、ずーと。体育館の中、座ってたりとか。外でやる時は、暑いから保健室行きます。
 ――― 学校はどんな感じやった。それに対して。
キョウコ：学校は怪訝そうな顔をして。
 ――― あ、怪訝そうな顔ですんだ？　無理矢理出ろとかいう話はなし？
キョウコ：うん、無理矢理出ろっていうのは、なしで。出ろって言われても、なにも動かない。てこでも動かん姿勢でいてたから、もう、無駄やと思ったんやろね。
 ――― ふーん。そうかそうか。制服はとりあえず。
キョウコ：制服は、もう学ランのまま。
 ――― あ、そうかそうか。で、名簿はどうやったん？　中学は。混合？
キョウコ：名簿は、中学も混合やったんちゃうかな。その状態で、ずーと３年間そのままやったし。

このようなキョウコさんを、まわりの生徒はいじめるのではなく「腫れ物触るかのような」扱いをしていたという。このような中学校時代を振り返って、キョウコさんは次のように語った。

 ――― そしたら中学校時代は、こう、いま振り返るとどうやったん？

キョウコ：いま振り返ると、中学校時代が現段階の原点。
── あー、原点。ふーん。
キョウコ：コスプレはじめて、まわりからやいやい言われても、自分の好きなことしてるんやからかまへんやろって気持ちで。

7-4 高校時代についての語り（2004～2006）

キョウコさんは「情報が出まわってないから、静かな学生生活を送れる」と考え、地元とは異なる高校を希望していたが、結局地元のK高校に進学した。ちょうどその頃にキョウコさんは「一番のターニングポイント」を迎えたという。

キョウコ：ちょうど、それ、中学から高校にかけて入る時が、一番のターニングポイント。
── え、中学校から高校入る頃がなに？
キョウコ：一番のターニングポイントで、母親に、すごくテレビで、あの、伊東四朗とテリーとの「アンテナ」[18]って番組がやってて、ニューハーフの特集を組んでた時に、別の部屋にいる状態で、「ちょっとチャンネル変えてみて」言うて、「これなるから」言うたら、「ほな、好きにしたらいい」。
── はーん。
キョウコ：それから、もう、言うたら、自分の中のコスプレの異性装が一番の楽しみ。着たら楽になれる、瞬間。で、それを知っててても黙ってた母親に対する初めてのカミングアウトがそこ。

将来ニューハーフになると決めたキョウコさんは、高校入学時に制服についての交渉をしたという。

── あー。そうか。じゃ、その、自分が、要は、トランスっていう言

葉を知っていたかどうかしらないけれども。
キョウコ：トランスっていう言葉は知らないけれども、いちおう、高校入って卒業する関係なしに、ニューハーフの道を歩むっていう形ね、思ってたから、入学当初に「制服変更できないんですか」「変更できません」の返事をいただいて、そのまましかたなしに男子制服で入ったけども、やっぱり知ってる子たちからの冷やかしがあるし。ほで、当時生徒指導部の方に駆け込んでも、なにも問題は解決せず。で、またそっから高校も行かなくなって。
──　　行かなくなったんや hhhh。
キョウコ：行かなくなったの。で、担任の方からは車で毎回来られたりとかして、なんとかするからって言われて、ようやく通いはじめて。

このようなキョウコさんに友だちができた。

キョウコ：で、それで、当時のアニメとかマンガの系統で友だちができて。
──　　それ、学校外やね？
キョウコ：学校内。
──　　あ、学校内にそういう友だち、おったんや。
キョウコ：そうそうそうそう。昼も一緒やし、放課後も一緒やしって子ができて。で、その子から、最初、こう２次元の世界だとか、もう、画面の向こうの世界のことで見てるから、多少なりともの免疫はあるし。その、いわゆるオタクといわれる部類の人間が心病んでるか頭おかしいかっていうのもわかってはるから、それで仲よくずーっとしてきたけどねぇ。
──　　それは女の子？　男の子？
キョウコ：女の子。

キョウコさんには小学校の頃から女の子の友人はいたが、みんな腫れ物

に触るような感じで「なにかしらの形で後退をしていく」感じだったという。そして、「全員がぬけて、なにもなくなって更地になったところが高校。で、その更地に入ってきた子がその子」だったという。

―――　あー。ほなら、その子の存在は非常によかった。
キョウコ：すごいよかった。おんなじサボり魔やったし。
―――　サボり魔な。うん。
キョウコ：でも、そこでサボってなかったら、まぁ、そういったトランスやったりとかの話を聞くことがまずなかったからね。
―――　で、その子から聞いたん？　いろいろと。
キョウコ：いや、じゃなくて。その子と一緒に保健室にサボりにいって、一人称が「うち」から「あたし」に変わった時に、保健室の、また保健部長の人間が。
―――　あー、あのVさんね。
キョウコ：ま、とりあえずなにか問題があるんじゃないかと。そこでも、男は男らしく女は女らしくっていうものを、すっごい時間かけて説かれて。
―――　あ、保健室で。
キョウコ：で、「君はなにかを間違ってるんじゃないか」って言われて。「間違ってるつもりはありません」と啖呵切ったら、ま、そこでのいろいろなつながりを紹介していただいて。
―――　はー。いや、別に名前出してもーてもかまへんで。
キョウコ：いや、お膳立てしてくれるんかなーと思ったら、番号パッと渡されて、自分でかけろと言われたからね。
―――　あー、ふんふんふん。あ、でも、それどうやった？それ、自分でかけろっていうのは。
キョウコ：自分でかけろ。試されてるんかなって思って。で、腹が立ったから自分でかけた。

はじめに述べたように、キョウコさんは私と出会い、「ようやくトランス、GID、ジェンダー系の話を、結局知識としての吸収」した。知識を得たことについて、キョウコさんは次のように語った。

　　キョウコ：それまでなんの知識もない状態で、日夜あがき続ける。
　　――　　　はーん。で、あそこで知識を得たのはよかった？
　　キョウコ：おかげさまで開き直りができて。

　入学時に制服が変更できない旨を言われ、諦めていたキョウコさんは、知識を得たことで、再び制服を変更するために動きはじめた。

　　キョウコ：で、やっぱりなんか違うなあ。で、仲よくなった子に相談してもそうやし、そういう話を聞いてもそうやし。その、変更する方面に心が動いて、その当時の担任と学年主任に話をしたら、あの、「診断書をとってこい」と。
　　――　　　はあはあはあはあはあ。
　　キョウコ：で、「診断書をとってきたら、それを認めてやる」と言われたから、必死こいで一年もかけて受診して。で、診断書をようやく提出されたのが、卒業式の手前ぐらいになるんやけど。ま、その間もいろいろな話、つまってるけど。

　キョウコさんが実際に診断書をとれたのは2年生の後期だった。しかしながら、診断書とは別に、キョウコさんはさまざまな動きをしたという。

　　キョウコ：えっとね、別の、だから文芸の部活に入ってて、そこで、ま、言うたらオタク界隈が集まってたから、話はすんなりスムーズに通って、こいつはこういうやつだと。で、「ぼくは、私はこういう人間なんであんまり干渉しないでください」っていうような人種の

　　　　集まりやったから。でー、そこで、えーと、ようやくあれから対人恐怖症的なものが解消されて、人にものを何でもズバズバ言いはじめて。で、部長がいてたけど、部費の操作とかもできるような、まぁ影の部長に昇格して、そっからかな？普通の一般の友だちみたいな形のものが増えはじめたのは。
　——　　ふーん。2年？
　キョウコ：2年。

やがてキョウコさんは校内の進学系クラスの友だちができたという。

　キョウコ：もう柔軟性のある子も複数いてて、その子たちからはもう姉さんって慕われて、えー、2年の半ばくらいからはもうフルメイクで学校に登校。で、初期の1年生の間はスニーカーで登校してたけども、2年からはパンプス。体育は一切出ない。
　——　　うん。学校はそういうのに対してどうしてたん？
　キョウコ：もう何も言わない。それこそ腫れものに触るかのように。

やがて2年生の文化祭の時期が来た。

　キョウコ：で、文化祭に関して2年生になったら、クラスごとに劇をしなあかんと。で、たまたまフリースクールに通ってた女の子がひとりが、まぁまぁぽちぽち仲は悪いけども一緒やって。で、えっとね、その子が率先して、あの「不思議の国のアリス」をやりたいと。で、その中でもうクラスがやる気がないから、もう配役も勝手に決めた中で、まぁあたしは好き勝手に役決めて、女王の役やっても何も文句言われず。
　——　　何の役？
　キョウコ：女王女王。

―――　　女王 hhh。そこでアリスじゃないんだ hhh。
キョウコ：で、それをしてる中で、えー、ま、言うたら他の生徒の嫌悪感も、文化祭みたいなお遊びやから、その中で何もまったく問題なく、えー、参列の外部からの来訪者に関してもまったく何も問題もなく、苦情も何も上がってなくって。…これ、ま、いちおう伏線ね。3年の後期につながるんやけど。

さらに、修学旅行の思い出についてたずねた。

―――　　あぁそれで思い出したけど、高校の時の修学旅行どうやった？
キョウコ：高校の時はね、男部屋放り込まれたけども、絶対的権限でベッドは確保したし、お風呂はでもシャワー。
―――　　えーっと、何、大浴場だったけど？
キョウコ：使わない、でシャワー。
―――　　着替え等は？
キョウコ：着替えは、まぁユニットバスやったからその中で。
―――　　まわりの子らはどうやったん？　その男の子たち。
キョウコ：まわりの子らは、あの、一回喝入れてるから、もう逆らわない。
―――　　あー、男の友だちっておったん？
キョウコ：男の友だちはオタク系がおったね。
―――　　あ、そうやったんや。でもクラスの中にはいない？
キョウコ：クラスの中にはいない。でもやっぱり開き直って、2年3年になってから増えてったかな。
―――　　あぁー、なるほどね。ふんふんふんふん。そうか、じゃあ、まぁあの、喝入れたにしても、まぁその子らは、まぁまぁ同じ部屋でもよかったんや。
キョウコ：まぁまぁ無害。その子らが寝てから化粧落としてるし、起きる前に化粧してたし。

―――　　そっかそっか。その修学旅行の時はフルメイク？
キョウコ：フルメイク、日傘。で、買い物で国際通り行った時は…。沖縄やったから。で、行く時は、ダブリ[19]の元3年生の男の子ひとりお供に連れて、荷物持ちしてもらって、買い物三昧。
―――　　で、制服やった？
キョウコ：それは制服やったけど途中で着替えた。
―――　　着替えて、で、女性の服で？
キョウコ：女性装で。
―――　　ふーん。で、別に教員にも見つからず？
キョウコ：見つからず。

　その後、診断書が出た。キョウコさんは診断書を学年主任のところに持っていった。ところが学年主任は「その紙切れは役には立たないから、変更はできません」と言ったという。

―――　　いやいや。へー、ほいで、できへんのや言われて？
キョウコ：で、できないって言われて、もうめんどくさいから化粧だけ、靴だけ。日傘かけて、手袋して、我慢して行って、もうこれはおかしいやろと。ちょっと一応やりましょかっていうことで、ま、その当時のWっていう担任がいたけども、そこに抗議しに行ったら「自分でなんとかしろ」って言われて。じゃあ自分で何とかしますって。
―――　　それ、何年の話？
キョウコ：3年生。
―――　　いつごろよ？
キョウコ：3年生の半ば頃。で、そんな話をしたら、同級生の女の子が「使ってない制服あるからあげるよ」って。で、制服もらって、女子制服いただいて、いつでも着れる準備万端ですと。でー、その中

で、まぁ校長室直談判、校長室にたどり着くまでに2週間強。

校長とは以下のような話しあいをしたという。

キョウコ：校長は、もうとりあえず、あの、隣の学校で女生徒が男子制服でスラックス履いてるよって話もあったから。その制度をつくりあげたのが、校長？
―――　隣の学校の当時の校長が、えーと、女性から男性でズボンOKにした？
キョウコ：もう、ズボンOKにして、その前例があるから、新しい前例としたらおかしくないでしょうって。ま、そしたらまわりの学年主任陣とか教師陣とかは、「いやその前例は、頭がおかしいでしょう」と。
―――　あ、その前例を出したのは自分？　校長が出したん？
キョウコ：そのスラックスの前例を出したのはその校長やけども、えー、学校内で男子制服から女子制服のスカートに変更して、あのなに、出席するっていう第一前例を出したのはあたし。
―――　うん、あの、そういうのがあるというのは、自分が出したんじゃなくて、校長がこんなんあるからってまわりの教員に…
キョウコ：じゃなくて、私の方から。前例もあるし。うちの学校の生徒でも履いてる子いるし…。
―――　あ、えっとズボンはあれやな、あの…。
キョウコ：スラックスはいる、女の子でも。その話をしたら、じゃあ考えてみるって。ほんででもまわりの教師陣は、猛反対。
―――　猛反対、うん。
キョウコ：卒業式に向けてっていう話があったから、それは保護者に対しても申し訳が立たないし、嫌悪感を抱く人間は必ず出てくるからって、ただ単に偏見。んで、それを人権を謳ってる学校の教員が言うてるってところで憤慨して、ほんなら闘ったろうって。

キョウコさんは、反対する教員に対して、2年次の文化祭で問題が起きなかったことをあげた。ところが、「そんなん、学祭なんか学生のお遊び夢の世界の話やからあんなもん何の役にも立たない」と言われたという。さらに、「診断書が出れば変更してくださるっておっしゃいました」と訴えたところ、「そんな約束した覚えがない、それに、そんな紙切れただのゴミ屑やから何にも役には立たない」と言われたという。それ以外にも、「たかだか短い3年間の学生生活の中で、我慢ができないのか」「社会に出たら好きなだけ好きな格好ができるでしょ」「まわりに迷惑かけるようなことならばやめといてくれ」と言われたという。一方、校長は「OKぽかった。『善処します』って」という態度だったという。そして最終的に、卒業式の1週間前に許可が出た。

　ただ、キョウコさんはひとつ下の友だちに「裏拳かまして、でー、生徒指導部行きの、一週間謹慎」となってしまった。

　──　　なるほど。じゃその1週間は、女子高生できず。
　キョウコ：できず。卒業式の予行練習と、卒業式の当日のみ。
　──　　のみ。ま、でもそれは実現できた？
　キョウコ：実現できた。うん。

　キョウコさんは、2日間だけ女子高生を実現することができた。ただし、その前にカミングアウトすることを求められたという。

　──　　どうやったん、まわりの反応は？
　キョウコ：まわりの反応…ね、保護者からクレームあがるんやったら対応しようかなと思ってたけどまったく何も起きず。でー、まわりの生徒たちもほんまに腫れもの触るかのような。だからすごい楽。で、ちなみにその制服を着ることについて、えー学年の生徒全員、自分とこのキャンパスの人間だけ集めて、体育館で教壇に立たされ

　　　　　　て、しゃべらされました。あたしはこういう理由で、この服を着ます、何も迷惑かけてません、文句あるんやったら今言うてくださいって。
―――　誰か何か言うた？
キョウコ：誰も何も。
―――　空気はどうやった？　雰囲気は？
キョウコ：雰囲気はね、凍りついてた。
―――　あ、凍りついてた？
キョウコ：うん、うん。
―――　え、でも、みんな知ってるやろ自分のこと？
キョウコ：もう、みんな知ってるから。
―――　「あぁ〜」っていうのはなかった？
キョウコ：「あぁ〜」って言うてくれる子らもいたし、それで文句を言おうとしてる子らを止めてくれる子もいた。

7-5　高校時代を振り返って

―――　もしもって話はもう全然意味がないっちゃ意味がないんだけども、要は闘って潰されて、踏まれて、獲得したんやろ？
キョウコ：うん。
―――　っていう経験っていうのは、キョウコちゃんにとってどうやったかなってことなんよ。
キョウコ：すごい糧になったよ。
―――　糧になった？　そうか。じゃ、もしも高校入学の時に「そうですか、じゃあどうぞこちらで」っていうふうに、こう言われたとしたら、その糧ないじゃん？
キョウコ：うん、まぁでもバロメーターの量が少ないか多いかってだけの話やから。
―――　あぁ、どの道、学校の中では一緒やったやろか？

キョウコ：同じ箱庭の中やから。場所は一緒でしょ。
── あんまり変わらへんやろと？
キョウコ：あんまり変わらないと思う。
── じゃその、要はな、その学校というものが、まぁ最近理解ある学校が増えてきて、でこう先まわり先まわりってやってったりする学校も、なきにしもあらずで。
キョウコ：お膳立ては、でもよくない。こう理解とか、認知した状態で、難しいものを目の前に置いていってやらんと、識別できなくなる。やっぱりふるいにかけんとあかんから。
── そういう感覚は、やっぱりその高校時代の経験っつうのは大きいかな。
キョウコ：大きい。耐えれる人間じゃないとダメ。中途半端に自信をつけて出て、壁にぶつかってんのにそれを壁やと思われへんで、痛々しく進んでいくバカを見るのはイヤ。

8　あれがなかったらなかったで、こうならなかった
　　──トランス男性をやめたアキさん

　アキさんは、自助グループの第2回開催の時に本章第6節でとりあげたユウキさんに連れられて参加してくれた。インタビューにはユウキさんが同席していた。初めて自助グループに参加した頃のことを、アキさんは次のように語ってる。

　　── ユウキと知りあったんはいつくらいなん？
　　ア　キ：高2？　かな、実際には。メールでは中3。
　　ユウキ：中3で、実際に会ったんは高1。
　　ア　キ：うん、中3でメールでつながって高1で会って。その時にナベシャツ[20]とかも買うてくれたんやった。

　　　　（中略）
　ア　キ：ユウキと出会ってから、交流会とかにユウキと行って、他の人たちも見て、やっぱり、悩み事とかも一緒やなって思った。その、制服の件とか。で、何よりユウキが、変えてたよね、制服？　っていうのも、なんか、あって、みんなやっぱ変えていくんやとか、みんな行動してるんやっていうので。で、自分もイヤやし、行動したんかな。

8-1　幼稚園時代についての語り（〜1995）
　───　ちっちゃかった頃、幼稚園とか保育園のころから、ダラダラとお願いします。
　ア　キ：はい。まぁもとから、ちっちゃい頃から、やっぱりスカートとかはキライやったんです。それはちっちゃい頃からやったんですけど、でも、やっぱり母親とかは履かせたがってて。髪の毛とかも、母親の、まぁ自分は短い方がよかったんですけど、でも母親は長いので。ま、いろいろやりたかったんやと思う、くくったりとか。で、でもそれに対して反抗するとか小学生時代はなくて。別にまぁ、ま、見た目をあんまり気にしてない時期ではあったのかなと思うんで。

　アキさんの小さい頃の遊びは「なんとかレンジャーごっこ」や「ドラゴンボールごっこ」であり、「どちらかと言えば、女の子らしいリカちゃん人形ごっことかはしなかった」という。ただ、アキさんはその理由を、自分も女の子の友だちも、きょうだいは全員男だったことをあげている。アキさんに幼稚園時代の印象をたずねると、次のように語った。

　───　ほな、ま、平和な。
　ア　キ：平和な幼稚園時代を。でも小学校の高学年くらいになると、やっぱり初恋ってするじゃないですか、そのくらいからやっぱり悩みましたね。

8-2 小学校時代についての語り（1996〜2001）

　アキさんがいきなり小学校高学年の初恋の話をはじめたので、私は低学年時代の話をしてくれるように促した。

　　―――　じゃとりあえず、小学校の低学年の話を聞こうか。入学式は当然のことながら…、あ、私服？　小学校は？
　ア　キ：小学校は私服でしたね。
　　―――　入学式の時の服装とかは？
　ア　キ：たぶん、スカートで行ったと思います。
　　―――　小学校時代のその、持ち物とかはどうやったん？
　ア　キ：持ち物？　ランドセルとか？
　　―――　ランドセルとか、筆箱の色とか…
　ア　キ：あー。いや、かわいかったですね、私。かわいいの持ってました。お兄ちゃんとか、やっぱり家族で買いに行くじゃないですか、友だちと買いに行かないで、ちっちゃい時って。で、お兄ちゃんが、なんか青色系の、黒とか買うんだったら、私はセーラームーンのとか。セーラームーンの自転車に乗ってたんで hhh。その時代で、特にそういうの、意識してなかったんやろうなーと思いますね。別にそんなイヤとか、絶対これがいいとかも、たぶんなく、うん。

　アキさんが通っていた小学校は、男女別の列で並んでいたという。ただ、名簿が男女混合かどうかは「覚えてないですね」と語った。そこで、プールについてのエピソードをたずねた。

　　―――　プールとかは、あ、小学校の時とかは？
　ア　キ：小学校の時ありました。
　　―――　普通に女の子で？
　ア　キ：普通に女の子で。でも、なんか自分の中では「恥ずかしいな」って

思いましたね。ま、みんなが思うのかもしれないですけど、あの謎のスタイルっていうかhhh。

　当時のアキさんの服装は髪の毛は長かったものの、スカートは履かず、ズボンだった。なぜなら「女の子らしい服はちょっとイヤやなって、もうその時思いはじめてたんやと思」うからだった。持ち物は母親が買ってきた「女の子系」のものを使っていたが、服については「ちょっとイヤやなって思いながら」着ていた。
　そんなアキさんに、いつ頃「気づき」があったのかをたずねた。

　── で、その、どのへんで何があった？
　ア　キ：やっぱり、その、好きになった子が女の子やったんで、その辺で悩むと言うか。ま、悩んでましたね。その時に初めて悩んで。で、どういうことなんやろって自分の中でなったんですけど。うーん…。で、その時にちょっと、なんやろーな。自分が、その、男って思ったわけではないと思うんですよ、私自分が。その、レズビアンなんじゃないかっていうので第一は悩みはじめたんですよ。それで、うーん、悩んで。でもまわりからは、なんて言うか、性格か見た目かはわかんないんですけど、まぁ、なんか「男らしいよね」みたいなんは、昔から言われてたんで。ま、それはほっといて。そうですね、その時、小学生の時は女の子として女の子のことを好きになるってのはおかしいんじゃないかとか、どうなんやろっていうのでまず悩みはじめて。

　アキさんが友だちに話したところ、特に否定もされず「アキはアキやん」という感じだったという。当時の気持ちをアキさんは「あぁこういうもんなんかなーと思いつつ、小学校時代は終わったと」と語った。

8-3　中学校時代についての語り（2002〜2004）

　——　ふんふん。で、まぁ中学校入るわけやな。中学校は制服？

ア　キ：制服です。

　——　どんな制服やったん？

ア　キ：セーラー服。で、んーと、ま、その時にはもうなんか、自分の中では「自分、女の人の方が好きなんや」っていうのは確信には変わってたんです。それで、好きな人もいて、えーっと、えーと何なんですかね…。でも自分がその、FTMって名のりだしてるのも、たぶんその時代なんですけど、なんやったかな、あ、金八先生のドラマがあったじゃないですか。その時に、全然自分の中では意識してなかったんですけど、やっぱりテレビでそういうのが流れてるのを見た時に、なんか「自分のこと、こういうの公開されてる」って思ったんですよ。「それはイヤや」って思ったんです。「こんなに隠れてたのに」みたいな感じで。なんでそう思ったんかな。そん時に、「あぁ自分これなんかな」って思ったんですけど、なんで自分こんなこと思うんやろうって。これが流れることで、明日からなんか自分言われるんじゃないかとか、親がそのチャンネルを見てないことを必死に祈るとかがあったんで、だいぶ自分がその意識してるってことに気づかされるみたいな。無意識やったんですよ、その時までは。でもそれが流れたことで、意識してるってことに気づいたみたいな。

　——　えっと、自分自身が性別に違和感があるってことに？

ア　キ：に、気づかされて、なおかつ、それがすごくイヤって思ってることにも気づいたんですけど。でもいちおうその、あのドラマの内容も、なんか…あれじゃないですか。すごい問題巻き起こしてるし、すごいやっかいなヤツみたいな感じやったんで hhh、「あー、自分こんなふうに思われるのイヤやなぁ」っていう。「こんなお母さんとかめっちゃ泣いてるし」みたいな。あの直(なお)のお母さんめっちゃ泣いてて、やっぱりこういう感じになるんやな。それはイヤやな。隠さななっ

ていうのが、あのドラマで得たことですhhh。

アキさんは金八を見たあと、自分のことは隠そうと考えたという。

ア　キ：そう、隠そうと。でも隠してても、自分、女の子好きやし、スカートイヤやし。なんか「どっち」っていうか。ま、その時って、まぁエッチとか考えてるじゃないですか、もうどちらかといえば、されたい方よりしたい方やしっていうので。それでたぶん、する方ってなんか男っていうイメージもあるし。…それで…、ですね。でも、自分の中で、もう決めてしまった方が楽じゃないですか。男とか女とか、はめてしまった方が楽で。で、悩んでるのからも解放されたいし、中途半端な。で、なんかレズビアンとトランス…性同一性障害やったら、なんか自分は性同一性障害の方がいいって思ったんやと思う。見た目も、見た目もっていうか、もとから、まぁ、肩幅とかもあったし、色も黒いし。で、別にそう女性らしく生まれてきたわけではないので、元からの見た目が。元からの見た目もそうやって、まわりからの評価もそうやって。だから自分がその「女性として女性」じゃないんかなって思ったんですよ。まわりから、「男やったらつきあいたい」みたいな話とかもあって。それでトランスなんや、まぁ性同一性障害なんやって。

―――「アキが男やったらつきあうのに！」みたいな？　女の子から言われた？

ア　キ：そうです、そうです。

―――ちなみにその時の恋は成就したんですかね？

ア　キ：えっと、中3くらいの時につきあいました。でも、あ、しかもカミングアウトもしました。して、告白して、つきあった。んー。で、そのカミングアウトは、「自分その、性同一性障害やねん」みたいな感じのカミングアウトで。そっから「男だぜ街道」[21]を走るってい

うhhh。そこから「男だぜ街道」がはじまった。

そんなアキさんだったが、あまり学校に行っていなかったという。そこで、学校に行かなかった理由についてたずねた。

―― なんで？
ア　キ：制服がイヤで…。制服が…、そうや、思い出す…。イヤやな、思いだしてくるんやなこれhhh。その、制服がイヤで。あとクラスのごちゃごちゃってあるじゃないですか、それもイヤで。で、それに関して、うちの両親とかも。私、塾に通ってたんです。で、塾に通ってて、なおかつ別にそんなに頭も悪い方じゃなかったんで、「行きたくないんやったら行かんでいいよ」みたいな感じの家やったんで、あんまり行ってなかった。言ったら行ったらあれやし、制服も着なあかんしって。でも部活も好きやったんで…。
―― 何やってたんやったっけ？
ア　キ：剣道部です。部活好き、部活しに行ってたって感じですかね。午後から来る、みたいな。

アキさんに、金八を見たあとの変化についてたずねた。

―― だからえっと、その自分の中でブレイクちゅうか、はっきりしたけども、ずっと女子中学生やってたけども、やっぱり変わってってたんやな？
ア　キ：ルール[22]調べたりとか。その時に、インターネットとか、メールで、そのサイトを見て、実際そういう人たちか…今は全然わかんないんですけど、その性同一性障害で生きていっている人たちとメールしたりとかもしたんです。調べて、そのメールして、自分の中でも変わっていってたんやと思いますね。

―― そうか、そこまで長いよな。中1の時にドラマ見て、その1年間くらいはどうやったん？　あんまり外見は変わらなかった？

ア　キ：外見はそんなに変わらなかったですけど、元から。その思春期っていうので、けっこうケンカしたりとかしてて。元から…外見がそんなに男になったとかはなかったですね。でも性格は拍車かかっていってたんやと思います。

―― なるほどな。一人称はどうやったその頃？

ア　キ：えっと一人称は、「うち」です。「うちなー」みたいな、「うち」の時代から、つきあったら「オレ」に変わりましたね。そうですhhh。で、今「私」に変わるっていう。

―― なるほど、そうか「うち」かー。それはもう中学校で？

ア　キ：いや、小学校の時からずっと「うち」ですね。

―― そうか。で、2年で性格に拍車かかって、で、学校はどうやった、もめごととかあった？

ア　キ：性的な感じで、そのセクシュアリティ的な感じでってことですか？

―― まぁまぁ、その性格上の問題とかケンカの問題も含めて。セクシュアリティも含めて。

ア　キ：うーん…、学校ともめるってことですよね？　けっこうもめてたと思う。それはケンカとかもしてるから、そうやったりとか、学校に来ないこととか、そういう感じのもめごとですね。

―― なんかさ、中2やなhhh。

ア　キ：hhh。そういう感じのもめ方で、別にそんな、他の面ではなかったですね。

―― ふーん。そっかそっか。で、えーっと中3はもうクラスのごたごたありーの、制服イヤーの、もう行かない？

ア　キ：もうあんまり行かない。でも部活だけは行くみたいな。で、部活も終わり、終わったくらいに、告白してつきあう、高校も受かる、…走る[23]、みたいはhhh。

そんなアキさんだったが、中学校の卒業式はセーラー服を着て出席した。

8-4　高校時代についての語り（2005〜2007）

―― ほんで、えーと高校行って、もちろん制服あるわけで、うん。

アキ：ほとんど制服で行ってなかった…、あ、行ってた。はじめは制服で行ってました。でもジャージは履いてましたね。ジャージスタイルで行ってましたね。

―― じゃ、当然その頃は学校がうっとうしい？

アキ：いや、中学の時ほどうっとうしい感じではなかったんですけど、やっぱ生徒指導の人が一番うっとうしくて、会わないように避けてたり。他の女の子も、その普通の女の子も、別にジャージを下に履いてる子多かったんです。それで別に自分だけがそうしてるってわけではなかったので、特段気にしてなかったんですけど、やっぱり中学校と違って、電車に乗ったりとか移動距離が長くなる分、苦痛が増えていくというか。

―― ん、それはどういうこと？

アキ：なんか、スカート履いてる自分を見られる率が高いじゃないですか。それが、けっこうしんどくて。チャリンコとか漕いでる時も気にせなあかんし、とか、めくれるとか気にせなあかんし。もうその時には、ま、彼女がいて、「オレとか言ってるのに」っていうのもあったんです。なんか全然…、やっぱ学校ではカミングアウトも友だちにもしてなかったし、「オレ」とかも言ってなかったし、でもつきあってる人がいて。なんか、そっちの世界とこっちの世界のギャップがありすぎた。

アキさんがユウキさんと出会ったのはこの頃だったという。

―― その、初めて会ったんは高1？

ア　キ：高１？　の秋くらいに会ってて。で、彼女のことととかも言える人が初めてできて。で、ナベシャツとか、その、知識を持ってる人と初めて出会って。それで、そのトランス街道を突き進むんですけど。で、ユウキと出会ってから、自助グループとかにユウキと行って。他の人たちも見て、やっぱり、悩み事とかも一緒やなって思った。その制服の件とか。で、何よりユウキが、変えてたよね、制服？　っていうのも、なんかあって。みんなやっぱ変えていくんやとか、みんな行動してるんやっていうので、で自分もイヤやし、行動したんかな。でも、うーんまわりの環境もあったかな。まわりの環境と、自分がイヤって気持ちと…。でもその時は全然自分の中でもぐちゃぐちゃっていうか、わかって…。いや、ん、そんな感じです。なんかはっきりしてたんかなー。今があるから余計思うんやとは思うんですけど。その時はもう「自分はこうや」ってので走ってました。

　　　（中略）

―――　うん、で、えーと制服を変えようとしてアクションを起こした？
ア　キ：のが、高３です。
―――　高３？　ってことは高２の間はどないしてたん？
ア　キ：高２の間は…、我慢してました。

　当時のアキさんにとって我慢すべきことは、制服以外はそれほど多くなかった。例えば、プールについては、他の女子も生理を理由に入っていなかった。更衣場所については、アキさんは次のように語った。

―――　着替えとかはどうしてたん、普段？
ア　キ：えーっと、家？　どの着替えですか？
―――　あぁ、学校でよ。
ア　キ：普通に着替えてました。

―――― それは女子更衣室で？

ア　キ：いや、教室で着替えてましたね。

―――― それは女の子と一緒に？

ア　キ：いや…

―――― 単独？

ア　キ：男の子たちって教室で着替えるじゃないですか、それと一緒に hhh。

―――― 特に何もなく？

ア　キ：特に何もなく。

―――― 男連中はどうやったん？

ア　キ：いや、別に何も。

―――― 例の器用な着替え方？　あのその、上から体操服着て、中でもそもそやって脱ぐみたいなあるやんか。

ア　キ：あー、そうやってたのかもしれないですね。それか、下にもう羽織ってたのかもしれないです。服脱いで、シャツ着てて、上から着るみたいな。たぶんそっちかなと思います。で、下はもう履くだけやしって。女子更衣室に入るのだけはイヤでしたね。

―――― あ、イヤやった？　なんで？

ア　キ：なんか、変態な気持ちになったからじゃないですかね。なんかそういうのに入っていく自分も笑けるし、見るのもどこ見ていいかわからんしっていうので、イヤでした。キツイ時はトイレとかで着替えるってのもやってました。なんか別に、ナベシャツしか着てない時とかは、トイレとかで着替えてました。

―――― そっか。それに対して学校が何か言うてきたとかは、ない？「なんで男と着替えてんねん」とか？

ア　キ：ないですね。んで、男の子は男の子の更衣室があるけど、めんどくさいから教室で着替えてたりとか、それが別に容認されてたんで、特にそこを怒ってくるとかはないのと、それに教室自体に先生がいなかったので。

なお、母親には高校2年生の時にカミングアウトしたが、「気持ち悪っ」と言われたという。また、父親にカミングアウトすることについては、母親から「お父さんに言う時は、一緒に言うから、まだちょっと待って」と言われていたが、おそらくは父親には伝わっていなかっただろうとのことだった。ただし、両親との関係が悪かったわけではなかったという。
　このようなアキさんだったが、やはり制服のストレスが我慢できなくなっていった。

―――　なるほどね、そうかそうか。それで高2もずっと、何とかなってたんや。じゃやっぱり制服が一番ストレス？
ア　キ：制服でしたね。
―――　で、高3？
ア　キ：高3で、言ったんですけど学校に。特に親には言わず。はじめ誰に言ったんやったかなー。…担任？に言ったんですかね。そしたらまぁ、対応が悪くて。
―――　なんて言ったん？　担任に。
ア　キ：なんかけっこうもう、私、都合の悪いこと記憶から抹消してて hhh。わかんないですね。
―――　例えばその、「ズボンが履きたい」って言ったのか、「自分、性同一性障害やねん」って言ったのか、みたいな。
ア　キ：たぶんそっちで言いました。「性同一性障害やから、ズボンが履きたい。スカートがイヤ。変更して」って。もうその時、異装届とかも予備知識で入ってたんで、なんか違う異装届とかもしたいって。ほんで言ったら、その担任は、「自分じゃ決められないんで、会議をします」って。で、会議に行った。で行って、ま、生徒指導のヤツとしゃべらなあかんってことになったんですよ。なんで生徒指導が出てきたのかわかんないんですけど、まぁ苦手なタイプで。
―――　苦手なタイプってどんな感じ？

第3章　トランスジェンダー生徒に対する学校の対応と当事者からの評価

ア　キ：「オレ、男だぜぇ！」みたいなタイプの、なんか「見ろ、この筋肉！」みたいな感じの、「まー、キライなタイプ来たなー」って感じやったんですけど、まぁそのおっさんと話して、まぁ異装届は許可されたんですよ、確か。でもスラックスを自分で買って来いと。

―――　スラックス？

ア　キ：学ランじゃなくて、「スーツなんかで売ってるようなスラックスじゃダメなのか」とか、「黒いジャージみたいなんやったらどうか」とか。まーそこで、自分は学ランのズボン履きたいじゃないですか。で、「上の服もあかん」と。「学ランはダメだ」と。で、下それってキモないって思いつつ hhh、下だけそんなんで、上だけ謎のなんか服着てたらキモないみたい hhh。

―――　上はどんなんやったけ？

ア　キ：めっちゃ気持ち悪い制服やったんですけど。なんか、まぁこう、普通に白シャツで、ここだけとまってるやつなんですよ。ここだけとまってピラピラってなってるやつで、まぁ「女の子です」みたいなやつなんですけど。まぁそれ、誰も着てなかったんですけどね。上から普通にセーターを着てる女の子がほとんどやったんで。まぁセーター着たら男女、まぁ男の子も学ラン羽織ってない季節とかはセーターで、まいいやと思ったんですけど。そのスラックスとか…。なんか、わざわざカタログみたいの見せられて、「こんなんどうや」みたいな。で、いやいやいや、こんなんやったらいいとか、むしろ、そんなんどこに売っとんねんとなるじゃないですか。そんな面倒くさいことしたくないって。わざわざそのために。親にも内緒やし、お金も別に持ってないしって。で、「そんなんイヤですわー」みたいになって。

　　さらにアキさんは生徒指導の教員から「診断書持ってこい」「女を見たら興奮すんのか」、さらに「どういう感情なん？　オレにはわからへん、

オレ男やから」などと言われたという。それに対し、アキさんは「何を言われようがもういい。もう、こんなに屈辱的なヤツの言うことを聞きたくない。学校、もう大っキライ」となり、「正規のルートでやろうとしたけど」「もう勝手に学ラン着て行ってっていうふうに変え」たという。

　勝手に学ランを着たアキさんに対するまわりの生徒の反応について、アキさんは次のように語った。

> ア　キ：まわりも、特に、もっと騒がれたらあかんかったんやと思うんですけど、誰もそんな騒いだりとかなかったんです。「服が変わったやんけ、こいつ」みたいなんとか特になく。「え、めっちゃ似合ってるやん！」みたいな hhh。むしろ「めっちゃ着こなしてるやん」みたいな感じで、男の子とかもそんなんやったんで。
> ──　別にドン引きでもなく？
> ア　キ：ドン引きでもなく、「そのベルト、めっちゃかっこいいやん」みたいな。で、むしろ、「オレの学ラン、あまってるからあげようか？」みたいなんやったんで、まわりも。先生たちも何も言えなかったんやと思う。別に、生徒たちが容認みたいやって、先生たちの方がなんか角立ててたんで。だから先生たちは「あいつ、勝手なことしやがって」みたいな感じなんですけど、公開的に怒ることもできず、まわりの子たちがけっこう守ってくれたんで。だから特に何も言われなかったんです。
> ──　そうやったんや。
> ア　キ：まわりの子たちが守ってくれた感がありましたね、だから勝手なこともしたし。

　勝手に学ランを着るようになったアキさんを、学校はどのよう扱ったかをたずねた。

―――　学校とはそっから何かやりとりしたの？

ア　キ：やりとり…。その後に卒論があったんです。で、私、セクシュアルマイノリティの卒論にしたんで、よけいにまぁ、学校とすごい悪くなって…。

―――　やって、自分、科がそんなセクマイのことやる科と違うやろ。だって理系の科やんな。

ア　キ：文系の、しかもそんな内容ぶっこんでくる？こいつ？みたいな感じで hhh。

ユウキ：なんか、アキだけひとりで名前 hhh。

―――　えー、何？　名前？

ユウキ：レジュメみたいなやつに、名前とかみんなフルネームで載っててグループでこう名前書いてるんですけど、アキのやつだけひとりで「〇〇」[24]って書いてあって hhh。

ア　キ：そう、ひとりでやって[25] hhh。

（中略）

―――　そっか、やから。

ア　キ：よけいに学校と仲が悪くなって、なんか通るたびに「ズボン履いて調子乗んなよ」っていうのを先生から言われたりとか、ボソッと言われるんですよ。で、「気持ち悪、女々しっ」って思ったりとか。で、トイレは堂々と男子トイレ使ってたんで。あと、セクマイのそのアンケートとったりとか。私、たぶんちょっとせこいんで、あの、ひとりで行ったら、ちょっと差別的になったら切ないじゃないですか、だから主力の男の子連れて行くとか。その、学科の中でも一目置かれてるようなやんちゃな子に「ちょっと手伝って！」みたいな。「今からちょっとアンケートとるからさ、プリント配って」みたいな。「配りに行こう」みたいな。そんなことをしたら、もう生徒を味方にしたら、何も言えないっていう状況で、追い込みました。

アキさんは卒業式も学ランを着て出席した。

　　──　えーと、で、だから卒業式も、学ランで突っ走った？
　アキ：そうですね、学ランで出ました。
　　──　お父ちゃんは？
　アキ：いや、来てないです。両親ともども来るなと言いました。
　　──　お母ちゃんはその、自分が学ランで行ってたの知ってたんかいな？
　アキ：知らなかったです。
　　──　どうやってたん？　家出る時はスカートで？
　アキ：スカートで出て、コンビニで着替えて、学校に行く。

　このようなアキさんに、学校生活についてに満足していたかどうかをたずねた。

　　──　で、まぁ名簿混合やろ。整列はだからもう、当然混合やろ。じゃ、ほなもう、制服とトイレでもう、ほぼほぼいけてもうてる？　満足？
　アキ：ま、やっぱ、それの対応が全然満足じゃなかったんで。なんか結局、親身になってくれる人ってひとりもいなかったんで。
　　──　いなかった？
　アキ：その、先生の中でって話なんですけど、いなかったんで。まぁ結局、こんなもんなんやなって思いました。何しようとしても、こいつらが謎の立ちはだかってきて、しかも、ねちねち立ちはだかるじゃないですか。はっきりこうやって、対対(たいたい)[26]で話そうとかもないですし。会議がどうとか、「会議でこういうのがダメって言ってる人がいるんだよ」みたいな感じでまわりくどく言ってくるとか。なんで、なんか諦めがけっこう大きかったです。諦めて、もう好きにしようっていうのか。自分がこう、誠意持って、こうやっても、しかたがない。こいつらはきっと変わらない。変わらないし、変わろうともしてな

いし、遠巻きに見てるだけなんやろーなーって。
　　（中略）
　──　あぁそうか。本当にみんな敵やった？
　ア　キ：みんな敵やった。担任も。
　──　養護教諭も？
　ア　キ：養護教諭がいなかったんですよ。
　──　保健室なかった？
　ア　キ：保健室、あー、ありました。あー、いましたね。
　──　人権担当は？
　ア　キ：人権担当？　人権の先生わかんないです。いなかったんかな？　授業がなかったんで。

　このようなアキさんだったが、理学療法士の大学に進学して学校生活を送る中で変化していったという。アキさんは当初は男性として学校生活を送りたいと考えていたが、女性として学校生活をスタートしてしまった。それでも、白衣は男性用を着用していた。ただ、触察などの場面で男女の区切りがどんどんなくなり、それにともなってアキさんの性自認もなくなっていったという。そして「自分、男でもないし、女でもないし、自分は、すごく中途半端な、『じゃあどっちになりたい？』『どっちにもなりたくない』…じゃあ今でいいか、自分がこういうスタンスやし、立ち位置やし、それをわざわざどっちかにはめて、はめるためにトランスやとか、はめるためにこうせなあかんとかもしんどい、…自分がしんどいし、まぁ別にそれを努力する必要もないし」となったという。

8-5　中学校・高校時代を振り返って

　──　今、もう一回振り返って、その、中学校・高校時代がそんだけ、その、しんどかったわけやんかー。何が原因やったんやろと思う？
　ア　キ：自分自身がよくわからんかったって。その割には情報がたくさんあ

りすぎた、かな、とか。でも逆に言ったら、変な人の方が多かった。
　　　でも、あれがなかったらなかったで、こうならなかったんで、だか
　　　らそんなにイヤな思い出でもないんですけど、学校は、全然。
―――　まー、極端な話すると、制服なかったらどうやったと思う？
ア　キ：もっと楽に今にたどり着いてたと思いますね。
―――　もっと早く？でもその、あれがあったこと。ま、言うてみれば、制
　　　服で最後、高3で闘ったわけやんか。で、それはどうやった。結局、
　　　経験としてはプラス？　マイナス？
ア　キ：経験としてはプラスになりましたね。
―――　あそこでそのままくじけてたら？どんな感じやったやろね？
ア　キ：もしくじけてたら、たぶん、今みたいに楽しくなかったなって思い
　　　ますね。
―――　あー。もやもやしたままやった？
ア　キ：もやもやしたままで、結局自分のこともわからず。もしかしたらず
　　　っとトランス街道を走ってたのかもしれないです。
―――　あー、なるほど。だからそこで闘って、無理くりでもとりあえずや
　　　りきったっていう経験は大きい？
ア　キ：大きいです。あれでやらなかったら、よけいに自分がわからなかっ
　　　たかもしれないです。自分自身のことが。やってみて、いろいろフ
　　　ィードバック返ってきて、いろいろ考えてがあったんで。あの時は、
　　　ほんとに、それにほんとに考えたんで、自分自身もほんまに考えた
　　　んで。今は考えなくてすんでるのは、あの時にほんまに考えたって
　　　いう基盤があるからかなと思います。それが、だんだんだんだん後
　　　になるにつれて、しんどかったかな。あの時にやったから、よかっ
　　　た。もしかしたら今の職場でやってたかもしれないですし、そっち
　　　の方がたいへんやったんちゃうかなって思いますね hhh。
―――　あぁそうかそうか。タイミング的には高校3年はよかった？
ア　キ：よかったです。中間で、ちょうど。早すぎず、遅すぎず。早かった

ら早かったで、高1とかでやってたら…。いやー高3がよかったですね。私、その、微妙なその感じの時が。

■注
1　TBSで放映されていた「3年B組金八先生」のこと。2001年10月から2002年3月にかけて放映された第6シリーズは性同一性障害がテーマだった。
2　生徒の名前が書いてある表のこと。
3　ネット上で男性が女性のフリをすること。ネット上のオカマの略。
4　「お母さんのお腹に置いてきた」とは、「お母さんのおなかの中にペニスを置いてきた」ということである。このフレーズは当時のトランス男性による語りの中によく見られたもので、自分が「本来は男性である」ことを示す語り方である。
5　講談社から発行されている少女向けのマンガ雑誌。
6　トランス男性が主人公のマンガ。作者は芹沢由紀子。『デザート』2000年9月号増刊に掲載された。
7　虎井まさ衛。日本のFTMの草分け的存在。「3年B組金八先生」のモデルにもなった。
8　乳房切除術のこと。
9　「極道の妻たち」は1986年に公開されたヤクザ映画。タイトル通り、ヤクザの妻が主役だった。
10　自転車通学のこと。「チャリンコ通学」の略。ユウキさんの中学校では、自転車通学が禁じられていた。
11　ホルモン注射のこと。
12　性別適合手術、あるいは乳房切除術のこと。
13　欠席時数オーバーのこと。
14　手術、つまり性別適合手術、あるいは乳房切除術のこと。
15　セクマイはセクシュアルマイノリティの略。
16　「異装届」は、なんらかの理由があって制服とは異なる服装を着るための届け。多くの場合、保護者の許可が必要となる。
17　キョウコさんはこのくだりのみ「登校拒否」と語り、他は「不登校」と語った。
18　「アンテナ22」は2005年10月から2006年9月まで日本テレビで放映されていたバラエティ番組。
19　留年のこと。
20　胸の膨らみを押さえる（つぶす）シャツ。オナベが着るシャツの略。
21　第2章の「突撃系」に近いニュアンス。
22　性同一性障害の診療を受けたり、診断を得るための手続きのこと。
23　「走る」は、先に述べた「男だぜ街道」を走ること。
24　アキさんの姓

25 卒業論文は本来はグループでとりくむことになっていたが、アキさんはひとりで書いた。
26 1対1のこと。

第4章

学校の性別分化とトランスジェンダー生徒のジェンダー葛藤

　第1章でも述べたように、トランスジェンダー生徒についての研究は、主として医療関係者の臨床経験にもとづいておこなわれてきた。そこで明らかにされた実態は診察室の中での性同一性障害医療の一環として語られたものである。「性同一性障害」は「身体的な性別違和」を主訴とする疾病概念である。したがって、そこで語られる苦悩は、2次性徴であらわれる身体への違和を中心として語られ、その身体への違和を「治療」することによって苦悩は軽減されるものとしている。しかしながら、苦悩の中身を見ると、「ペニスを切り落としたい」などの身体への違和と同時に「半ズボンや学生服を着るのが嫌だった」といった、社会的な性役割への違和も述べられている（中塚 2013）。

　同様のことは、序章でも述べたように文科省2015年通知においても見ることができる。文科省2015年通知で示された支援の事例の項目は「服装、髪型、更衣室、トイレ、呼称の工夫、授業（体育、保健体育）、水泳、運動部の活動、修学旅行等（部屋割り、入浴）」となっている。これらが支援の事例をしてあげられているということは、とりもなおさず学校文化の中にはこれらの「性別にもとづく扱いの差異」が存在していることを示している。

　氏原は「名簿、列、呼称、制服など持ち物、生徒の学校での役割、学校組織、教科書・教材、教授＝学習活動[1]」（氏原 2009: 23）に見られる隠れたカリキュラムによるジェンダー・メッセージによって、「性別に関する知識」が伝達されるとした。まさに、文科省2015年通知に示された支援

の事例、すなわち学校文化の中にある「性別にもとづく扱いの差異」は、氏原の言うジェンダー・メッセージに他ならない。さらに氏原は「その鍵は教授＝学習内容を担う教師にある」（氏原 2009: 23）とした。第1章でも見たように、学校文化の中にある性別分化は生徒間の相互行為にも依拠するが、校則に代表される制度や、教員によっておこなわれる「性別にもとづく扱いの差異」の影響は大きい。

　そこで本章では、このような教員がおこなう「性別にもとづく扱いの差異」に焦点をあてながら、学校文化の中の性別分化によって、トランスジェンダー生徒のジェンダー葛藤はどのように変化するのか、またトランスジェンダー生徒はそのジェンダー葛藤をどのように軽減するのかを、第2章であげた10人の調査協力者のみなさんの語りを用いて分析することとした。

　分析の際、教員についての語りや学校による対応についての語りを中心としながら、まわりの生徒や保護者についての語りにも着目することにした。調査協力者のみなさんが学校生活のどのような場面でジェンダー葛藤を強め、それに対して調査協力者のみなさん自身はどのように対処したのか。また、調査協力者のみなさんに対して教員はどのように対応し、それはジェンダー葛藤の軽減にどうつながったのかを分析する。その分析は、単にトランスジェンダー生徒の支援のあり方の検討にとどまらず、学校内のジェンダーがどのように構築されるかを明らかにするものとなるだろう。

　以下、本章の構成を述べる。まず、学校の性別分化の中でジェンダー葛藤を強めていく過程を見ていく（第1節）。次に、第2章第3節で述べた各局面について述べる（第2節）。そして、ジェンダー葛藤の軽減ができた事例とできなかった事例の比較を中心としながら、ジェンダー葛藤軽減の過程を見る（第3節）。これらを踏まえて「性別にもとづく扱いの差異」によってどのように性別カテゴリーが構築されるのかを考察する（第4節）。最後に、本章で明らかになった知見のまとめをおこなう（第5節）。

1　ジェンダー葛藤が強まる過程

　第2章で述べたように、調査協力者のみなさんの中で高校入学までに「性別にもとづく扱いの変更の要求（以下、「要求」）」をおこなったものは誰もいない。そこで、幼稚園・保育園段階から中学校までの間の性別分化の過程をとりあげて、ジェンダー葛藤が強まる過程を見ていく。

1-1　幼稚園・保育園から小学校におけるジェンダー葛藤

　まず、幼児教育から小学校低学年における性別分化の過程とジェンダー葛藤の関係を見てみる。第2章で示した表2-2および表2-3で見たように、「気づき」は早くて幼児教育段階、遅くとも初等教育段階には全員が経験している。例えばユウヤさんは保育園時代のことを次のように語っている。

> ユウヤ：服装は与えられた物を着てたって感じで。保育園にエレクトーンが入ってきて、みんなそれが弾けて、いいなぁってなってピアノをはじめて。そしたらピアノの発表会があって、そこで渡された服がスカートで、「それはイヤ」って言って、大泣きした覚えはあります。

　このように、幼稚園・保育園、あるいは小学校低学年段階での「気づき」は、主として「保護者が選んだ服への拒否」といった形であらわれており、「幼稚園・保育園や小学校への拒否」という形ではあまり見られない。なぜなら幼児・初等教育段階は「男女均質化の原則が強く支配する」（木村 1999: 27）からである。特に服装については、小学校段階では第2章で示した表2-1に見たようにほとんどが私服であり、その選択は保護者のジェンダー意識に大きく左右される。例えば、ツバサさんは小学校低学年時代の服装について、次のように語っている。

> ツバサ：服装はわりと母親が、なんていうんやろ、わりとかわいらしい服を、

　　　　男の子としてかわいらしい服を着せる傾向があったんで。なんか帽子だけレディースやったりとかありましたね。
　―― へえ。それはそれでいいよなあ。しっくり。
　ツバサ：うーん。ていうか、しっくりというか、そういうもんやと思っていたし、母親がいいって言うんならそれでいいって思っていたし。「これは男の子のものだよ、女の子のものだよ」って言われて着せられているわけじゃなかったんで、特に。

　このようなツバサさんは、小学校低学年時代では「気づき」は起こっていない。しかしこれは、幼児・初等教育には性別分化がないことをあらわしているわけではない。例えば、大滝世津子が幼稚園における参与観察を通して、幼稚園児の性自認の獲得にクラス集団での相互行為があることを指摘したように、すでに幼稚園・保育園段階で性別分化ははじまっている（大滝 2006）。実は、ユウキさんの幼稚園におけるダンスのエピソードにみられるように、幼児・初等教育は「その後の教育システムを通り抜けていく子どもたちの認識枠組みのベースをつくる場」であり「それぞれの性別にステレオタイプ化された色やシンボルをあてはめる行為が日常的に繰り返されて」（木村 1999: 29）おり、これらを保護者と幼稚園・保育園や小学校が共同で担っているのである。
　ところが小学校高学年になると、ふたつの形で性別分化が顕在化し、ジェンダー葛藤を強める要因となった。
　ひとつは、「性教育（初経教育）」のように、カリキュラムなどにあらわれる制度としての性別分化である。例えば、マコトさんは小学校高学年で経験した性教育を、次のように語っている。

　―― 性教育とかありました？
　マコト：ありました。小学校4年か5年くらいの時に。たぶん私その時、知識、『科学と学習』という本があって、あそこに学校教育より一足早

く載るんです、そういう話題が。それ読んでいて、女の子側の性教育を読んで、うんうん、っていうか。何なんやろな、あの感情。何なのかよくわからないけれど、何だろうな、すごい興味を持ったっていうのがあって。性教育が実際行われる段になって、うちの学校、男子と女子わけて、女子は視聴覚室行って、ああいうのを見るのかなって何となく予想できていたし、だからその時になってすっごい苦しかった。なんかね、私もあっちに行きたかったって気持ちはすごい強かったんです。なぜかね。子どもを産めるっていう事実について。だから逆に言うと私が産めないっていうことについて、そこですごい傷ついたのは覚えていますね。

　このように、マコトさんは性教育を「気づき」の経験であると同時に、ジェンダー葛藤の経験としても語っている。
　もうひとつは「生徒間の相互行為」による性別分化である。これが顕著にあらわれるのは、「いじめ」や「からかい」である。第2章で述べたプラマーは「公的なカミングアウト」の事例として、ゲイの高校生による「高校のダンスパーティーへ恋人を同行し、ストーリーはみんなに知れわたった」（Plummer 1995=1998: 119）という行為をあげている。調査協力者のみなさんの中には、幼少期にAGABに規範的とされる「振る舞い」とは逆のジェンダーの「振る舞い」をしていたという語りが見られる。これはある種、「意図的ではない公的なカミングアウト」ということができるだろう。「いじめ」や「からかい」は、このような「意図的ではない公的なカミングアウト」に対する、まわりの生徒による「性別分化からの逸脱の指摘」ということができよう。ここではススムさんとハルトさんを事例に見てみることにする。
　小学校時代のススムさんは短髪にしたりスカートを拒否したりするなど、「男子の振る舞い」をおこなっていた。そのようなススムさんに対して、まわりの生徒たちは「オナベ」「オヤジ」といった「あだ名をつける」と

いう形で反応したという。さらにその頃、テレビ番組「世界まる見えテレビ特捜部」でトランスジェンダーがとりあげられたことをきっかけに、周囲の生徒たちのススムさんに対する「オナベ発言がヒート」したという。このような中、ススムさんは女子になることを試みた。

> ススム：[小学校6年生の時] まぁいろいろからかわれたりしてる中で、うまくやっていきたいし、臨海学校とか修学旅行とか女子の方にわけられるじゃないですか。その中でうまくやっていきたいから、その女子のしぐさだったりとかをものすごいまねしてた。

まわりの生徒たちは、性別分化から逸脱したススムさんに対して「からかい」という形でそのことを「指摘」した。それに対してススムさんは「うまくやって」いくために、その「指摘」を受け入れ、性別分化からの逸脱をやめた。多賀太はジェンダー・フリー教育に積極的にとりくむ小学校であってもなお、教員の意識改革だけでは解消されないジェンダー構築があるとともに、子どもたち自身が他の子どもとの関係においてジェンダー・フリーを無効化する可能性があるとした（多賀 2003）。ここで見た生徒間の相互行為は、まさに生徒たちが学校の性別分化を主体的に担う存在であることをあらわしている。

では、「指摘」を受け入れない場合はどうなるだろうか。ハルトさんは性別分化からの逸脱への「指摘」の経験を次のように語っている。

> ハルト：3年生のある日に、ちょっと問題が起きて。それが、その前日に男の子とちょっと殴りあいのケンカをして、男の子を泣かしてしまって、その男の子は仕返しに、お道具箱にゴキブリを入れはったんですよ。そしたら、ぼくは次の日お道具箱を開けました。ゴキブリが出てきます。閉めました。先生んとこ言いに行きました。そしたら、先生がおもしろがって、冗談で先生は言ったんやけど、「おまえ〜、

お道具箱整理しなかったからゴキブリ湧いたやんけ～」って言って机を廊下に出して、お道具箱ひっくり返して、ゴキブリを踏みつぶしたんですよ。先生が。それがきっかけで、バイ菌・ゴキブリ・男女(おとこ・おんな)・オカマ・汚い・乞食、とかいうことが、最初は同じ３年生だけやったんが、気づくと１年から６年まで。

　　（中略）

　──　その後どうやったん？　その、いじめがわかったら？
　　ハルト：もうみんな先生たちも、認識済み。何も言わない。放置。で、そのことがきっかけで何回も殴りあいとかなったりとかして。

　ハルトさんの場合はススムさんとは異なり、「指摘」を受け入れなかった。その結果、全校生徒からのいじめの対象となったという。さらにその状態を教員は放置していたという。そこでハルトさんはケンカで応酬した。このようなハルトさんに対して、まわりの生徒はハルトさんをのけ者にするという行為に出たという。

　　ハルト：ぼくが掃除当番とか給食当番とかだったら、なんかこう、机拭く係とかやったら、「ちょ、オレの拭かんといて」「あたしの拭かんといて」みたいなんで、誰のも拭けない、で、自分で拭くみたいな。で、給食も「あいつが触ったの食われへんから、ちょ、お前入れんな」みたいな。

　ハルトさんは小学校高学年でグレはじめ、中学校以降の荒れにつながっていった。
　ススムさんもまた、一度は「指摘」を受け入れたが、そのことによって強いジェンダー葛藤の状態に置かれていた。そして、中学入学後は女子制服を拒否してジャージ登校したことに対し、ススムさんの小学校時代を知らない他の小学校出身者が加わったことも相まって「からかい」は「いじ

め」へと変化し、それは不登校へとつながった。

　生徒たちによる「性別分化からの逸脱への指摘」に対して教員が適切に対処するかどうかは、ジェンダー葛藤に大きな影響を与える。しかし、対処のありようは時代の影響が大きい。ここでハルトさんとユイコさんの事例を比較してみる。

　ハルトさんが小学 3 年生だったのは 1989 年であり、社会の中に「性同一性障害」や「トランスジェンダー」といった言葉はほとんど知られていなかった。このような社会状況下では、ハルトさんの「公的なカミングアウト」を、教員もまた性別分化からの逸脱としかとらえられなかったのだろう。

　一方、ユイコさんが小学校に入学したのは 2000 年である。低学年時代のユイコさんは「持ちものとかは、なんか女の子と同じ缶［ペン］ケースとか、キャップ交換したりとか」していた。さらに高学年では水泳の授業で上半身を隠しながら着替えるなどの行動をとっていた。ユイコさんのこのような「女子の振る舞い」は、ハルトさんと同様、ユイコさんにはカミングアウトの意図がないにもかかわらず、結果的には「公的なカミングアウト」という状況をつくりだしていた。ユイコさんはまわりの生徒たちの反応については「小 6 くらいになったら、もうからかわれはじめましたね」と語っている。このようなユイコさんへの「からかい」に対する教員の対処は、ハルトさんの事例とはまったく違った。先に述べたように、ユイコさんが小学校に入学した翌年は「3 年 B 組金八先生」が放映された年であり、すでに「性同一性障害」という言葉が人口に膾炙していた。さらに、ユイコさんが在籍していた小学校は「やたら人権意識の高い学校」だった。教員は保護者に対して「『ユイコさんやけどな、もしかしたら、性同一性障害かもしれなんなあ、そういうの今あるやろ』みたいな、そういう話」をし、ユイコさんに対しては「泊まりがけのお風呂とかも入らんでよくしてもらったり」という配慮をした。この配慮はユイコさんの宿泊行事におけるジェンダー葛藤の軽減に役立った。しかし同時に、この配慮は

第 4 章　学校の性別分化とトランスジェンダー生徒のジェンダー葛藤

「入らない時は、それはそれでからかわれるんですけど」という結果を招いたという。ユイコさんは教員に対して「小学校のときはほんとにまわりのサポートもあり」と好意的に受けとめる一方、「あとはまわりの子らとの関係だけ」という課題も感じていたという。

1-2 中学校におけるジェンダー葛藤

中塚は、岡山大学病院ジェンダークリニックを受診した性同一性障害当事者の診察時の語りから、多くの受診者が自殺念慮を持つとし、その時期を「自殺念慮を持つ年齢の第1のピークは思春期である中学生の頃です」（中塚 2013: 12）としている。ユイコさんの次の語りは、中塚を裏づけるもののように見える。

> ユイコ：自分の思春期の問題、体の問題とかも出てきて、トータル的に［男女に］わかれてしまう感じ。

しかし、ここで、ユイコさんの語りの中にある「体の問題とか『も』出てきて」に注目したい。ユイコさんは男女にわかれる理由を次のように述べている。

> ユイコ：制服もそうやし、授業でも男女わかれるときがあったし、体育の内容も中学から男女わかれだしたんで、ほんまに男女という概念がみんなの中に生まれはじめて、みんなもちょっとなんかイヤだった子もいるんじゃないかな。
> ——　あーなるほどなるほど。よう言うやんか、思春期になったら男女を意識して、って言い方をするけれど、そうじゃなくて、
> ユイコ：そうですね、させられる的な部分もあるんじゃないかな。

ユイコさんは思春期の問題と相まって、「性別にもとづく扱いの差異」

によって男女にわかれていくと語っている。その「性別にもとづく扱いの差異」を代表するのは制服である。例えば、ススムさんは中学校に入った時の印象を次のように語っている。

> ススム：中学校の入学式の時も、なんかもうほんまにイヤやって、みんなはこう、うれしそうにしてるんですよ、他の女子たちとか。で、その何て言うのかな、入学して早々、その制服の同じもの同士でわかれてしまうような、あの雰囲気がどんどんどんどん強くなっていって。（中略）もうほんとに、制服の同じもの同士の行動になってきて、それがほんとにね、小学校と違いすぎて、なかなか飲み込めないというか。なんやろー、しんどかったっていうのかな、なんか息苦しかったですね。

「小学校から中学校へと進学した子どもたちは、何らかのカルチャー・ギャップを認識し、やがて適応していく」（木村 1999: 35）。しかし、トランスジェンダー生徒にとってのこのカルチャー・ギャップ、すなわち、中学校段階における「性別の差異を強調する文化」（木村 1999: 27）は、ススムさんが「暗黒の中学時代」と語り、ユイコさんが「私は人生の中であの3年間をすごく恨んでいます」と語っているように、ジェンダー葛藤を非常に強める要因となる。次に示すユイコさんの語りは、ススムさんと同様の語りであるが、さらに制服が男女混合であったそれまでの人間関係に分断をもたらすということを示している。

> ユイコ：学ランとか制服でわかれると、一気に男女ってなるんですよ。中学から。小学校のときに仲良かった女友だちも、ちょっと疎遠になっちゃって。

この人間関係の分断は「小学校のときに仲よかった女友だちも、ちょっ

と疎遠になっちゃって」とユイコさんが語っているように、自らがありたい性[2]とは異なる性別の人間関係の中に自らをカテゴライズしなくてはならないことにつながる。それは、逆に制服のない中学校に通っていたマコトさんが「学校で公式にわけられるところ以外、普通の学校生活の中では、私ずっと女の子のグループ」と語っていることからもわかる。このことは、幼稚園・保育園から小学校段階の性別カテゴライズによるジェンダー葛藤に加え、ジェンダー葛藤をより強くする。

しかし、調査協力者のみなさんは、中学校段階ではそのようなジェンダー葛藤を「しかたない」（ユウヤさん）、「自分を押し殺す」（ユイコさん）といった形で回避しており、「要求」という選択はしなかった。なぜなら「カミングアウト[3]しようがないですもん。自分が何者かわからへんから。…カミングアウトするもなにもカミングアウトするものがない」（ススムさん）からである。

2　「言語化」「カミングアウト」「出会い」「要求」[4]

前節で明らかになったように、中学校段階の調査協力者のみなさんは、強いジェンダー葛藤の中に置かれていた。第2章で述べた「言語化」の局面とは、そのような状態に置かれている調査協力者のみなさんが「自分とは何者か」を理解する局面である。

今回の調査協力者のみなさんのうちマコトさん、ツバサさん、ハルトさん以外は中・高等学校時代に言語化を経験した。そのきっかけはマンガやテレビなど学校以外のメディアからだった。

ススムさんは中学3年生の時にテレビで見た「3年B組金八先生」をきっかけに「言語化」を経験した。その時のことをススムさんは次のように語っている。

　　ススム：これ見た後どこにも視線を動かされへんかって。回を追うごとに、

もう目が釘づけですよ。そんなに番組のチャンネルをとろうとしない自分が、その番組だけガン見してる感じ。放心状態ですよね、あれ見た時って。

「3年B組金八先生」が「言語化」のきっかけになったのはススムさんだけではない。例えばアキさんは同番組について次のように語っている。

ア　キ：金八先生のドラマがあったじゃないですか、その時に、全然自分の中では意識してなかったんですけど、やっぱりテレビでそういうのが流れてるのを見た時に、なんか自分のこと、「こういうの公開されてる」って思ったんですよ。

「3年B組金八先生」第6シリーズが放映された2001年から2002年は、トランス男性6人のうちハルトさんを除いた5人が小学6年生から中学2年生であり、同年代のトランス男性を主人公とした番組の影響が大きかったと考えられる。また、当時は他にもトランス男性が主人公となったものがメディアに掲載されていた。例えばユウキさんは「3年B組金八先生」の影響も受けたが、「オッパイをとったカレシ。」というマンガが「言語化」のきっかけだった。

ユウキ：剣道部の子が、当時『デザート』っていう少女漫画の雑誌に載ってた「オッパイをとったカレシ」を、まだ載ってたとこやって、その子がめっちゃ『デザート』読んどって、「これや！」思って、ビリビリー！ってちぎって、持ってきてくれたんです。単行本出る前で、すっごいもう、うれしくて。テレビとか本とか、当時上戸彩がやってて、金八で読んではる本、虎井さんの本とか出てきとったんで、それ調べて、紀伊国屋に買いにいって、本はめっちゃ読んだりしとって。でもなんか激しいんですよ、みんな。なんか生まれた時から

第4章　学校の性別分化とトランスジェンダー生徒のジェンダー葛藤　　203

考えてるというか。別に［ペニスをおなかの中に］置いてきてないし、なんか違うなあとは思ってたんですけど、「オッパイをとったカレシ。」読んで、胸オペするまでの話で、なんか、すっごい自分としっくりきて。まあそれもなんか「置いてきた」って書いてましたけど、本の中に。でも、その「オッパイをとったカレシ。」がすごいしっくりきて、あ、自分これなんやなーってのは、なんとなく思ってましたけど。

　一方、第2章で述べたようにトランス女性の場合、「言語化」は2003年以降であるだけでなく、インタビューの中に「3年B組金八先生」にかかわる語りは出てこなかった。キョウコさんの「言語化」のきっかけは、同じテレビであっても、まったく違う番組だった。

　　キョウコ：一番のターニングポイントで、母親に、すごくテレビで、あの、伊東四朗とテリーとの「アンテナ」って番組がやってて、ニューハーフの特集を組んでた時に、別の部屋にいる状態で、「ちょっとチャンネル変えてみて」言うて、「これなるから」言うたら、「ほな、好きにしたらいい」。

　また、10人の中ではもっとも若いユイコさんは「3年B組金八先生」放映時は7歳だった。そんなユイコさんの「言語化」のきっかけは、トランス女性が主人公のマンガ『放浪息子』[5]だった。

　　ユイコ：高2のときに忘れもしない高2の5月なんですけど、漫画で『放浪息子』って漫画があるんですよ。あれ、読んだときの衝撃ですよね。ああーってなって、あれにもう、言ってしまえば、うちはあれによって人生の転機を迎えたくらいの衝撃で、うち、うちやんってなって。

　このように、同じようにメディアから影響を受けながらも、その対象

は、トランス男性はトランス男性を主人公としたもの、トランス女性はトランス女性を主人公としたものというように、トランス男性とトランス女性では異なっている。

　また、ユウキさんが「3年B組金八先生」と「オッパイをとったカレシ。」を比較して、後者の影響をより強く受けたと語っていることからわかるように、同じトランス男性が主人公であっても自分の感覚により近いメディアの影響を強く受ける。また、『放浪息子』の連載が開始されたのは2002年であるが、ユイコさんが『放浪息子』と出会ったのは2010年である。このことから、テレビ番組が「言語化」に与える影響は放送時期の制約を受けやすいが、マンガの場合は出版時期の制約を受けにくい場合もあることがわかる。

　なお、先に述べたユウキさんの事例からわかるように、ユウキさんは「言語化」前から振る舞いによるカミングアウトを周囲に対しておこなっていた。だからこそ、剣道部の生徒がユウキさんに「オッパイをとったカレシ。」を持ってきてくれたのである。このように、「言語化」と「カミングアウト」は相互反映的におこなわれることもある。

　「言語化」する時の「言語」は社会の中で認知されている必要がある。それは、「性同一性障害」という言葉が人口に膾炙する前に学齢期を過ごしたハルトさんが、小学6年生頃には「自分のことを完璧に認識していた」と語っているにもかかわらず、「何にもそんな言葉ないから『自分変なんや』みたいな。だから、男？　いや女、女？みたいな、なんか言い聞かす感じかな」としか考えることができなかったことが示している。したがって、「性同一性障害」概念が社会に認知されたことは調査協力者のみなさんにとって大きな意味を持っていた。

　しかしながら、第2章で述べたように「言語化」の経験が、必ずしもそのままですぐに教員に対する「要求」につながっているわけではない。例えばユウキさんは、中学時代に「言語化」を経験したが、「闘える場所やと思ってなかったんで、学校の制服とか、変えたりとか」と語っている。こ

のことが示すように、「言語化」だけでは「要求」が実現可能なこととは考えられないのである。そこにはもうひとつの局面である、「出会い」があった。例えばユウキさんは、私との出会いを次のように語っている。

 ユウキ：すげぇー、すげぇーってなってましたね。本物やーと。すごいうれしかったです。いはる、いてるんやなぁ。自分以外にいてるんやなぁって思って。
 —— あぁ。そっか。だから、リアルで会うたんは初めてやったん？
 ユウキ：はい。すっごいうれしくて、すげぇー、ほんますげぇーって思いました。
 —— ふん。それひとつの、きっかけになったん？　転機になったん？
 ユウキ：そうですね。まぁ、制服も変えれるんやでーって教えてもらったりとか、病院紹介してもらったり。

　同様に、シュウトさんにとっても私が、アキさんにとってはユウキさんという存在があった。また、キョウコさんは「［高等学校］入学当初に『制服変更できないんですか』『変更できません』の返事をいただい」たが、その後、私と出会うことで「開き直りができ」、再び制服を変更するために動きはじめた。ユウヤさんの場合、トランスジェンダーではないが、ニュージーランド留学時にレズビアン・ゲイと出会っている。
　このように、調査協力者のみなさんは、「出会い」の局面を通して、ジェンダー葛藤の解決の道筋を見つけ、「要求」をおこなっていた。言いかえるならば、「要求」は、学校に対して自分が学校の性別分化の中で強いジェンダー葛藤の状態に置かれていることを示し、その解決のための行為であった。したがって、この「要求」が実現できたかどうかが、調査協力者のみなさんがジェンダー葛藤を弱めることができたかどうかの大きな分岐点となった。

3　ジェンダー葛藤を弱める要素

　第2節で示したように、調査協力者のみなさんは、「要求」を通して、自らのジェンダー葛藤を解決しようとした。しかしながら、必ずしも「要求」がジェンダー葛藤の軽減につながるわけではなかった。ここでは、調査協力者のみなさんの語りの中から、「要求」がジェンダー葛藤の軽減につながる要素として「『要求』発見の可能性」「『要求』実現へ向けた課題の発見」「変容する他者の存在」の3つを抽出して考察することにする。

3-1　「要求」発見の可能性
　ここでは、トランスジェンダーとしてはジェンダー葛藤がもっとも強い高校時代を過ごしたと考えられる、女子校に在籍していたユウヤさんと、共学ではあるが進学系の女子クラスに在籍していたススムさんの事例を比較することにする。
　ユウヤさんが入学した女子校では、1年生から2年生に進級する際、1年間ニュージーランドに留学する制度があった。ユウヤさんはホームステイ先でレズビアン・ゲイの存在を目の当たりにしたことをきっかけに、自分について深く考えはじめた。

> ユウヤ：そっから自分、なんなんだろう、なんなんだろうって考えはじめ。3月に帰ってきて。で、性同一性障害ってなんなんだろうって思って、図書館行ったりとかいろいろインターネットとか調べて、これなんじゃないかなぁって思って。

　性同一性障害という言葉と出会うことで「言語化」を経験したユウヤさんは、2年生になり「性別を強制されるできごと」と出会った。それは合唱コンクールの服装だった。ユウヤさんの学校はスカートの下はタイツと靴下を選択することができた。しかし、クラスの指揮者が「舞台に上がる

時は全員タイツで」と決めた。それに対してユウヤさんは「いやぁ、タイツなんか履けないし。あれは女の人が履くものでしょう」と反発した。イヤなことがあると学校を休むタイプだったユウヤさんは、授業をサボりはじめた。それに対して、担任が「どうしたん？」とたずねたという。ユウヤさんは休んだ理由として「まぁ制服はしゃーなしだと思ってるけども、けどその合唱コンクールのタイツとかマジで無理」と答えた。それに対し、担任は今度は「タイツとかマジで無理」な理由をたずねたという。

  ユウヤ：「［マジで無理なのは］なんで？」ってなって、「先生に軽蔑されるからマジ言えへん」て言ったんだけれども、「でも言わなきゃもうわからんよ」って言われて、「確かにそうだ！」と思って、「いや、先生にどう見えてるかわからんけど、自分、もしかしたら性同一性障害かもしれん」って言った。

 ユウヤさんのカミングアウトに対する、担任の返事は「あぁー、ぽいよねー」だった。そしてさらに「私の友だちの、旦那さんというか、そういう人がFTMで、会ったこともある」と補足した。さらにユウヤさんの担任は、「タイツとかマジで無理」を「要求」と捉え、「指揮者の子に話してみるけど、自分で自分のことちゃんと話してみな」とアドバイスした。翌日、ユウヤさんはカミングアウトせずに「タイツは無理」とだけ指揮者の生徒に話した。ユウヤさんからの「要求」に、指揮者の生徒は当初「じゃわかった、ユウヤは違ってもいいよ」と答えた。しかし、ユウヤさんは「全員タイツで自分だけ靴下だったら、『忘れた人』みたいじゃないですか」と反発した。実際に中間発表会で「忘れた人」扱いをされたため、ユウヤさんは指揮者の生徒を説得し、本番では全員がタイツか靴下かを自由に選択することになった。このように、ユウヤさんの「要求」は「タイツではなく靴下」という「要求の実現」へとつながった。

 次にススムさんの事例を見る。ススムさんが当時住んでいた県では、い

わゆるトップ校は男女別学であり、ススムさんの当初の希望校は女子校だった。しかし、「言語化」によって女子校への進学は無理と判断し、ススムさんは当初の希望を変え、制服のある共学の私立の進学校に入学した。しかし、実際に入学したのは国公立受験向けの女子クラスだった。

> ススム：共学って聞いてたんですけど、何せその［「言語化」直後の］混乱期の中で、あの、何やろな、とりあえず女子校は避けたいし、で、ここ共学やし、授業料はないから助かるし、と思って入ったら、別校舎やった、男女別校舎の共学やったっていうオチなんですけど。

ススムさんは入学して一段落した６月頃に、生まれてはじめて担任やカウンセリング室あるいは保健室の教員にカミングアウトした。

> ススム：「もしかしたら自分はこういう、トランスジェンダーかもしれない」っていうのを、相談を、初めてしてみた場だったんですけど、なんか、「いやーその年代にはよくあることで」とか、「やー！　私の受け持ったクラスの子も、座って便器でトイレをするから、なんかそういう時期はあるのよ」みたいな、あの、返し方をされて。まぁもう真っ向から否定、だったんですね。で、うん、まぁまぁ、ばっさりいきましたし、もう何回か、保健室だったりカウンセラー室だったりとか顔を見せましたけど、話にならなくて。担任はもう「そんなことより勉強しなさい」みたいな。「もっと今のあなたに大事なことはこっちですよ」みたいな感じで、あしらわれてたかな。

ススムさんは夏休みにジェンダークリニックを受診するなどの行動をしていくが、それは学校生活の変化につながるものではなかった。そして２年生の６月に不登校になり、７月に休学届を提出、最終的には親の自己破産などもあり退学してしまった。

このように、ユウヤさんの教員に対するカミングアウトはジェンダー葛藤の軽減につながったが、ススムさんの教員に対するカミングアウトはそうはならなかった。両者の違いを、ユウヤさんの学校の教員の理解とススムさんの学校の教員の無理解という個人の問題に還元することはもちろん可能である。しかし、ススムさんのカミングアウトが「性別にもとづく扱いの変更」に結びつかなかった原因は、実はそれだけではない。例えばユウヤさんの「タイツを履きたくない」という「要求」が「タイツではなく靴下」につながったように、「要求の実現」は「要求」へのレスポンスとしてなされている。それに対し、ススムさんは「トランスジェンダーかもしれない」とカミングアウトしたが、それは「要求」をともなわなかった。つまり、ユウヤさんとススムさんの違いは、「要求」をともなうカミングアウトをしたかどうかというところにある。ススムさんは高校時代について、次のように語っている。

>　——　その時に例えばその、あっち［男子］の校舎に行きたいという気持ちは？
>　ススム：あぁ、そりゃすごいありましたよ、うん。その中学の時は言語化されなかったんで、まぁ、男子の制服はこう、着たいなぁとは思ったりしましたけど、それがこうまぁ、憧れなのかわかんなくて。
>　（中略）
>　——　じゃ高校では、あっちの校舎行って学ラン着たいけども、もう、女子クラスで。って？
>　ススム：女子クラスしかないですからね。
>　——　あっちに行きたいってのは言えない感じ？
>　ススム：いやいや、それはもう全然、「したい」っていう選択肢なんてないですよ。

　このような「選択肢のなさ」は、校則に象徴されている。ススムさんは

当時の服装・頭髪についての校則を次のように語っている。

> ススム：ジャージは禁止やし、必ず制服で、あの魔女みたいな靴、女子の変な革靴履かされて、で、何やったっけな、髪の毛も刈り上げ禁止とか。

一方、ユウヤさんは高校時代を振り返って、以下のように語っている。

> ユウヤ：［呼ばれたい名前で呼ぶとか、制服を変えるとかっていうふうなことは］なかったけど。例えば、タイツ履かなくてもいいように裏でまわしてくれてたりとか、そういうちょっとしたこと。それがもうできないもんだと自分の中では思ってたから、そういうちょっとしたことをやってもらうだけで、自分はうれしかったなぁって。ほんとにちょっとでよかったなぁ、って。

　ススムさんの学校は共学校であるが、男女で校舎がわかれており、行き来が禁止されていたという。また、ススムさんが在籍したクラスは国公立受験向けの女子クラスで、女子特有の校則が課されていた。さらに「別のクラスとの交流もなく、部活動も禁止」だったという。このように、他とは隔絶された強固な枠組みの中におかれたススムさんの学校経験は、「要求」を発見することを不可能にしてしまうとともに、ジェンダー葛藤の軽減の可能性をススムさんから奪ってしまったのである。

　一方、ユウヤさんの学校は国際コースを設置しており、ユウヤさんが「うちの学校基本軽いですね」と語っているように、例えば服装にかかわる校則をほんの少し緩めることが可能だった。その緩さが、ユウヤさんにとっての「タイツではなく靴下」という「要求」の発見へとつながった。そして、たとえ小さな「要求」であっても、その要求を実現した成功経験が、ユウヤさんのジェンダー葛藤の軽減につながったのである。

　なお、男子校に通っていたツバサさんも同様に、強固な枠組みの中にい

た。ただし、ツバサさんが「言語化」した時期は高校卒業後だった。

―――　そこ［男子校］で高校時代を過ごしたことは、どうやった？
ツバサ：今ですか。
―――　今振り返って。
ツバサ：わからないんですよね。自分の中で、ほんと。早めに気づいて高校をぱっとやめてホルモンはじめて、今より若干胸がある方のが幸せやったかんなって言われたら、微妙やなっていうのもあるし、
―――　それはそれで微妙なんやね。
ツバサ：あの時期に気づいていて、うちの親との軋轢も考えたりしたら、どうなっていたやろうか。
―――　まあ。トランス的には不幸な空間やな。
ツバサ：トランスとして入るならオススメはしないですね。（笑）
―――　：hhh
ツバサ：だって壁[6]の向こうに何があるかを知っている人が入るのは。
―――　あ、そっか。逆に言うと、ツバサさんがその時にずっと気づいていなかったことが生き延びられた、
ツバサ：理由なのかもしれないですね。

　医療的な介入をおこなうという側面から見るならば、早い時期に気づかなかったことは不幸なことだったかもしれない[7]。一方で、ツバサさんは自らが当時おかれていた状況を振り返って「（ずっと気づいていなかったことが生き延びられた）理由なのかもしれないですね」と語った。

3-2　「要求」実現へ向けた課題の発見

　調査協力者のみなさんの中で、「要求」に対して学校が何らかの対応をしたのはキョウコさん・ユウキさん・ユウヤさん・アキさん・シュウトさんの5人である。その5人の中で、ユウキさんとシュウトさんはともに教

員から呼び出しを受け、その場でうながされる形で「ズボンを履きたい」という「要求」をおこなった。そして、両者とも許可の見通しを示された。しかし、ユウキさんは卒業し、シュウトさんは退学してしまった。そこでユウキさんとシュウトさんの事例を、「要求」後の教員の対応に着目して比較する。

　ユウキさんは高校1年次に私が講師となった教職員保護者合同研修会への参加を希望したが、それは果たせず、その代わり講演のあと私と話す時間をつくってもらった。第3章第6節で述べたように、私との出会いがきっかけになり、ズボン登校の実現を決意した。

> ユウキ：制服って変えれるんや思って。もう3年間女子高生せんでええんやなぁって。すっごいうれしくて、っしゃー！ 明日からズボン履けるぞと。まぁ明日は言うても、ズボン持ってへんからあれやけど、まぁでももう、2学期から履けるんやろ！　って、思いました。

しかし、そのことを親に伝えると反対された。

> ユウキ：まぁ、家帰って、ズボン履く言うたら、あかん言われて hhh。なんでやねん。ええやんけ、ズボンくらいと思ってたんですけど。まぁ、そんな簡単なもんでもなくて。

一方、私と出会った数日後、相談室の教員であるU先生から相談室に呼ばれた。

> ──　そのあとに相談室に呼ばれた？
> ユウキ：呼ばれました。
> ──　うん。ほんでなに言われたん？
> ユウキ：「どうする？　今後」みたいな。えー！　どうするもなにも、えー。

第4章　学校の性別分化とトランスジェンダー生徒のジェンダー葛藤

みたいな。ばれてるとしか。へー、みたいな感じやったんで。

―― で？　そのあとどうしたん？「どうする？　今後」って言われて。

ユウキ：「ズボン履く」

―― 「ズボン履く」って言うた。

ユウキ：たぶん、そんなんやった。

　ユウキさんは高校卒業後、U先生による相談室への呼び出しの経緯について、次のように聞かされた。

ユウキ：U先生の話によると、中学校から性同一性障害らしき生徒がおるから、おるっていうのは［連絡が］行ってたみたいで。ただそれは、その子を釣るために、あのPTA向けの、トランスジェンダー当事者がしゃべりにきますよっていうプリントを全校生徒に配って。釣ろうと思ってんじゃないか。ほんで、扉をノックしたんは、その子じゃなくて、自分。

　U先生は中学校から申し送りのあったユウキさんではない生徒を「釣る」ために研修会を企画した。ところが、「釣れた」のはユウキさんだった。そこでU先生はユウキさんを相談室に呼びだし「どうする？　今後」と問いかけた。その問いかけに応える形で、ユウキさんは「ズボン履く」という「要求」を出した。それ以降、U先生から職員用トイレの使用や相談室での更衣などを提案され、ユウキさんはその提案を受け入れた。一方、ズボン登校については「後々に聞いた話でやったら、やっぱり反対はすごかったんかなんかして。生徒指導の方とかも、もう反対やったりみたいですけど、まぁ［U先生が］おさえつけてくれた」。その代わり、保護者からの異装届の提出が条件となった。U先生は、「時期はわかんないですけど。親父と1回か2回くらいしゃべったりしてたみたい」だったが、直接的に説得にあたっていたのはユウキさん自身だった。

ユウキさんは親の説得のために、診断書をとって親に見せるという方法を選択した。実は、ユウキさんも親も「その話はふれたくない感じで、話したくないし、会話にもならなかった」が、診断書の取得が結果的に親と対話することにつながった。そして、異装届の提出をして、4月からズボンが履けるようになった。

　次にシュウトさんの事例を見る。シュウトさんは、高校2年次に友人の紹介で私と出会った。私は、シュウトさんの高校の養護教諭にシュウトさんのことを伝え、養護教諭がシュウトさんを保健室に呼び出した。

―――　何て言ったん、学校の先生には？「ズボン履きたい」って言ったん？
シュウト：何て言ったんですかね、覚えてないですね。いやでも普通にズボン履きたいとは言いました。
―――　FTMとか、あるいはGIDとかそういう言葉は使った？
シュウト：言われたんじゃないですかね、向こうに、保健室の先生に。
―――　向こうから言われた？
シュウト：はい。

　シュウトさんの「要求」を受けた養護教諭は、シュウトさんの「要求」を実現するために、校内の教員に働きかけた。

シュウト：なんか、制服、ズボン履きたいみたいな話してて、でまぁそっかろいろいろ上の人、ま、校長先生みたいな感じですかね、とかと連絡とりあって、保健室の先生が。で「卒業式の日までにやったら何とかできるかも」みたいなこと言ってくれてはったんですけど。

　シュウトさんはようやく校内で見つけた「話を聞いてくれる場所」である保健室に通うようになった。

シュウト：いやでももう、たぶん2年の後半くらいからずっと保健室行ってたんで、たぶんずっとそんな感じの話してましたね。何話してたかは全然覚えてないですけど、でもとりあえず「ズボン履けるようにがんばろう」みたいな、話はされたりとかされてて。基本ズボンの話くらいですね。

―――　うーん。でもそれは、大きかったよね？　大きかった？

シュウト：いやもうそれはめちゃくちゃ大きいです。

　保健室で養護教諭に自分の「要求」を話すことは、それまでになかった大きな経験だったという。しかし、シュウトさんは3年生に進級した頃に限界を迎えてしまった。

―――　そうか。で、えー2年から3年上がって、で。

シュウト：上がって。全然学校行けなくなりましたね。

―――　それ、なんで？

シュウト：なんでなんすかね。いやなんかもう、たぶんほんまに耐えれなくなりましたね、制服とか。まぁ、女子で行ってることに対してもですし、なんかもうすべてが「もうええわ」ってなりましたね。で、もう卒業もできなくなったんで。単位も足りなくなって。

―――　あー、欠席でか。

シュウト：はい。で、いつぐらいですかね、夏休みの途中くらいで、正式にやめたんじゃないですかね、確か。

　先に述べたように、シュウトさんの「ズボンを履きたい」という「要求」を受けた養護教諭は校内の教員に働きかけた。その結果、「卒業式の日であればなんとかできる」という了解を得た。しかし、養護教諭はシュウトさんに対して保護者の了解を得たり、担任と話しあったりという課題は課さなかった。シュウトさんにとって「卒業式の日であればなんとかで

きる」という了解は、同時に1年以上、ただ待ち続けるということでもあった。したがって、すぐにでもズボンを履きたいシュウトさんにとっては、ジェンダー葛藤を抱えたまま1年が過ぎるのを待つ以外方法がなかった。そして、シュウトさんはそれまで待てなかったのである。

　それに対し、ユウキさんにとって「要求」を実現していく過程は、ジェンダー葛藤を自分の力で軽減し続ける過程でもあったという。ズボン登校実現の後は、ユウキさんは自ら課題を見つけ、学校に「要求」を出し続けた。そこで、「要求」の実現へ向けた主導権が誰にあったのかたずねると、次のように語った。

　　ユウキ：自分が要求してっすかね。たぶん水面下ではずいぶん動いてくれてはったんですけど、自分が言ってやってもらうみたいな形をとってくれていた気はします。勝手に動くんじゃなくて。それが、ほんまよかった。なんか、闘ってる感あったりとかして。

　ユウキさんがこう考えるのは、「闘い続ける過程」で自分を見つめ直したり、必要なものを取捨選択できたりしたこと、つまり自分自身のジェンダー葛藤の原因と向きあうことができたからである。そして教員はそんなユウキさんに「とことんつきあってくれた」と語っている。ユウキさんの語りは、ジェンダー葛藤は「ズボン登校の実現」により一気になくなるのではなく、ズボン登校の実現へ向けた課題を解決する中で徐々に軽減されていくこと。そして、ズボン登校の実現を通して、今度はジェンダー葛藤軽減のための課題を自ら見つけ、その課題解決の過程でさらにジェンダー葛藤を軽減していくこと、すなわちトランスジェンダー生徒自身が行為主体であることの大切さを示している。

3-3　変容する他者の存在

　最終的に退学をしたシュウトさん・ススムさんと、「要求」を実現した

キョウコさん・ユウキさん・ユウヤさん・アキさんの語りを比較すると、もうひとつ大きな違いがあることがわかる。第3章第5節を見ればわかるように、シュウトさんの語りの中には、私との出会いを設定した他校の生徒は出てくるが、それ以降生徒についての語りは出てこない。さらに、「要求」を出したあとの高校時代の語りはとても短く、登場するのは養護教諭だけである。また、第3章第3節を見ればわかるように、ススムさんの高校時代の語りの中には他の生徒は登場せず、教員についても保健室やカウンセリング室の教員、あるいは担任による応答しかない。もちろん、シュウトさんもススムさんも友人がいなかったわけではないだろう。あるいは、信頼できる教員もいたことだろう。ただ、そうした存在がジェンダー葛藤軽減に結びついたとは解釈しなかったからこそ語られなかったのだろう。

　一方、キョウコさん・ユウヤさん・ユウキさん・アキさんには複数の教員や生徒が語りの中に登場する。とりわけ、教員とのやりとりの中で「要求」を実現したキョウコさん・ユウヤさん・ユウキさんの場合は、教員についての語りが多い。そこで、キョウコさん・ユウヤさん・ユウキさんの事例をとりあげて、教員についての語りに注目して分析することにする。

　まずキョウコさんの事例を見る。高校入学当初、女子制服を着たいという「要求」を出したが受け入れられなかったキョウコさんだが、1年生の時に保健室に友だちとサボりに行った際、私を紹介された。

> キョウコ：その子と一緒に保健室にサボりにいって、一人称が「うち」から「あたし」に変わった時に、保健室の、また保健部長の人間が、ま、とりあえずなにか問題があるんじゃないかと。そこでも、男は男らしく女は女らしくっていうものを、すっごい時間かけて説かれて。で、「君はなにかを間違ってるんじゃないか」って言われて。間違ってるつもりはありませんと啖呵切ったら、ま、そこでのいろいろなつながりを紹介していただいて。お膳立てしてくれ

るんかなーと思ったら、番号パッと渡されて、「自分で［電話を］かけろ」と言われたからね。

——　あー、ふんふんふん。あ、でも、それどうやった？　それ、自分でかけろっていうのは。

キョウコ：自分でかけろ。試されてるんかなって思って。

——　はあはあはあ。で？

キョウコ：で、腹が立ったから自分でかけた。

　キョウコさんは翌日私と会い、「トランスジェンダー」や「性同一性障害」という言葉を獲得し、2度目の「言語化」を経験した。

　まず、キョウコさんの語りの中で注目したいのは、保健室の教員の「自分で［電話を］かけろ」と言われたというところである。その場で保健室の教員が電話をしてキョウコさんに代わることは簡単なことである。しかし、保健室の教員は私を紹介するところまではお膳立てしたが、私との出会いそのものはキョウコさん自身に委ねた。この教員のやり方は、先に見たシュウトさんの学校の養護教諭とは対照的である。

　同様の語りがユウヤさんにも見られる。

ユウヤ：2年生から3年生になる時に、「もし担任が変わったら自分からは言えないし、できることなら先生から言っておいてほしい」って2年生の時に先生に言っておいたんで、3年生の時に担任変わったんですけど。でもよりなんか、ジェンダーとかいろんなことやってる社会系の先生になって、「一応その先生に話はしといたよー、でも自分でちゃんと言いなよ」って自分で言わせることはしてきたんで。

　ユウヤさんは4月の個人面談時に「実は、聞いてると思いますが…」と新しい担任に話すと「ま、いいんじゃない？」という受容的な応答を得た。また、ユウヤさんの学校の教員は、対教員だけでなく、対生徒について

も「自分で話す」アドバイスをしている。例えば、第3節第1項で述べた、合唱コンクールで「タイツなんて履けない」と訴えた時のユウヤさんの担任による「指揮者の子に話してみるけど、自分で自分のことちゃんと話してみな」というアドバイスがそれである。他にも以下のような語りがある。

> ユウヤ：高校2年生の時に［留学から］帰ってきて、カミングアウトした先生が、その高2の時の先生と、高1の時に社会教えてくれてた先生と、写真部の先輩に言ったら、なんかその先生につながって、この先生もいろいろ知ってるよ、みたいな。で、この先生が「違う学年でトランスジェンダーの子いるよ、会ってみ？」って感じで、1個上の自分と同い歳の子に会いに行って、その子とつながったりとか。

ユウキさんの語りにはU先生が他の教員にユウキさんと話すように促すものがある。筆者の「高校時代をバーと見渡した時に、なにが一番よかったんかな」という問いに対して、ユウキさんは次のように答えた。

> ユウキ：学校の先生が「『さん』で呼んだらいい？『君』で呼んだらいい？」ってはっきり聞きに来てくれたことがうれしかったです。
> ―― うーん、ふんふん。あ、勝手に決めなかった。
> ユウキ：はい。最初にU先生に聞きにいってたらしいんですけど、「いや、本人に聞いたって」って言ったらしくって。で、それを直接聞いてきてくれたのが、すごいうれしかったです。

このように、キョウコさん・ユウヤさん・ユウキさんの語りの中には相談を受けた教員が、他の教員や生徒、あるいは校外のトランスジェンダー当事者につなぐ語りが見られる。

次に友人についての語りに注目して分析する。

中学校時代までのキョウコさんの語りの中に、他の生徒の話はほとんど

出てこない。ところが、高校入学後のキョウコさんの語りの中には、さまざまな生徒が登場するようになる。例えばキョウコさんは２年生になると、文芸部で「影の部長」になったり、文化祭で女性役を演じたりするなど、学校内において存在感を増していった。さらに３年生になると、男子制服ではありながら、靴をパンプスに変え、手袋をして日傘を差してフルメイクをするなど、制服以外、つまり学校の許可が不要な部分を「女性」へと変更して登校するようになった。このようなキョウコさんに対して、同級生の女子生徒は協力的な態度をとった。

  キョウコ：同級生の女の子が「使ってない制服あるからあげるよ」って。で制服もらって女子制服いただいて、いつでも着れる準備万端ですと。で－その中で、まぁ校長室直談判。

このように、キョウコさんは、私との出会いを通して「言語化」を経験した後、女子制服を貸してくれる女子生徒とつながった。

ユウキさんも、例えばはじめてのズボン登校の日は人目を気にして登校できなかったが「次の日は、友だちに言うて、剣道部の友だちに校門まで迎えに来てもらって、一緒に入って」とあるように、友人の協力を得た。ユウヤさんの場合、直接指揮者に話をした後、最終的にその指揮者が「タイツか靴下かは自由」という決定をした。アキさんの場合も、学ランを着たアキさんに対してまわりの生徒は「『そのベルト、めっちゃかっこいいやん』みたいな。で、むしろ、『オレの学ラン、あまってるからあげようか？』」みたいな」態度をとった。

キョウコさん・ユウヤさん・ユウキさん・アキさんの他者とのかかわりにまつわる語りは、多様な「カミングアウト」を通して、まわりの教員や生徒がキョウコさん・ユウヤさん・ユウキさん・アキさんと「トランスジェンダーとして」あるいは「本人のありたい性別で」つながり直すという、他者の変容にかかわるものである。このことは、第１節で述べた「自らが

ありたい性とは異なる性別の人間関係の中にカテゴライズしなくてはならない」ことによって生じるジェンダー葛藤を軽減することにつながる。

　特に、教員の変容は校則に代表される制度の変容へとつながることもある。ユウキさんが通っていた高校は、ユウキさんが３年生の時に入学した１年生から学校名が変わり、制服も新しくなった。その際、女子制服にズボンタイプが導入された。また、その年新たにトランス男性の生徒が入学してきた。ユウキさんは「その子もおったから３年生でやっていけたんかな」と語る一方、次のように語っている。

> ユウキ：ほんまのことは知らないですけど、でも、［自分のズボン登校の実現が女子制服の］ズボンできるきっかけになったんじゃないかなって思ってます。その子［トランス男性の新入生］もズボン履いてこれたし。ズボンがあるって、ほんまにすごいし、それにちょっと貢献できたんかなって思ったらうれしいです。

　ユウキさんのカミングアウトやジェンダー葛藤軽減の「闘い」の過程は、学校の性別分化を顕在化させ、問い直しを求め、教員の意識に変容を与えた。そしてそれは具体的には、性別分化の象徴とも言える「制服」に選択肢をつくることにつながった。

4　「性別にもとづく扱いの差異」によって設定される性別カテゴリーの境界線とジェンダー葛藤

　本章では、学校の性別分化によりジェンダー葛藤が強まる過程と、ジェンダー葛藤軽減の実践の分析を通して、その実現のための３つの要素について述べてきた。
　ここでひとつ注目しておきたいのは、調査協力者のみなさんの幼少期の語りの中で「気づき」の場面を記憶の中から抽出することが可能であると

いうことは、それ以外の場面ではジェンダー葛藤がそれほど強くなかった、あるいは感じていなかったということである。また、ジェンダー葛藤が強まる中学時代においても、例えば、ユイコさんは「私は人生の中であの３年間をすごく恨んでいます」と語る一方「学校の外で会うとそこまで男女って、学校ほど意識しなくて男女楽しく遊んだのに」とも語っており、制服を着用していない時はジェンダー葛藤をそれほど強くは感じていなかったとしている。つまり、調査協力者のみなさんは日常生活の中で常に強いジェンダー葛藤を感じ続けていたわけでなく、AGAB に従った扱いを受けた、その時にジェンダー葛藤を感じていたのである。そこで本節では、第１章で述べた「性別カテゴリーの境界線（以下、境界線）」に着目しながら、調査協力者のみなさんの語りの中から「性別にもとづく扱いの差異」がどのようにしてジェンダー葛藤をもたらすのか、そして「性別にもとづく扱いの変更」によってジェンダー葛藤がどのように軽減されるのかを考察することにする。

4-1　境界線による性別カテゴリーの構築と性別カテゴリーへの割り当て

まず、ユウキさんの幼稚園時代の「気づき」の場面をとりあげて、どのようにして境界線が設定され、そこで何が起こっていたのかを分析する。

> ユウキ：［幼稚園の踊りの発表会において］発表会当日に化粧させられたんですよ。口紅とか塗られて。それがすっごいイヤやったですね。イヤですね。
> ───　他にそれイヤがってる女の子っておったん？
> ユウキ：いや、なんかみんな喜んでて、ヒャーみたいな。化粧や！みたいな感じやったと思います。

ユウキさんの語りから、踊りの発表会の場面において「化粧される対象となるもの」というカテゴリーが構築されたことがわかる。このことは同

時に「化粧される対象とならないもの」というカテゴリーもまた構築されたことに他ならない。このように「化粧」という「扱い」が境界線となり、ふたつのカテゴリーが構築された。そして、AGABが女である子どもたちが化粧されることを通して、「化粧される対象となるカテゴリー」が女子カテゴリーとなるとともに、化粧された子どもたちは女子カテゴリーに割り当てられた。同時に、もうひとつのカテゴリーである「化粧される対象とならないカテゴリー」は男子カテゴリーとなり、化粧されなかった子どもたちは男子カテゴリーに割り当てられたのである。

　さらに、ユウキさんが「化粧させられたことがイヤだった」と語ったのに対し、私は「他にそれをイヤがっている女の子っておったん？」と質問した。なぜなら、他にもイヤがっている女の子がいたのであれば、化粧されることを喜ぶか喜ばないかということと、女子カテゴリーの成員であることは無関係になるからである[8]。ユウキさんは私の質問に対し「（自分以外の女の子は）みんな喜んで」いたと返した。つまり、ユウキさんは、ユウキさん以外の女の子たちは「喜ぶ」という行為を通して自らが女子カテゴリーに割り当てられたことを是としていたこと、そして「喜ぶ」という行為が女子カテゴリーに「ふさわしい行為」だったと私に語ったのである。このような中、ユウキさんは、「化粧させられた」と語ることによって、その場で女子カテゴリーに割り当てられたこと、そして「イヤやった」と語ることによって「ふさわしい行為」は、自分にとっては「ふさわしくない」と感じたことを示し、それを「気づき」の経験として私に語ってくれたのである。

　小学校高学年において、調査協力者のみなさんがジェンダー葛藤を強めるエピソードとして語られたものに「性教育（初経教育）」が見られた。例えば、第1節で見たマコトさんの「性教育が実際行われる段になって、うちの学校、男子と女子わけて、女子は視聴覚室行って」という語りがそれである。この語りは「性教育」そのものではなく「男女で場をわけた」ことがジェンダー葛藤を強めたことを示している。つまり、視聴覚教室に集

められるか否かが境界線となり、女子カテゴリーと男子カテゴリーが構築されたのである。そして、子どもたちはAGABにしたがったそれぞれの性別カテゴリーに割り当てられた。マコトさんは視聴覚教室に集められないという男子カテゴリーと結びついた行為によって、AGABである男子カテゴリーに割り当てられ、そのことがジェンダー葛藤を強めることとなった。さらに、マコトさんは続けて「ああいうのを見るのかなって何となく予想できていたし、だからその時になってすっごい苦しかった」と語っている。つまり、マコトさんは視聴覚教室において何が語られたかを予想はできたが、実際に何が語られたかを知ることができなかったのである。この語りは、「場をわけられる」ことによってアクセスしたかった情報にアクセスできないことを通して、マコトさんは単に男子カテゴリーに割り当てられただけでなく、割り当てられたかった女子カテゴリーに割り当てられなかったことがジェンダー葛藤を強めたことを示している。

　同様のことは、例えば第1節で見たススムさんの臨海学校や修学旅行の部屋割りについての語りにも見られる。これらはいずれも「場」という境界線によって二分法的な性別カテゴリーが構築され、同時にAGABと結びついた「場」を与えられることによってAGABにしたがった性別カテゴリーへと割り当てられるとともに、割り当てられたかった性別カテゴリーに割り当てられなかったことによるジェンダー葛藤の経験についての語りである。

　さらに、ジェンダー葛藤を強める要因として、中学校における「制服」についても多く語られた。

　制度として定められた「制服」という服装は厳密に男女に二分されているために、性別カテゴリーとの結びつきも強く、境界線が明確化する。この「制服」という境界線の設定によって、女子制服と結びついた女子カテゴリーと男子制服と結びついた男子カテゴリーが構築される。

　例えば、ユイコさんは制服と人間関係について次のように述べている。

> ユイコ：学ランとか制服でわかれると、一気に男女ってなるんですよ、中学から。小学校のときに仲よかった女友だちも、ちょっと疎遠になっちゃって。（中略）学校の外で会うとそこまで男女って、学校ほど意識しなくて男女楽しく遊んだのに、学校じゃ「うーん」って、みたいになるときあって。だからほんとなんか特別な変な空間でしたね。

またススムさんも第1節で見たように、制服の経験を「もうほんとに、制服の同じもの同士の行動になってきて」と語っている。このことは、制服によって性別カテゴリーが構築され、子どもたちがそれぞれの性別カテゴリーに割り当てられていること、さらに、制服を着ることによって、子どもたち自身がAGABにしたがった「正しい方」の性別カテゴリーへと自らを割り当てていたことを示してる。さらに、AGABが「正当なもの」とされると同時に、制服という境界線によって構築された性別カテゴリーも「正当なもの」とされ、誰もがAGABにしたがった性別カテゴリーに割り当てられるべきであるという規範をつくる。制服が存在した学校に在籍していた調査協力者のみなさんは、このような規範と「正当ではない」性別カテゴリーに自らを割り当てたいという欲求の狭間でジェンダー葛藤を強めていったのである。

このように「性別にもとづく扱い」を境界線として、その「扱いの差異」によって、二分法的な性別カテゴリーが構築される。そして、異なる「扱い」がおこなわれることで、その場にいる人々はそれぞれの性別カテゴリーに割り当てられる。さらに、割り当てられた人は、その性別カテゴリーを受け入れる行動をとることによって、その性別カテゴリーへの割り当てを是とするとともに、その性別カテゴリーに規範的とされる「振る舞い」を構築していく。このような過程で、調査協力者のみなさんは「割り当てられること」や規範的とされる「振る舞い」をとらなければならないことに対してジェンダー葛藤を感じていたと考えられる。

4-2 「性別にもとづく扱いの変更」による性別カテゴリーへの再割り当て

　では、「性別にもとづく扱いの変更」を実現することによって、どのようにしてジェンダー葛藤が軽減されたのだろうか。ここでは、ユウキさんの制服の変更を事例として検討することにする。

　ユウキさんは高校2年次の4月1日からズボン登校を実現したが、その時点では所属している剣道部の一部の生徒にしかカミングアウトしていなかった。そのため、はじめてズボン登校をした直後の始業式で「あの子、男なん？　女なん？　どっちなん？」という声が聞こえてきたという。また、同じクラスの生徒から「なんでズボンなん？」と聞かれたが、それに対してユウキさんは「履きたいから履いてるねん」と答えたという。始業式の翌日、U先生は2年生を対象にセクシュアルマイノリティについてのガイダンスをおこなうとともに「もし陰口とかその子が傷つくようなこととか、ちょっとでも耳にしたら、私は許しません」とユウキさんの名前は出さずに語った。それ以降、陰口はなくなったという。さらに、3年生から受容された経験を、次のように語った。

> ユウキ：[3年生の]こわい先輩がぶわー寄ってきて、はぁーなんやろ、来たー。「君なんや？」「あっ、はい」みたいな。「がんばりや」って言ってもらって、めっちゃうれしくて。

　ユウキさんは高校2年次に応援団に入った。ここでも3年生が味方になった。

> ユウキ：応援団にも入って、応援団で、あの、剣道部の先輩がひとりおったんで。あの、男と女にだいたい服、わかれるんですけど、服とダンスがわかれるんですけど。その先輩に、「あの、男でいきたいんですよ」って言ったら「言うとくわ」言うてくれて。で、男の方でやらせてもらったりして、すごいよかった。みんながすごいかわいがっ

てくれて、先輩がかわいがってくれたし。みんなが受け入れてくれて。

このようにして、ユウキさんは応援団という限られた場ではあるが、男子カテゴリー内に位置づけられ、その後同学年の男子からも男扱いされるようになった。

>ユウキ：とくに男友だちが、男としてすごい扱ってくれましたね。たまに帰りの電車が一緒になって、なんか「女の子紹介してや」とか。なんか、なんかすっごい、すごい、なんかわかんないですけど男扱いしてくれるんがすごいうれしかったっす。

入学当初、制服という境界線によって構築されたふたつの性別カテゴリーのうち、ユウキさんは女子制服を着ることで、女子カテゴリーに割り当てられていた。高校2年次にユウキさんはズボン登校を実現するが、それは男子制服ではなかった。そのため、ユウキさんは「制服」という境界線の適用外の存在になってしまった。まわりの生徒たちによる「あの子、男なん？　女なん？　どっちなん？」という反応は、女子カテゴリーへの割り当てからは免れたものの、男子カテゴリーへの割り当てもされなかったことを示している。そこでユウキさんは、「服装」や「ダンスの有無」という境界線がある応援団において「男でいきたいんですよ」という「要求」を出した。ここで注目したいのは、ユウキさんが「要求」を出した相手は剣道部の先輩だったことである。ユウキさんがこのように3年生の力を借りた背景には、先に述べた3年生の「こわい先輩」による受容の経験があった。コンネルは「主導的な男らしさはさまざまな形をとりながら、女性のみならず若い男性の上にも君臨している」としている（Connell 1987=1993: 269）。つまり、ユウキさんは「主導的な男らしさ」の下位に積極的に自らを位置づけることで、応援団内における境界線の男子カテゴリー側への再割り当てを実現した。さらに、応援団内の男子カテゴリー側へ

の再割り当ては、同学年の男子にも影響を与えた。ユウキさんは男子制服の着用を実現したわけではなかったが、同学年の男子たちはユウキさんを境界線の男子カテゴリー側へと再割り当てをおこなったのである。

　ユウキさんの実践は以下のことを示している。まず、「ズボン登校」により「制服」という境界線の適用からは免れたが、それは男子カテゴリーへの割り当てに結びつくものではなかったということである。次に、応援団という場においては制服とは異なる境界線があったからこそ、その境界線を利用して男子カテゴリー側への割り当てを要求することが可能となったということである。最後に、ユウキさんの男子カテゴリーへの再割り当ては、第3節で述べた「変容する他者」によっておこなわれたということである。

5　おわりに

　本章では、学校文化の中の性別分化によってトランスジェンダー生徒がジェンダー葛藤を強める過程と、ジェンダー葛藤軽減の過程を分析した。その結果明らかになったことは、次の4点である。

　第1に、トランスジェンダー生徒のジェンダー葛藤は、学校の性別分化の過程で性別カテゴリー間の境界線が設定され、性別カテゴリーが構築されるとともに、AGABにしたがった性別カテゴリーに割り当てられることで強まること。第2に、性別にもとづく扱いの変更の要求はジェンダー葛藤の解決のための行為であること。第3に、ジェンダー葛藤の軽減には「『要求』発見の可能性」「『要求』実現へ向けた課題の提示」「変容する他者の存在」の3つの要素があること。第4に、制度的に設定された境界線によって構築されたAGABにしたがった性別カテゴリーへの割り当てで強められたジェンダー葛藤を、その制度を利用して異なる性別カテゴリーへの再割り当てによって軽減していたこと。

　幼稚園・保育園段階から小学校低学年段階では、学校と保護者の共同作

業としての性別分化がジェンダー葛藤を強める要因となった。それに対して、小学校高学年段階では「男女均質化の原則」(木村 1999: 27) を保ちながらも、制度的に徐々に性別分化を強める場面が出てくるようになった。また、制度だけではなく、いじめなどの生徒間の相互行為による性別分化も見られ、これらがジェンダー葛藤を強める要因となった。さらに中学校では制服に代表される制度的な性別分化がジェンダー葛藤を強める要因となった。そしてその要因は、学校によって「ありたい性別」とは異なる性別にカテゴライズされることだけでなく、人間関係の分断により「ありたい性別」とは異なる性別の人間関係の中に自らをカテゴライズしなくてはならないことにもあることが明らかになった。

このようにして強められていったジェンダー葛藤に対して「言語化」「カミングアウト」「出会い」といったさまざまな局面を経験することを通して、ジェンダー葛藤の解決の道筋として「要求」という行為を調査協力者のみなさんは見つけた。

まず、カミングアウトがそのままジェンダー葛藤の軽減につながるわけではなかった。カミングアウトがジェンダー葛藤の軽減につながるためには学校の中に「要求」を発見できる可能性が必要だった。また、「要求」の実現過程もまたジェンダー葛藤の軽減のために寄与することが明らかになった。さらに、カミングアウトや性別移行の過程を通して「変容する他者の存在」もまた、ジェンダー葛藤の軽減に寄与することも明らかになった。「変容する他者」には生徒だけでなく教員も含まれる。そして教員の変容は、学校の性別分化の枠組みを緩めたり、選択肢をつくったりすることにつながった。

さらに、性別分化は、「性別にもとづく扱いの差異」として具体化されていた。「性別にもとづく扱い」によって境界線が設定され、「差異」によって二分法的な性別カテゴリーが教室内に構築されていた。と同時に、個々の生徒に対して、AGAB にもとづいた異なる扱いをすることによって、個々の生徒をそれぞれの性別カテゴリーに割り当てていた。また、生

徒たちは、割り当てられた性別と結びついた「役割」を担うことで、その性別カテゴリーに自らを割り当てていた。このような中、調査協力者のみなさんは、AGAB にしたがった性別カテゴリーへと割り当てられるとともに、その性別カテゴリーと結びついた「ふさわしい行為」をとれない、あるいはとりたくないことで、ジェンダー葛藤を強めていた。このようにして強められたジェンダー葛藤を軽減する実践とは、「性別にもとづく扱いの差異」を変更することを通して、自認する性別カテゴリーへと再割り当てをおこなうことだった。その再割り当ては「変容する他者」と共同でおこなう行為だった。

　本章は、学校の中の性別分化の中でも校則に代表される「制度」や教員による「性別にもとづく扱いの差異」に着目して考察してきた。しかしながら、ユウキさんの実践でも明らかになったように、制度や教員による「性別にもとづく扱いの変更」の承認が、そのまま性別カテゴリーの再割り当てに結びつくわけでなく、そこには他の生徒による承認も必要だった。そこで、第 5 章では、生徒間の相互行為に着目して分析をおこなうことにする。

■注
1　氏原はカリキュラムの文脈に即して「教師－生徒間の相互作用・子ども間の関係・教師態度」を教授＝学習活動と言いかえている（氏原 2009: 23）。
2　「言語化」以前であるということ、また、調査協力者のみなさんの語りから感じられるニュアンスとして「性自認」ではなく、あえて「ありたい性」を用いている。
3　ススムさんはここでの「カミングアウト」を「要求」と同義で用いている。
4　「言語化」「カミングアウト」「出会い」「要求」については第 2 章を参照のこと。
5　「女の子になりたい男の子」が主人公のマンガ。作者は志村貴子。『コミックビーム』で 2002 年 12 月から 2013 年 8 月まで連載された。
6　第 3 章第 2 節で見たように、ツバサさんは自分が在籍していた男子校を「性別一元論」と表現し、次のように語っている。「隣に何があるかわからないんです。壁があって。それが世界のすべてです、という感じです。檻に入れられているからっていうか見えないんですよね。だからこの環境がイヤやなって思っても自分の知っている世界はその世界だけなんです。共学だったらガラス張りだから隣が見える。でも男子校やったら、うち

の場合はほんとに壁なので、隣からは声も聴こえてこないんで、まったく。この向こうに何があるのかなって想像するだけの、なんていうか、広い視野もないんですよ」。
7 中塚は、トランス女性の場合、ホルモン療法開始を希望する年齢は12歳頃、性同一性障害について説明してほしかった年齢は10歳頃としている（中塚2016）。
8 もちろん、ユウキさん以外にもトランス男性がいたという可能性もあるが、その可能性は低い。

第5章

トランスジェンダー生徒による
性別移行をめぐる日常的実践

　第4章では、トランスジェンダー生徒を学校文化の中にある性別分化によってジェンダー葛藤を抱える存在とし、「要求」を転換点とした「性別にもとづく扱いの変更」の実現がジェンダー葛藤の軽減となることを明らかにした。第4章で描いた性別移行は、校則に代表される制度や、教員によっておこなわれる「性別にもとづく扱い」が境界線となって構築された性別カテゴリーのAGABの側への割り当てを、教員に対する「性別にもとづく扱いの変更」の要求とそれに対する学校の承認のもと、性自認の側へと再割り当てすることによって達成されたものである。しかしながら、第4章でも少し述べたが、制度や教員による承認がそのまま性別移行の達成に結びつくのではなく、そこには他の生徒による承認も必要だった。なぜなら、学校における性別カテゴリーの構築や維持は、制度や教員によるものだけでなく、生徒たち自身の相互行為にも依拠しているからである（上床 2011 など）。

　では、生徒たちによる承認とはどのようなものだろうか。例えば第4章でとりあげた小学校時代のススムさんやハルトさんによる「男子らしい振る舞い」[1]と、第3章第8節で述べたアキさんによる学ランの着用とでは、まわりの生徒の反応は正反対であった。ススムさんやハルトさんの場合、まわりの生徒から「性別分化からの逸脱」とみなされ、「いじめ」や「からかい」へとつながったが、アキさんの場合「先生たちの方がなんか角立てて」いたが、「生徒たちが容認」していたという。もちろん、ススムさんやハルトさんは「言語化」前の意図しない振る舞いであり、アキさんは

「言語化」後の意図的な振る舞いであったという違い、あるいは小学校と高校という校種の違いは、まわりの生徒の許容度に影響を与えるかもしれない。しかし、ここで大切なのは、許容度の差ではなく、「逸脱とされる振る舞い」が、その人にとって「ふさわしい」とまわりが判断したかどうかということである。ススムさんやハルトさんは「ふさわしい」と判断されなかったがゆえに「いじめ」や「からかい」の対象となった。それに対し、アキさんが「容認」されたのは、アキさんが「ふさわしい」と判断されたからであろう。

　このように考えると、「逸脱とされる振る舞い」が、まわりから「逸脱」とみなされず、その人に「ふさわしい」ものと判断されるように仕向ける実践があるということになる。これを「性別移行をめぐる日常的実践」ということができるだろう。このような、学校での日常生活場面における性別移行の実践を明らかにするためには、トランスジェンダー生徒が性別にもとづく扱いを変化させるためにおこなった実践過程を分析する必要がある。そこで本章では、のちに法的に性別変更したトランスジェンダーによる学校経験の語りを通して、教室内の所属グループや他者からの性別の扱いの変化の過程を分析する。この分析を通して、学校での日常生活場面における性別移行は、トランスジェンダー生徒の実践と他者の承認の相互作用によって成立することが明らかになるだろう。

　以下、本章の構成を述べる。まず、調査協力者の条件、およびプロフィールとインタビューの概要を述べる（第1節）。続いて、調査協力者の語りを通して、調査協力者の教室内の所属グループと他者からの性別の扱いを分析する（第2節）。そして、その背景にある教室内に働く AGAB の強制力について述べる（第3節）。最後に、日常生活場面における性別移行は AGAB の強制力の影響下でおこなわれるトランスジェンダーと他者の相互作用によって成立することを明らかにする（第4節）。

1 研究の対象と方法

　教員に対する「要求」をおこない、その承認をともなって性別移行を達成した場合、「振る舞い」の変化に対する教員や生徒による承認への学校の影響が大きい。そこで、本章のインタビュー調査では、教員に「要求」せずに性別移行を達成したトランスジェンダーを対象とした。
　調査に協力してくれたのは本書の調査協力者10人のうち、上記の条件を満たすトランス女性のユイコさんである。インタビューは2014年4月と2017年3月の2回実施し、合計5時間弱おこなった。その際、同意を得てICレコーダーに録音し、のちに文書化した。インタビューの内容は、第1章に示したとおりであるが、特に2度目のインタビューでは一度目のインタビューではあまり話してもらわなかった友人関係、具体的には教室内での所属グループについて話してもらった。
　以下、ユイコさんのプロフィールと背景を示す。
　ユイコさんは1995年生まれでＰ県の出身であり、母と兄とおばの4人家族である。通っていた小学校・中学校は地元の公立学校、高校も公立学校だった。中学校には制服があったが、小学校と高校は私服だった。小学校・中学校は在日外国人や障害のある生徒が多数在籍し、人権教育が盛んだった。小学校では極力男女の区分けをしないようにしていたが、中学校はやんちゃな生徒が多く、男女の区分けを統制の手段として用いる傾向が強かった。高校はＰ県内で学力がトップクラスの進学校で、自主性を重んじる一方、伝統校であることから質実剛健な校風で、運動会では男子は上半身裸で組み体操をしていたという。
　ユイコさんは幼少期からしばしば女性のジェンダー表現をとっていたが、母もおばもそれに対して寛容だった。性別違和については、高校2年次にトランス女性を主人公とするマンガ『放浪息子』を読むことで言語化できるようになったが、それまでは「女性になりたい」という自分の気持ちに気づいていなかった。そのため、学校にはカミングアウトしていない。た

だし、高校2年次以降、ごく限られた数人の友人には「女性になりたい」という希望を伝えている。

本章で扱うのは高校時代までとするが、ユイコさんは大学入学後に大学にカミングアウトして女性らしい名前を使うことを許可されたり、日常生活でも女子トイレを使ったりするなど、女性として学生生活を送っていた。また大学以降、高校時代の友だちにもカミングアウトし、同窓会などでは女性としての扱いを受けるようになった。

本章で扱うのはユイコさんひとりの事例である。しかしながら、ある性別で扱われるということは、解剖学的特徴や書類上の性別記載に依拠するのではなく、成員間の相互作用における実践と承認のもとにおこなわれるということを、この事例を通して示すことができるだろう。

2　ユイコさんの教室内の所属グループと他者からの性別の扱い

ユイコさんは高校2年次に自らがトランスジェンダーであることを意識する前から、居心地のよさを求めて、その時々に女子／男子グループに所属すると同時に、自分に対する性別の扱いを観察していた。本節では、ユイコさんの語りを通して、ユイコさんの教室内の所属グループと所属のしかたを、学校段階ごとに分析する。

2-1　保育所時代（～1999）

ユイコさんは保育所時代の自分の性別に関する認識について、以下のように語っている。

> ユイコ：自分のことをどう思ってたかというと、自分が事実として男であるっていうのは自覚してたんです。自分の身体の性別とか、そういうのは男という状態であるんだろうなっていうのはわかってて、で、

それがわかっていながらも、その性別が絶対的なものであるっていう認識はなくって、けっこう揺れ動ける？ ま、どうとでもなれるみたいな。ま、けっこう軽く考えていたんですかね。もしかしたら。だから、母が言うには、サンタさんにおちんちんがなくなるお願いをしたりとか、ま、そういったエピソードはけっこう母から聞いたりして。

このように、ユイコさんは自分の性別が男子である自覚はあったが、一方、それはどうとでもなれると考えていた。そのようなユイコさんの保育所時代の遊びは女の子の遊びだったという。

ユイコ：遊びとかは、もう女の子の遊びっていうんですかねぇ。だから、ままごととかごっこ遊びとか、まぁステレオタイプですけど、そういうので遊んでたんですけど。
　（中略）
―――　で、その、おままごとの時の役割は？
ユイコ：役割は、どうやったかなぁ。あたしはけっこう娘タイプでしたね。
―――　娘タイプ？
ユイコ：そうそうそう。娘タイプで、けっこうわがままに言うみたいな。「あれ、買ってー」みたいな。
―――　あ、はぁはぁはぁ。
ユイコ：ママとかじゃ、けっこうなかったです。
―――　ふーん。もちろんパパでもなかった。
ユイコ：そうですね。
―――　パパさんはいたの？
―――　パパさんは、あの、女の子だけだったんで、やる子が。いなかった気、する。

ユイコさんは女の子の遊びであるままごと遊びをし、そこでは男性の役割であるパパ役ではなく、「わがままに言う」娘タイプを担っていたという。

　梅本恵は幼稚園における遊びの場面の参与観察をおこない、子どもたちが相互作用を通した性同一性の形成過程の中でも、特に境界域の実態を分析した。その結果、遊びにおいて女子が男性役割を担う事例だけでなく、例えばままごとにおいて男子が母親役を演じる事例も観察された。また、これらの性役割からの逸脱行動に対して、子ども同士の批判や制裁がほとんど観察されなかったとしているとし（梅本 2017）、第1章で示した藤田とは異なる結果を出している。ユイコさんの場合も梅本のような事例と考えられる。ユイコさんの語りの中にもそのことが示されている。

　　──　それ［ユイコさんが娘タイプを担うこと］は不思議に思わなかったのかなぁ。
　ユイコ：もう、その時は、ほんとに、まわりの誰も、ほんまになんも言わんくて。もう、むしろ「来い！」みたいな。「ままごとするから来い」くらいの勢いで誘われていて。
　　──　で、その娘役は、自分で買って出るとかじゃなくて、自然に入ってた？
　ユイコ：もう、自然に。あ、まぁ買って出た時もありますし。そうですね。まぁ自然に。まぁその時のメンバーでけっこう気の強い女の子がいたんで、その子が母親やりたがったんで。ま、ちょっと空気読んだとこもあるんですかね。
　　──　え？　空気読むってどんな感じ？
　ユイコ：ま、その子が母親やりたがるから、あー、じゃあ私は妹役でいいわとか、娘役でいいわとか。

　ままごとに参加していたメンバーは女の子だけだったという。ユイコさ

んは「ままごととかごっこ遊び」を「ステレオタイプですけど」としているが、それは実際に「ままごととかごっこ遊び」に参加することを通して、子どもたちが女子カテゴリーをつくっていたからである。そしてユイコさんはそこに「ままごとするから来い」と誘われたと語っている。さらにそれは決してパパ役、すなわち男役を求められたわけではなかった。そうであるがゆえに、母親役は譲りながらも娘役を買って出ることが可能だった。

ユイコさんは、このような就学前の記憶を「ひとことであらわすなら、はじめてとまどいを感じた時期」と語っている。それは「自分が事実として男であるっていうのは自覚してた」にもかかわらず、女子カテゴリーの中に「自然に」存在していたからである。

この背景には、0歳児の段階から同じ託児所に預けられたメンバーが持ち上がりで上がった保育所であること、また「トイレも一緒やったし。お泊まり保育みたいな時もお風呂も一緒やったし。プールもみんな一緒、裸」というように、男女の区分けがほとんどなかったことが要因としてあげられよう。

2-2 小学校低学年時代（2000～2002）

ユイコさんが通っていた小学校は1学年20人程度の小規模校で、人間関係は保育所とほぼ同じだった。当時のユイコさんは、女子としての振る舞いをしばしばおこなっていたという。

> ユイコ：そうですね。実際に自分がやってた行動とかっていうと、放課後学級みたいなのがあるんですけど、そこでセーラームーンのコスプレしたりとか。それも大人がさせてくれたんです。「したい」言うたら。たぶん、変な子やと思ってたんやろうと思うんですけど。けっこうまわりも「やれ！　やれ！」みたいな雰囲気やったんですよ。で、親も「やれ！　やれ！」みたいな雰囲気で。

三橋は「1989年～1995年という時期は、テレビ番組や雑誌記事を通じて、性転換女性やそれに準じる性別越境者（トランスジェンダー）が、Mr.レディあるいはニューハーフという形で社会の中に存在することが、徐々にではあるが、認められつつあった時代だったように思う」（三橋2006: 463）としている。ユイコさんが小学校に入学したのは2000年であり、当時は、例えば雑誌において、性同一性障害についての記事以上に女装やニューハーフなどを扱った記事が見られる（戦後日本〈トランスジェンダー〉社会史研究会 2001）。このような社会状況の下、ユイコさんの「女子としての振る舞い」は親も含めたまわりの大人たちから「やれ！　やれ！」というふうに受容的、あるいは興味を持って受けとめられた。

　小学校低学年時代は、例えば着替えが保育所と変わらず男女混合であるなど、男女の区分けがなかった。さらに人数が少ないこともあって、男女の仲はよかった。

> ユイコ：けっこう、なんていうか、女の子と仲いいですけど、男の子とも仲悪かったわけじゃなくて、ぜんぜん気軽に接してたんで。かけっことかももちろんしましたし、けっこう男女が入り乱れて遊ぶみたいな機会も多くて、仲良しだったですね。いうて。ま、1クラスやったからっていうのもあると思うんですけど。10何人とか20数名とかで。

　一方、クラスの中のグループとしては保育所時代と変わらず女子グループにいた。

> ユイコ：自分らしくっていうんですかねぇ。そういうふうに過ごしてて、保育所の延長で。まぁ女の子に近いポジションでいて。ごっこ遊びも、そんな延長なんです。友だちも女の子ばっかで、けっこうその時、女の子のコミュニティみたいな感じを経験したんですね。なん

か、放課後朝礼台の下で集まって、だれだれちゃんの悪口言ったりとか。だから、女の子のコミュニティっていうのを小1くらいで経験して、自分もそこにすごくいやすさっていうか、感じてて。そうですね。「だれ、はみご[2]する？」とか言って。けっこういじわる系やったかもしれないですが。

（中略）

―― 男の子は男の子で遊んでたんや。

ユイコ：そうなんです、そうなんです。「男子、誰がいいの？」ってことも。ま、みんなわかってないんですけど、まねごとで。

　ユイコさんは、放課後の朝礼台の下という他から隔離された空間で悪口やはみごの相談をおこなっていたと語っている。はみごされる者をつくる行為は、はみごする側にいる者を同一カテゴリー化することを意味する。また「男子、誰がいいの？」という話題は、男子を異性愛の対象としてみていることを意味する。そして、そのような秘密を共有するということは、そのカテゴリーは男子がいないことが前提となる。さらに「男の子は男の子で遊んでたんや」という私の問いかけに対して、ユイコさんは「そうなんです」と答えている。これらのことから、ユイコさんは「女の子のコミュニティ」のメンバーとして、他の女子から承認されていたことがわかる。
　ふだん仲のいいクラスが男女に2分される場面があった。それは、ケンカの場面だった。

ユイコ：なんか、クラスに別に男女があったわけじゃないんですけど。なんやろう。ないからこそ、けっこうみんなでつくろうとしてたんですかねぇ、もしかしたら。逆張りというの。だから、なんかケンカがあったら、ふだんはぜんぜん関係なく遊んでるくせに、なんか、ケンカあったら「男のくせに」みたいな。そんな感じはありましたね。その時私はしれっと女子側に入って「サイテー」とかやって。でも、

その時は誰もつっこまなかったですね。誰も「お前、なんでそこやねん」みたいなことを言う子はあんまりいなかったです。

先に述べた女子グループの「男子、誰がいいの？」が示すように、女子たちは男子を異性愛の対象とするとともに異なる存在として認識していた。そのため、ふだんは関係なく遊んでいるにもかかわらず、男女の違いを「みんなでつくろうとして」いたという。それをユイコさんは「逆張り」と表現している。ケンカという場面はその最適の場所であった。だからこそ、子どもたちは自らの意志で男女にわかれた。このような中、ユイコさんは「しれっと女子側に入って」おり、「誰もつっこまなかった」とあるように、そのことを女子だけでなく男子も承認していた。このようにして、小学校低学年時代のユイコさんは、教室の中で女子としての位置を確保していた。

2-3　小学校高学年時代（2003～2005）

小学校低学年まではほとんど男女の区分けをしなかった小学校だが、4年生になると男女の区分けがおこなわれるようになったという。

> ユイコ：4年生の頃になった時に、やっぱ、学校とかで男女の区分けっていうのができてくるんですよ。ちょっとずつ。体育の、まず。体育は一緒でしたけど、着替えが別になりましたかね、たぶん。プールももちろん着替え、別になりましたし、なんかそんなんで、徐々に男女の違いみたいなのが出てきて、クラスもだからやっぱ異性っていうのを意識しだすんです、その頃になってきたら。もう。小4の子どもが「なに言うか」っていう話なんですけど、「カレシ」とか言い出す子も出てきてね。「カレシ」「カノジョ」言い出す子も出てきて、「誰々がキスした」とか。そういう雰囲気っていうのはクラスにあったんで。

ユイコさんは、着替えが別になるとともに「男女の違いみたいなのが出てきて」とし、さらに、「異性っていうのを意識しだす」としている。それでもユイコさんは引き続き女子グループに所属していた。

> ユイコ：サロンの女の子の関心事もやっぱり恋愛の話なんで。おのずと話なんて恋愛の話になって、ここで私にも好きな女子が登場するんですよね、でもそれはサロンに話題として一緒に入りこむために。しかも私、自分のことを女やと思ってないんで。そしたら、好きな女の子っていう存在をつくることでけっこうまわりともはずんで。「きゃー」とか言って、「私の好きな人を教えたろか。なになにちゃん」って言って「きゃー」って言って。それでだからまわりとけっこうなじめた、それをきっかけに。ま、きっかけにっていうか、今まで通り。

　異性愛社会において「好きな女子」が存在することは、同時にそれを語る者は男子であることを意味する。ユイコさん自身が当時の自分を「女やと思ってない」と語っているように、小学校高学年時代のユイコさんは男子として女子グループに所属していた。それが可能だったのは、女子グループの所属要件が性別ではなく「好きな人のことを話す」だったからである。
　一方、5・6年生になると「男子からの風あたりがこの頃から異様に強くなり」はじめる。

> ユイコ：自分の性別に関しても、ちょっと自分、おかしいなっていう。ま、前々からちょっと自分変わってるっていうのはもちろんわかってたんですけど。それを、なんていうか、ちょっと否定的な感情で、自分おかしいなっていうのを思いだしてきた時で、ちょっと自虐的な感じで。ちょっと、自分でおかしい、変なんじゃないか、なんか悪いんじゃないかみたいな気持ちが芽生えだして。まわりの男子と明

らかに違うことしている自分がちょっと恥ずかしいって、そんな感覚ばっか入ってきて。持ちものとか全部かわいいものやったんですけど、それ、言われるにつれ、やっぱね。「そんなん持って、いぇー」言われたら、今までの私やったら、低学年やったら「なに？」「なに男子みたいな」「やめて！」みたいな感じやったんやと思うんですけど、その時からは、私「あ…」みたいな。

―― 隠しちゃう？

ユイコ：そう、隠しちゃったりとか。目立つようなものを持たなくなったりとか。そういうふうに私も変わってきてですね。

　男子からの「風あたり」は、ユイコさんの「逸脱」に対する指摘、すなわち否定的なサンクションに他ならない。

　実は、ユイコさんは低学年時代にも「ほんまにオカマやな」などとは言われていたが、そのことをそれほどイヤとは考えず「せやなー」と軽く返していたという。しかし、5・6年生における「からかい」は、ユイコさんに対して「変わってる」「おかしい」「変」「悪い」といった感情を芽生えさせた。このようなユイコさんの受けとり方の変化は「指摘」の強さの変化と言うことができよう。その強さの変化の背景にあるのは「着替える場所を別にすること」「男女の違いが顕在化すること」「異性を意識すること」といった形で性別の区分けが強まってきたからに他ならない。

　ユイコさんはこの「指摘」によって「まわりの男子と明らかに違うことをしている」ことを「恥ずかしい」と感じるようになり、そこから「男子とのかかわりっていうのを気にするようになった」という。また「持ちものに関しても、親が買ってくるからとか、自分が持ちたいから持ってるっていうのを言わなくなったり」するようになったという。

　では、ユイコさんをメンバーとして迎え入れていた女子たちは、いじめに直面したユイコさんに対してどのような態度をとったのだろうか。

―― 例えば、友だちの女の子らは守ってくれたりとかしたん？
ユイコ：守って、どうやろなぁ。言われてる時にか。あの、慰めてはくれるけど、やっぱやり返したりとかっていうのはしてくれなくて。っていうのは何でかって言ったら、からかってくるような男の子って、やっぱそのちょっとクラスで目立ってるような男の子なんですけど。やっぱ女の子からしても、別に敵対したくないんですよ、クラスで目立ってる男の子。できれば、もうちょっと意識する異性として。ちょっと、その子好きっていう友だちまでいたりして。けっこうそういう目立ってる男子っていうのに対して、女の子っていうのは、なんなんやろ。あわよくば「仲ようなりたいし」みたいな。だから、敵にまわすみたいなことはなくて。まぁなんかからかわれてて、まぁひどい時には叩かれたりとかしてたら、なんかまぁ「後でおいで」みたいな感じはありました。でも、別に私のために、みんなで守ろうみたいなのはもちろんなく、私もなんか「守って」とかはなかったし。見て見ぬ振り。

　小学校低学年では男女でケンカをしていたにもかかわらず、高学年ではケンカにはならなかった。女子たちはいじめに直面したユイコさんを、あとで慰めてはくれたが、その場では守らず、見て見ぬ振りをしていたという。その理由をユイコさんは「意識する異性」としている。そのことを理解したユイコさんは「守って」とはあえて言わなかったとしている。しかし、女子がユイコさんを守れなかったのはそれだけではない。

ユイコ：女の子いうても、トイレの前ではやっぱ別れるわけで。トイレの中とかも男の世界なんで。やっぱもうトイレ入ってたら、もう上から覗かれるとかも、ドア蹴られるとかもあったし。やっぱ女の子と友だちになってたからって守れないんですよ、それだけじゃ自分を。それだけじゃない世界がやっぱり出てくるんで。

トイレのように男女で空間がわかれる場合、そこに友だちである女子は入れない。ユイコさんはトイレという「男の世界」で自分自身をひとりで守らなければならなかったという。ユイコさんにとってのもうひとつの「男の世界」は更衣室だった。

> ユイコ：やっぱ、更衣室の中の男子の空間とかあるじゃないですか。ああいう時に困るんですよ。やっぱ、私みたいな女子側にいる人間は。
> ―― どんな感じやったん？その更衣室の中の男子って。
> ユイコ：なんか、なんやろ。私、その当時から「なにがおもしろいの、こいつら」って思ってたんですけど。例えば近藤先生がいたら、その先生に「コンドーム」ってあだ名つけて、みんなでなんか「コンドームぅ」みたいな歌、歌いだしたりとか。なんかそのみんなで共有してる、笑いとかギャグとか、そういう男子の文脈みたいなものに、全然ほんとになじめなくて。

　更衣室という女子と隔絶された空間において性をギャグにするという秘密を共有する男子の姿は、ふだん「女の子のサロン」で過ごしているユイコさんにとってなじみのないものであった。ユイコさんにとって、そのような男子の姿は「なにがおもしろいの、こいつら」というものだった。
　当時はすでに性同一性障害の概念が人口に膾炙していた頃である。人権教育に熱心だったユイコさんの学校の教員はユイコさんのことを性同一性障害ととらえ、更衣室を別室にすることを提案した。しかしながら、ユイコさんは「男の子と一緒のところに入れられるよりも、なんかちょっとちゃうって言われる方がイヤ」と、この配慮を拒否した。当時ユイコさんは自分のことを男と考えていたのに対し、この配慮は、学校がユイコさんを「男ではない」性とみなすことだったのである。
　ここに見られるように、小学校高学年のユイコさんが直面したのは学校が制度的に男女を区分けするとともに、子どもたち自身が異性愛規範にも

とづいてつくる性別カテゴリーとユイコさん自身のありようのミスマッチだった。そのミスマッチは、中学校でのユイコさんの振る舞いに影響を与えることとなる。

2-4　中学校時代（2006〜2008）

　ユイコさんが通っていた中学校には、制服をはじめ、あらゆる面で男女の区分けがあった。とりわけそれは体育の授業において顕著だった。

　　―――　［男女の］区分けみたいなんて、あった？
　　ユイコ：ありますね、あります。
　　―――　うんうん、どんな感じ？
　　ユイコ：いっちゃん思ったんは、体育かな。体育はもちろん男女で別れてて。しかもけっこううちの中学の体育めっちゃ厳しくて。ほんとになんか「小軍隊かなんかか」みたいな。ほんとにそんな体育やったんで。その時女子がなにやってるかも知らんし。で、もちろん更衣室も違うし。そんなかでどんどん「男子」っていう意識みたいなんが。

　更衣室や体育において男女の区分けがあっただけでなく、生徒たち自身も積極的に男女の区分けを担っていた。

　　ユイコ：ほんとにだからほんまに、「男にならなやばいな」っていう感じはありました、体育で。
　　―――　うーん。それは、教員の側からっていう？
　　ユイコ：そうなんです。
　　―――　だけ？子どもたちの中からもそれは出て？
　　ユイコ：子どもたちも。みんなねぇなんか、チン毛が生えたとか脇毛生えたとか。腹筋がどうとかも、中1の段階で。やっぱ男の身体みたいなんを求めだして、自分に。ホモソーシャルって言うんですかね。な

んか男としての。「筋肉が出てないと男じゃねぇぜ」みたいな、そういう雰囲気っていうのがむっちゃあって。だから、そこらへん、生徒からも、やっぱ。学校が「男」って言うけど、それに馴染めないと、「それを受け入られるくらいの自分でないと、男じゃねぇぜ」みたいな。けっこう肯定的やった感じかもしれないです、そのジェンダーっていうのに。

―――― 生徒たちもね。

ユイコ：生徒たちも。けっこう。だからね、男の通過儀礼じゃないけど、そんなんありましたよ。なんかもう「チン毛はえな男じゃない」とか、肩パン[3]とかででもです、やっぱ。「肩パンに応じないと男じゃない」とか「好きな女子いないと男じゃない」とか、そういうのがむっちゃありました。

　ユイコさんが通っていた中学校はやんちゃな学校だったという。知念渉は〈ヤンチャな子ら〉が多数在籍している高校での参与観察を通して、〈ヤンチャな子ら〉は、対となる〈インキャラ〉[4]という解釈枠組みを用いて、自らの集団と他の生徒の間に境界を構築しているとした。その際、男子に対して〈インキャラ〉を使用する時は攻撃性という原理を、女子に対しては異性愛という原理を用いることで、自らの集団に男性性を組み込んでいるとした（知念 2017）。ユイコさんの中学校においても、男子たちは身体[5]の男らしさだけでなく「肩パン」という攻撃性や「好きな女子いないと男じゃない」という異性愛規範を用いて男らしさを競いあっていた。しかし中学校時代は、ユイコさんにとってセクシュアリティの面で見れば暗黒であったが、友だち関係においては一番平和だったという。それは「男に属して」しまう努力をしたからである。

―――― で、それ［男らしくあること］に応えていった？

ユイコ：いきました、いきました、いきました。むっちゃ応えました。中2

の時にむっちゃ応えて。自分も、でも応えてるっていう意識がなく
　　　て、自分が自らそうしてると思ってやってて。イヤイヤじゃなくて。
　　　だから私も自分から、彼女がほしいなってほんまに思って。それと
　　　か筋トレとかしたりもしましたし、日焼けとか、腰でズボン履いた
　　　りとか。なんかその時、腰でズボン履かな男じゃなかったんですよ。
　　　とかね、「［学ランの］２つ目［のボタン］まで開けな男じゃない」
　　　とかね、あったんで。もうそれは能動的に求めていって。私、今思
　　　うんですよ、その時の自分の状態、なんかFTMみたいやなって思
　　　って。
　──　オラつく？
　ユイコ：ちょっとオラつくみたいな。あるじゃない、過剰にオラつくみたい
　　　な。その時、たぶん私ちょっと過剰にオラついててましたね。

　このように中学校時代のユイコさんは男子の一員になろうとしていた。これをユイコさんは「オス活」と呼んでいる。ただし、このオス活はいじめを避けるというより「男として生きられるなら、それに越したことがない」からであった。
　このようなユイコさんは、他者との人間関係をどのように持っていただろうか。友人関係については、小学校時代の女子の友だちは離れていった。

　ユイコ：小学校の時に仲よくしてた女の子友たちがほとんどもう離れて。
　──　同じ中学校に行った？
　ユイコ：行ったけども、離れていってて。なんでかって言ったら、最初は仲
　　　よかったんです。でも、あだ名とか。例えば椿ちゃんとかやったら
　　　「つーちゃむ」とかいうんですけど。中学校入って、他の子らとか
　　　もやっぱ「みんな、仲ようしなきゃ」みたいな感じで友だちづくり
　　　するじゃないですか。その時に、私が学ラン着てですよ、でもなん
　　　かオカマっぽい感じで「つーちゃむぅ」とか言ってきたらバツ悪

んですよ、やっぱ。で、みんなもそれ、かなり敏感な時期なんですよ。やっぱ、中学の最初とか特に。ある子とかやったら、今までしたことないのに「君」づけされたりとかして。でも、私も、なんで「君」づけするのって思わなくて。「あ、そや。なんか、私が話しかけたら、ちょっと友だちづくりジャマしちゃうな」って思って、自分から引いていきました。

ユイコさんは中学校に入って、小学校時代の友だちから「今までしたことないのに『君』づけされ」たという。ユイコさんが入学した中学校には3つの小学校から生徒たちが集まっており、ユイコさんの出身小学校はその中でもっとも人数が少なかった。したがって、小学校時代のユイコさんが女子グループにいたことを知る者は少ない。小学校時代の友だちは学ランを着ているユイコさんに対して、これまでとは異なる人間関係にするために「君」づけをした。一方、ユイコさんも小学校時代の友だちが新たな友だちづくりをするためには「学ラン着てですよ、でもなんかオカマっぽい感じ」の自分の存在がジャマであると考えて、「自分から引いて」いった。

しかしながら、新しくできた友だちはやはり女子ばかりで、ユイコさんは女子グループにとどまり続けた。ただし、小学校時代とは異なる所属のしかたで「カレシとの恋愛相談」に男側から意見を言う役割や、帰り道に「カバン持ってよ、男子」と言われるなど「男役」を担っていた。したがって、女子グループに所属していても、男子としての振る舞いをしなくてはならなかった。そのひとつが呼称だった。

> ユイコ：中学入ったら、小学校の時に自分のこと、自分の名前で呼んでた男子も呼ばなくなってきて。オレとか言いだすようになってきて。私もう「どうしよう」って思って。「あとあの子だけやん、自分のこと自分の名前で呼んでんの」って。自分も早くオレて言わなって。そ

れまでは、自分の名前で呼んでたんです、私。でもそれ「男的には変やから、早く私もオレって言えるようにならんといかん」って。もう、むっちゃがんばって。ほんまにどうしてもオレ、言えなくて。もう「おおオレて」みたいな。
―――― 女の子らは自分のこと名前で呼んだままなん？
ユイコ：もうもう、もちろん、もちろん。だから女の子ずるいと思ってましたもん。「なんでおまえ、いいんや」みたいな。なんかあったらすぐ「男がやって」とか「男子がやって」とか言うて。ほんっまに「あいつらなんやねん」て思って。
―――― で、その時は、どうしてたん？　その「男やって」とか言われた時は。
ユイコ：やります、やります、やります。
―――― やんの。
ユイコ：やります。

　自分を名前で呼ぶことが許されている女子に対して、ユイコさんは「女の子ずるいと思ってましたもん。なんかあったらすぐ、『男子がやって』とか言うて、ほんまにあいつらなんやねんて思って」いたという。オス活をしているユイコさんにとって、同じグループの女子は自らに男であることをつきつける存在でもあったのである。
　ユイコさんはこのような所属のしかたを、小学校時代と比較して次のように語っている。

ユイコ：[小学校時代は] 別にそこまで男女っていうのがない中の男・女の中の男やったんですけど、中学からは、もう、きっちり、男と女の中での女の中の男ていうか。たぶん、まわりからみた光景は一緒なんでしょうけど、たぶん意味あいは全然違うんですね。
―――― 決定的にわかったのは、やっぱ制服？
ユイコ：もうやっぱ、制服含む学校生活全般やと思いますね。やっぱ、男女

でとにかく違うんで。やっぱ一緒におるだけで言われますしね。「つきあってんじゃないか」とか。

　ユイコさんは女子グループにおける自らの位置づけを「女の中の男」としながら、小学校時代と中学校時代の位置づけの違いがあるとし、その原因を学校生活全般における制度的な男女の区分けにあるとした。さらに、女子の友だちと一緒にいるだけで「つきあってんじゃないか」などと言われたという。つまり男女の区分けは、制度だけでなく、生徒自身が異性愛規範にしたがってつくりだしていたことが、このことからわかる。
　また、ユイコさん自身も、女子グループとの間に距離を感じていたという。

　　──　女の子のグループってどんな感じやったん？
　　ユイコ：うーん。あの、大事なとこは寄してくれへんって思ってました。だから、仲ようしゃべってるし、給食の時とか、みんな女の子グループで仲ようしゃべるけど、ほんとに大事なとこなったら内緒にされるし。例えばトイレとか、次体育とかなったら、もうバイバイやし。けっこうだから、肝心なとこで仲間はずれにされるっていう気はあったんで。こっちもだからそんなに信用するじゃないけども、なかったし。違うものやって思ってましたし。やっぱ男と女っていう意識がそうあったんで。だからもう、その時既に、やっぱ女のグループは自分とは全然ちゃうとこにあるものやなっていうの思ってました。私がアクセスしきれへんっていうか、そういう空間なんやなっていうか。

　実際に「大事なとこになったら内緒にされる」「肝心なところで仲間はずれにされる」ということがあったかどうかはわからない。しかしながら、「トイレとか、次体育とかなったらもうバイバイ」であるため、トイレや

体育の場で話されている内容は、ユイコさんとは共有されない。さらに、先に述べたように男子トイレにおけるユイコさんの経験もまた、女子の友だちとは共有できない。このように、更衣室やトイレ、あるいは体育の授業といった「場」をわけられることで、ユイコさんにとって女子グループは「アクセスしきれない」「全然ちゃうとこにある」ところとなっていた。

このような中学時代だったが、3年生になりユイコさんはダンスをはじめ、「かわいいって言われた方がうれしいかもしれへんな」と思い、それをきっかけにオス活がしぼんでいったという。さらに受験が近づくとともに、まわりも「ゆるやかに」なったという。そしてユイコさんの人間関係やグループに変化がおこる。

> ユイコ：中3の頃、ある女の子ふたりとすごい仲よくなって、放課後も一緒にいるし、帰ってからも、まぁ誰かの家に集まって一緒に勉強するみたいな。その子たちは、私を男扱いあんましなくて。「ちょっと男子」みたいなのもなくて。「男子持ってよ」みたいなんもないし。だからすごくいやすくて、なんかすごい、むっちゃ自然体にいれるふたりで。
>
> ── うーん、なんでやろね。
>
> ユイコ：たぶん小学校から一緒やったからじゃないですかね。だから、たぶん私がひとり相撲してるようなところが強かったんやと思うんですよ。オス活の方ですけど。で、その親友っていったら、小学校の時もそこそこ仲よかったもんがあるんで、ふたりとも。「中1の時引いていった」って言ったじゃないですか。そういうのも含め、私が勝手にちょっと男女の壁、私もつくってたんじゃないかなって思うんです。

ユイコさんは小学校時代に仲がよかった女子の友だちふたりと再び友だちになった。その友だちはそれまでの女子グループの女子たちとは異なり、

ユイコさんのことを男扱いしなかったという。ユイコさんはそれまでの自分に対する男扱いの原因を「たぶん私がひとり相撲してるようなとこが強かったんやと思うんですよ」「私が勝手にちょっと男女の壁、私もつくってたんじゃないかなって思うんです」としている。

その友人ふたりとの話題は、それまでの女子グループとは違った。

  ユイコ：なんか、恋愛の話とか、少なくなりました。恋愛の話、ほとんどなくて、日々の笑い話。「何組の何々がああして」「わはは」みたいな。それまでは、やっぱ話すことっていったら恋愛の相談ばっか。もう、恋愛ごとばっか、男女の話ばっか。「何組の誰々がつきあって」とか、「何々くん好きやねんけど、どう思う」とか。そんな話ばっか。もうまわりもそんな話ばっか。
  ――だから、女子グループのなかの男役として、そういうような相談を受けてたわけやね。
  ユイコ：受けてた。でも中3の時の女の親友ふたりの中の私は、女子の中の男子でもなくて、ほんとに人として性格でつきあってくれてる感じがして。だからそうですね、普通におもしろい話をいつもしてました。そんな男女じゃなくて。「芸人がどうや」「漫画がどうや」いうて。「一緒に漫画描こか」とかいって。

それまでの女子グループでの話題は恋愛ごとばかりだったという。ユイコさんは、そのような恋愛ごとの相談を男として受ける役割を担っていた。つまり、女子グループの友だちは、女子である自分にはわからない男子の気持ちをユイコさんは理解できると考え、ユイコさんを恋愛における相談相手として参加を許していた。これは同時に、女子である自分たちの気持ちは男子であるユイコさんとは共有できないと考えていることを示している。

——　もしかしたら大事な話をしてくれなかったって言ってたやんか、さっき。その大事な話が、そこやったっていうわけではない？
ユイコ：あーなるほど。それはあるかもしれないですね。なんかね、中２までの女友だちは、本音っていうのを話してくれなかったんですよ。だから、「ほんまはこう思ってんねん」みたいなこととか。あくまで男子としての壁があるんで、女子同士でやるような、女の子の友だちでやるような本音の話、「ほんまはあの子のこと私はああ思ってて」とか、「ほんま、こういうことがあって」とかいう話を話してくれなくて。でも、その中３の時の友だちは、けっこう。本音の話、そんなたいそうなことじゃないんです。でも本心みたいな話をするようになって。結局「誰々が好き」とか、「誰々と誰々がつきあった」とかって、たいした話じゃないんですよね、ほんまに。

　私の「大事な話をしてくれなかったって言ってたやんか」という問いかけに対して、ユイコさんは中学３年生の時の女子の友だちとの「本音の話」と比較して、それまでの恋愛にまつわる話は「たいした話じゃない」とした。
　このふたりの友人との出会い以降、ユイコさんのグループの所属のしかたが変化する。

ユイコ：修学旅行のグループわけは、男子部屋やったんですけど、まあおとなしい系の男子見繕って部屋割りして。部屋にいる時以外は、女の子の友だちの部屋におじゃますみたいなもあったし。それこそ中３のその親友ふたりができた時期やったら、卒業遠足のユニバとかに行った時も、今考えたらようやるなって思うんですけど、親友ふたり含めた女の子のグループに入れてもらって。男の子はやっぱ男の子でまわるんで、みんな。私だけ女のグループで、一緒に入れてもらって。

第５章　トランスジェンダー生徒による性別移行をめぐる日常的実践　　255

―― え？　制服はちゃんと詰め襟のまんまで？
ユイコ：でも卒業遠足は私服でした。
　―― あーそうかそうか、うんうん。
ユイコ：ユニセックスの服でした、その時は。服もかわいいとか言われたんで。

　修学旅行では公的な部屋割りは男子部屋だったが、そこにいなければならない時以外は女子の部屋に「おじゃま」していたという。杉田真衣は、集団活動での人間関係の構築の指導における課題を、修学旅行におけるマイノリティ生徒の部屋割りの処遇を題材に論じた。修学旅行を題材としたのは「宿泊は、通常の学校生活ではあり得ない、互いに私的な領域が見えやすい局面だからこそ、親密さが増し、人間関係が深まるきっかけとなり得る」（杉田 2017: 8）からであり、部屋はその中でももっとも「私的な領域が見えやすい」場所であるとした。ユイコさんがそのような私的な領域である女子の部屋に「おじゃま」できたのは、ユイコさんの振る舞いの変化を女子が受容したからだと考えられる。さらに、卒業遠足では女子グループと一緒に行動していたという。その際、ユニセックスの服を着ており「かわいい」と言われたという。このように、ユイコさんの女子グループへの所属のしかたの変化は、「振る舞い」の変化へとつながった。
　このようなユイコさんだったが、小学校の時のようにいじめを受けたわけではなかったという。

ユイコ：けっこう標的にされへんようにしようっていうので。頭も一番よかったし、運動神経もけっこうよかったんですけど。だから、けっこう認められてたみたいなとこもあって。ただ単に、「オカマ」「気持ち悪いヤツ」「できそこない」とか、そういうような下に見るような目では絶対なかったとは思います。むしろ運動もちょっとできるし、女友だちともけっこう口が利くとか、顔が広くて。勉強もトップな

んで先生からもすごい信頼厚かったですし。普通の男の子からしたら、たぶん私の方がちょっと存在的にはあれやったんで、簡単に私のことバカにはできなかったと思うんですね。

ユイコさんはこのように、勉強や運動といった「公的なヒエラルキー」のトップに立つことで、いじめの標的になることを回避していた。また、男子に対しては「女友だちともけっこう口が利く」という形で、異性愛規範のヒエラルキーの上部に位置した。さらにそれだけではなかった。

> ユイコ：けっこうだから、クラスのそのヒエラルキーが高そうな男子たちからも認められてて。「○○[6]、勉強教えてや」みたいな。
> ——　ヒエラルキーが高いっちゅうのは、やんちゃのヒエラルキーやな。
> ユイコ：発言力が高いみたいな、クラスの中で。にも認められてた存在で。やっぱ「いいでー」みたいな「勉強いいでー」みたいな。「先生、教え方、へたやんなぁ」とか言うて。

第1節でも述べたように、ユイコさんの中学校にはやんちゃな子が多かった。そのような「非公的なヒエラルキー」の高い子に勉強を教えることで一目置かれ、教室における総合的なヒエラルキーの上位に位置づいたのである。

また女子との関係も位置固めをしたという。

> ——　じゃ、女子に対してはどうやった。
> ユイコ：女子に対しても、やっぱ「話がちゃんとわかってもらえる○○くん」みたいな。「すごい」みたいな。まぁ勉強も教えてくれるし、恋愛話してもちゃんと話聞いて返してくれるし。で、まぁクラス委員とかやってたりしたんで、なんか争いごととかもなんか、すごい親身になってくれるしみたいな。そういう、存在であろうっていうふ

うに思ってました、女子に対しても。自分の位置固めっていうんですかね、地位固めを。

　ユイコさんは、このように、男子に対しては「敵にまわしたらあかん」存在として、女子に対しては「頼れる存在」として、クラスの中に自分の位置をつくることで、いじめの標的から逃れたという。

2-5　高校時代（2009～2011）

　ユイコさんが入学したのは学力が県内トップクラスの高校だった。ユイコさんの中学校から進学したのはユイコさんひとりで、新しい人間関係の中で高校生活をはじめた。高校入学時「友だちづくりのスタートダッシュ」によって、友だちづくりに出遅れたユイコさんは、はじめて男子のみのグループに入ったという。

> ユイコ：女の子も警戒してるって言うか、中学の時の女友だちは、まだ男子と友だちになるっていう思想はあったんですけど、高校の女友だちなんか、男子と友だちになるっていう思想あんま持ってくれなくて、女子は女子で固まって、男子は男子で固まって。みんなすごいちょっと「あ」みたいな。お互い男女ともに「あ」みたいな、「ちょっと」みたいな。
>
> ──　ちょっと離れてる？
>
> ユイコ：ちょっと離れてる。
>
> ──　うん、遠慮してる感じ？
>
> ユイコ：そう遠慮してるんです。
>
> ──　うんうんうん。
>
> ユイコ：あ、そうそうそう、めっちゃ遠慮してる感じで。だから、女友だちできなくて、ビジネスライクな男の子友だちばっかつくって。

中学時代のユイコさんは女子グループに所属していたため、女子の中で男子と友だちになる生徒を探そうとしていた。しかし、高校では男子と友だちになる女友だちがいなかったという。ユイコさんは男子であるため、男子のみのグループに入らざるを得なかった。

　　── どんな話してたん？　男の子とは。
　　ユイコ：テストの点とかです。なんか、そういう話多かったんです、勉強の話とか。あとは、サークルの話とか、サークルてゆうかクラブの話とか。恋愛の話は全っ然。なんか、クラス自体に、恋愛の雰囲気なくて。ま、陰でコソコソつきあったりとかはしてた子はいるらしいんですけど、もうほんとに恋愛より勉強みたいな感じだったんで。ギャップにびっくりして。

　先にも述べたとおり、ユイコさんが入学したのは県内トップクラスの進学校であり、ユイコさんが在籍していた「やんちゃ」な中学校とは雰囲気がまったく違った。男子グループでの話題は、主としてテストの点や勉強の話、クラブの話という、ごくありふれたものだった。中学校までの話題が主に恋愛関連だったユイコさんにとって、これらの話題は経験したことがないものだった。たまにアニメの話も出てきたが、それらは男性向けのアニメで、話題も「オレの妹がほにゃららなわけがない」「妹がほしい」といった話題であった。ユイコさんは文芸部に所属しており、自分に腐女子[7]的な傾向があることを感じはじめていた。そのため、クラスでの話題にはほとんどついていけなかった。そのため男子からも「そういう話には、私呼ばれなかった」という。

　一方、ユイコさんの高校は私服だった。

　　── 高校は、服は？
　　ユイコ：基本は私服です。でもみんなけっこう制服で。けっきょく制服にな

っちゃってたかな。
　――　そうなん。標準服みたいのがある。
　ユイコ：そうなんですよ。で、式とかは制服なんですけど。
　――　で、ふだんは？　私服でもかまわない？
　ユイコ：かまわない。
　――　のに？
　ユイコ：のに。

　高校では私服であるにもかかわらず、「みんな制服」だったという。そのような中、ユイコさんはユニセックス系の服で通学していた。

　――　で、ユイコちゃんどないしてたん？
　ユイコ：うちはですね、高校に入った時はもうユニセックスなかっこしてましたね。でも男子として最初は。
　――　最初は。
　ユイコ：最初は。男子として。
　――　だからちょっとユニセックス系男子。
　ユイコ：そうですね。だから「○○君の服装かわいい」みたいな。

　ユイコさんの高校では、男子は女子に対して「さん」づけをし、女子は男子に対して「君」づけをしていたという。そして、高校1年次のユイコさんは「『君』の枠におさまって」いたという。
　ただし、ユイコさんのことを「かわいい」「女装させたい」という目線の女子もいた。ユイコさんは高校1年の夏休みに文芸部の友だちRさんの家に泊まりに行った。全部で12人ほどいて、男女の比率は半々だったという。ユイコさんはその場で女装させられた。しかし、髪型が男子のままでメイクもしていない女装だったため、自分の姿に愕然としたという。
　また、この頃ユイコさんに好きな男子ができたが、当時は好きと認識で

きず「何年かあとから見て、あ、好きやねんな」というものだった。ユイコさんはその男子を「自分の操を乱しにくる存在として敵視」しながらも友だちになるという選択をした。

ユイコさんは高校2年次にトランス女性を主人公とするマンガ『放浪息子』に出会った。

> ユイコ：はっ、これ、自分かもしれへんって思って。そこではじめて今までの自分、男らしくない自分とかっていうのを好意的に見つめることができたんです。二鳥くんかわいかったんですよ、漫画で読んで。自分みたいな存在って気持ち悪いだけじゃないんやって思って。二鳥くんかわいいし、二鳥くんと同じやった自分も、そんなに悪いものじゃないんじゃないかっていうふうに思えて。もう、そっからむっちゃ考え方とか価値観、むっちゃ変わって。もうほんとに、とにかく「かわいくしたい」みたいな気持ちが沸いてきたんです。で、もう服装とか持ちものとかも、ちょっとずつ変わりだして。で、もう、クラスからはどんどんやっぱかわいい男子みたいなキャラになってきて、「かわいいかわいい」言われて。で、私も「あっかわいいんや、自分」って思って。むっちゃ喜んで。なんしかもう、『放浪息子』を転機として、むっちゃ考え方が変わって、はじめて自分のそういうトランス要素というか男らしくない部分、ちょっと女の子のもの持ちたくなったりとか、かわいいって言われてうれしかったりとかも、悪くないことなんやって思えた。

ユイコさんは『放浪息子』との出会いをきっかけに、自分を好意的に見つめることができるようになり、服装や持ちものをかわいいものへと変えていったという。そして、クラスでも「かわいい男子」キャラとして扱われるようになったという。また、このマンガとの出会いの後、ウィッグを購入し、メイクをして女装するようになったという。さらに自分の気持ち

を表現するために、文芸部の活動でトランス女性の高校生の小説を書いた。このことがきっかけで、先に述べた文芸部の生徒Rさんからトランス男性であることをカミングアウトされた。

> ユイコ：なんか「違ってたらごめんやねんけど、自分は男の子になりたい気持ちがある。もしかして、小説読んでユイコさんもそうなんじゃないかと思って。違うかったら全然言ってくれたらいいし、ほっといてくれたらいいねんけど」いうのが長文で来て。私、全然そういうつもりで載せたんじゃなくて、ただちょっと一石投じるぐらいの感じで。「えっどうしようかなぁ」って思ってね。答え方によってはあとその後の人生掛かってくるとか、学校生活掛かるなとか思ったんですけど。もうメール返してて「ぼくもそやねん」って言って。「女の子になりたいねん」って言って。はじめて「女の子になりたい」って言ったかもしれない。

ユイコさんにとっては、小説を書いたことはカミングアウトのつもりではなかったという。しかしながら、Rさんはユイコさんの振る舞いの変化や小説の内容を見て、カミングアウトかもしれないとらえ、ユイコさんに自分のことをカミングアウトするとともに「ユイコさんもそうじゃないか」と確認した。そのようなRさんの問いかけに対して、ユイコさんは迷った末に「女の子になりたいねん」と答えた。ユイコさんはこのカミングアウトの経験を「はじめて」としている。

このカミングアウトをきっかけに、Rさんと一緒に女装して外出するようになる。さらに、「いろんな人に見てほしい」と考えるようになり、クリスマスに好きな男子を含む男子の友だちと一緒にイルミネーションを見に行く際、女装して参加した。ここからユイコさんが女装するといううわさが、特に文芸部や高校2年次から入部した美術部に広がりはじめた。そのうわさは、ユイコさんの交友関係に変化をもたらした。

ユイコ：みんなむっちゃ、だから、私に「マジで」みたいな「してして」みたいなふうに言ってきてくれて。なんか、かわいいキャラやったってのもあるんですけど、私もちょっとしたかったんで、けっこういろんな人とそっから女装して外出する、一緒に遊んでみたいな機会ができてきて。ほんとにそんな高校2年生。

──　その時に、「一緒に」っていう男の子もいれば女の子も？

ユイコ：そうですね。ただ、でも男の子はクリスマスの会だけやったと思います。他は女の子で。やっぱ「女装して一緒に遊んでよ」って言ってくる子も女の子ばっかやったんで。

──　あー、そうなんや。ほな、あの1年生の時の男女のあの遠慮がちな環境はどうなったん？

ユイコ：ね、どこいったんでしょ。どこいったんやろね。なんか女装するてなったら、ちょっと差、なくなった気がします、女の子と。けっこうなんか「あ、女装」「あ、もしかしたらそういう子なんや」って。私、そういう小説出したのもあるし、思われてたかもしれないんですけど。けっこうなんか、徐々に全然男扱いされへんくなってきて、私はかわいい枠みたいな。

──　それはなに？　男の子の○○君のかわいい枠？

ユイコ：まだ男やったと思いますね。それはでも、他の男子とは違う、なんかかわいい存在みたいな。

このように、ユイコさんは男子として認識されながらも、「他の男子とは違う」「かわいい存在」としてクラスの中にいたという。ただし、ユイコさんの友人関係は、女子へ向けて「広がり」は見せたものの、男子グループだった。そしてユイコさん自身も男子グループの中にいることを選択したという。

ユイコ：私自身そん時は男友だちを選んでて、男友だちの中にいる方が自分

がかわいくなれる気がしたんですよ。ていうのも、やっぱ自分の身体に違和感っていうのが本格的に出はじめてたんで、男友だちの中にいると比較的女なポジションにいれるってゆうのに気づいてきて。

　ユイコさんが男子グループにいた理由は「身体への違和感」だったという。女子グループにいると、まわりの「女の身体」と自分の「男の身体」を比較してしまうため、「身体への違和感」が強くなる。それに対し、同じ男の身体を持つ男子グループでは身体の差に着目する必要がなくなる。さらに「かわいい位置」に自分をおくことで、相対的に「女なポジション」にいることが可能となる。つまり「女の中での女扱い」よりも「男の中での女扱い」のほうが、居心地がよかったのである。このようなユイコさんを男子は女扱いしていた。

　　ユイコ：そう女扱いです。ちょっとね、なんか女じゃないんですけど女扱いしてもらえるみたいな。男子校の姫みたいな。男の中だから、なんかむっちゃかまってくれるってゆうかな、かわいがるってゆうか、ま「かわいいかわいい」ゆってくれて。

　では、ユイコさんは他の男子にどのような態度をとっていただろう。

　　ユイコ：なんか、後ろからこんなん「うぇー」って抱きついたりとか。修学旅行の時も、同じ部屋の男子と布団の中入ってたりとか、「なにしてんのぉ」とかゆって。

　ここに見られるように、ユイコさんはまわりからは同性愛に見える行動をとったが、同性愛嫌悪の対象となることはなかったという。それはまさにまわりの男子から女扱いされていたからである。
　高校3年生になり、先にあげた好きな男子に「高校卒業したら女性ホル

モンをやろうと思っている」と伝え「応援する」という返事を得た。これが医療行為を受ける意志を他者に伝えるはじめての経験だったという。

　高校3年次の新しいクラスでは、はじめて一緒になった男子からも「さん／ちゃん」づけで呼ばれはじめ、ユイコさんは同学年の男子全体から女子的な扱いを受けるようになった。なぜなら、ユイコさんは服装やしぐさなどのジェンダー表現を限りなく女性に近づけて「間違えられるように」しており、「ガチで女の子になりたいみたいな子なんじゃないか」と思われはじめていたからである。

　しかし、ユイコさんは「かわいい男子」の一線を決して越えないようにしていたという。

> ユイコ：どこから過ぎたら、あの人ガチなんやろって思われて距離置かれるかとか、どっからどこまでやったらかわいい男子として許されるのかとか、そうゆうのを全部考えてって。服装とかもスカートはいたら、もう「なし」なんですよ、やっぱ。「え？　なにやってるん？　そこはそら、さすがにやり過ぎじゃない？」って感じになるんで。だからもう、スカートに見えるようなハーフパンツとか、あくまでメンズの。とか、すごい黄色とかパステルカラーの女子っぽいユニセックスの男子服とか。そういうギリギリのラインついてって。あり、なし、あり、なし。これはあり、これはなしっていう、そのラインですね。あくまでなんか言われた時に「え？　なんで？　男やけど？」っていう逃げ道を用意して。
>
> ──　それ服装だけ？
>
> ユイコ：服装も存在もそうやし。だから男、好きっていうのは言わんかったし。

　ユイコさんが男子に対してとったキャラは、「男子校の姫」であったり「妹キャラ好むんで陽気な感じで、弟っぽい感じで、かわいく媚び媚びって感じ」であったが、同時に「どっからどこまでやったらかわいい男子と

して許されるのか」を考えていた。また、この頃には男子が好きであることを認識していたが、「男、好きっていうのは言わ」なかった。このようなユイコさんはあくまでも男子と認識されながらも、男子グループ内で女扱いされた。そして、ユイコさん自身もあくまでも男子グループにいるからこそ女扱いされていたことを認識していたのである。仮に男子グループからはみ出ると、「変わり者（queer）」としての特別枠に入れられてしまい、女扱いされなくなってしまう。さらに「境界線を越えちゃったら、たぶん戦いがはじまる」ことを、ユイコさんは小学校時代の経験で知っていた。したがって、ユイコさんは高校卒業後の性別変更[8]の準備期間として、あくまでも「男の端の端」にとどまりながら、その中で女扱いを受けるという選択をしたのである。

「男の端の端」に位置することは、女子との距離を近づけることとなった。

  ユイコ：けっこう女の子の前では、ガチっぽさ出してもありなんですよ。ちょっと女の子になりたいような雰囲気出しても、女の子の間では、むしろその方が受け入れられたりするんですよ。
  ——　うーん、それあの、身体の問題とかだけじゃなくって、要は女の子に同化するわけでしょ？
  ユイコ：そうそう。
  ——　その同化って、具体的になんやったか知りたい。
  ユイコ：だから、えっとね、ま、簡単に言ったら、もう服装とか趣味とかが女の子と被るっていうか、そういう話ができるとか。一緒に買い物とかができるっていうか、女の子が男子として認識しなくなってくることやと思うんです。やっぱほら、男の子と遊ぶってなったらやっぱ緊張もするし、異性として意識するじゃないですか。ていうの、どんどんしなくなってくる、女の子が。まぁ「私は男子やけど、別でしょ」みたいに思ってくると、けっこう心開いてきてくれるていうか。

ユイコさんは「ちょっと女の子になりたいような雰囲気出しても、女の子の間では、むしろその方が受け入れられたりするんですよ」という。そこで、私はそれを「女の子に同化するわけでしょ？」とした上で、同化の方法をたずねた。それに対して、ユイコさんは服装とか趣味が女の子と被ることを通して「男子として認識しなくなってくること」とし、その理由を「男の子と遊ぶってなったら、やっぱ緊張もする」からであるとした。つまり、ユイコさんは、服装や趣味などが共有できることを通して、女子に対して「私は男子やけど、別でしょ」いうことを示し、さらにそのことでユイコさんは女子の間で異性愛の関係になることから逃れたのである。
　また、ユイコさんは男子へのキャラとは異なり、女子には「聞き役」であった。それはユイコさんのまわりの女子は「けっこうオタクっぽい子が多かったんで、ちょっと内気なというか、だから女の子の雰囲気にあわした」からだった。中学校時代のユイコさんは同じ聞き役であっても「相談役」＝アドバイスする立場という、ある種上位に位置していたが、高校では共通の話題の聞き役にまわることで、ユイコさんと女子の間にあった距離を近づけることとなった。
　ユイコさんが「男の中の女扱い」を是とする理由はもうひとつあった。ユイコさんは先に述べたように腐女子という自認があった。溝口彰子は「男性キャラが、BL愛好家女性[9]にとって『他者』ではなく『自身』であることは限りなく自然化されている」としている（溝口 2015: 240）。ユイコさんがとった「男子校の姫」や「弟」はBLに出てくるキャラで、男性でありながら男性から女性的な扱いを受けるポジションである。BL愛好家「女性」であるユイコさんにとって、「男子校の姫」や「弟」あるいは、先に述べた同性愛と見える行動は「自分使ってBLシチュエーションを展開させる」行動であり、それは「他者＝男性としてのユイコさん」ではなく「自身＝女性としてのユイコさん」であることとして限りなく自然化されたことだったのである。ユイコさんはそれを文芸部の腐女子仲間とシェアした。

ユイコ：更衣室で見た男子の風景を持ち帰って腐女子仲間と話しあったり。「今日、更衣室でな」って。腐女子仲間からもどんどん依頼が来るんですよ。「男子トイレのなになにとなになにを観察してくれ」みたいな。そしたら「まかせとけ！」みたいな。（中略）うしろから「あたしー」って抱きついたり。頭の中で、もう腐女子のうちが「うふふ」って、「あ！　来ました！」つって。「ユイコさん、来ました！」って。

── それをまた文芸部行って。

ユイコ：そう、「今日な、ういーっと後ろからやってみたらな、こういう反応してな」とか言って。

　溝口は「多くの BL 愛好家が、BL コミュニティ内部の人間については心理的に近しく感じているけれども、コミュニティ外部の人かもしれない相手に対しては警戒心を抱く傾向がある」としている（溝口 2015: 214）。したがって、腐女子は自分たちで独自のカテゴリーを形成していると考えることができる。腐女子カテゴリーは「女子」とつくことから、女子カテゴリーのサブカテゴリーである。小学校高学年から中学校では更衣室やトイレといった「場」がわけられることは、ユイコさんにとっては女子コミュニティから排除されることへとつながった。しかしながら、高校ではユイコさんは女子には入れない更衣室やトイレに入れる特権をもつ者として、あるいは「自分使って BL シチュエーションを展開させる」ことができる者として扱われていた。

ユイコ：高３の時は、特に女子グループの中に入れてもらって、一緒に腐女子の話したりとか BL 系の話したりとかしたり。だからそういう話の、同じ文脈を共有できるっていうのがめっちゃおっきい気がしますね。やっぱ男の子じゃ、いうてできないんですよ、そういう同じ話って。女の子と話してる中で、「あっ自分の方に近い存在なんかも

しれん」、それが男であってもそういうふうに思ってくれたら、けっこう女の子は心開いてくれるし。

　ユイコさんは、小学校低学年時代にままごとで娘役を担ったことについて語った時、「『私は女よ』という主張はしたことないんです」とし、さらに「そのあとも一切することないんですけど」とした。つまり、高校時代にユイコさんが「私は女よ」という主張をおこなわなかったのは意図的な行為だったのである。しかしながら、第2章で述べたように、カミングアウトしない状況がクローゼットなわけではない（金田 2003）。ユイコさんの外見や振る舞いを変化させる実践は、まわりの生徒に対してユイコさんのセクシュアリティの解釈をせまるものであり、またユイコさんはまわりの反応を観察することで、その解釈を理解し、さらに自らの外見や振る舞いを変化させるという相互行為だったのである。
　このようにして、高校時代のユイコさんは男子カテゴリー内にとどまりながらも、そうであるがゆえに男子カテゴリー内の女子としての扱いを受け、さらに女子からは男子カテゴリー内の存在でありながら他の男子とは異なる存在として扱われ、かつ腐女子グループに所属することを通して女子グループへの参入を果たした。

3　ユイコさんの語りから見た教室内に働くAGABの強制力と性別カテゴリーの境界線の変遷

　第2節で見た、好きな人の話に胸をときめかせ、更衣室の中で性をギャグにする子どもたちの姿は、まさに子どもたち自身が異性愛規範にしたがって性別カテゴリーをつくりだす「主体的行為者」であることを示している。その背景に、子どもたちにAGABの強制力が働いていたことも無視できない。本節では、教室内に働くAGABの強制力と、そこで設定される性別カテゴリーの境界線の変遷を、ユイコさんの語りから考察する。

保育所や小学校低学年の頃から、子どもたちはままごとや気になる男子の会話をしていたという。このことからもわかるように、小学校低学年段階で、すでに子どもたちは異性愛規範にしたがった性別カテゴリーをつくっていた。しかしながら、ユイコさんは自らのAGABと所属したい性別カテゴリーのミスマッチに「とまどい」は感じたものの、実際にはままごと遊びや朝礼台のコミュニティに参加していた。つまり、小学校低学年段階では性別カテゴリーの成員であることはAGABに必ずしも依拠せず、性別カテゴリーの境界線もあいまいだったのである。このことから、その場には制度的な区分け、すなわち制度的なAGABの強制力がほとんど働いていなかったことがわかる。
　ここで、小学校低学年時代のユイコさんのケンカの場面を事例に見ることにする。ユイコさんは、男女にわかれたケンカの場面で「しれっと女子側に入」ったにもかかわらず「誰もつっこまなかった」と語っている。このことは、ユイコさんのAGABが男であるにもかかわらず、それとは無関係に、ユイコさんがどの性別カテゴリーの成員であるべきかを、その場の誰もが理解していたということをあらわしている。では、ユイコさんは既存の女子カテゴリーの成員となったのだろうか。
　サックスは、カテゴリー集合の中のそれぞれのカテゴリーに誰を割り当てるかという権限は平等ではなく、カテゴリー集合の中の特定のカテゴリーの成員に優先権があるとした。一方、優先権のある他者からあるカテゴリーの成員となることを執行されるのに対して、異なるカテゴリー集合をつくることによって「そのカテゴリーが管理する見方を他者に強制する」(Sacks 1979=1987: 30) 行為があることをサックスは見いだした。さらに、「メンバーによってメンバーがもっている、あるカテゴリーをめぐる知識体系をひとそろえ全部修整する」(Sacks 1979=1987: 31-32) ことにより、そのカテゴリーの成員を決める優先権を自らが獲得する。このような行為をサックスは「自己執行」とした (Sacks 1979=1987)。
　このことを性別カテゴリーに適用するなら、ある性別カテゴリーの成員

を決める権限は平等には与えられていないということである。そして、その権限は、AGABにしたがった性別カテゴリーの成員になることができる人に優先的に与えられているのである。なぜなら、AGABにしたがった性別カテゴリーの成員になることが「正当である」ことを、トランスジェンダーも含め、誰もが知っているからである。だからこそ、トランスジェンダー生徒はジェンダー葛藤を感じるのである。ところが、ケンカの場面においては、同じ「女子カテゴリー」「男子カテゴリー」という言葉を用いながらも、AGABにしたがったカテゴリー集合とは「異なる」、ユイコさんを含む女子カテゴリーとユイコさんを含まない男子カテゴリーというカテゴリー集合がその場において構築されていたということになる。そして、その新たな性別カテゴリーに執行する優先権は、ケンカの場面にいた子どもたちが獲得していた。そのことによって、ケンカの場面にいた子どもたち自身が自らをそれぞれの性別カテゴリーに自己執行することが可能となったのである。ユイコさんのケンカの場面における性別移行は既存の性別カテゴリーの境界線を越境したのではなく、ユイコさんが女子カテゴリーの成員になるように境界線を設定し直し、性別カテゴリーの再構築をおこなうことによって達成されたのである。

　小学校高学年になると、男女の区分けを具体化するものとして、更衣室やトイレについて語られた。これらの空間を物理的にわけることによって制度的なAGABの強制力が働きはじめた。制度的に強められたAGABの強制力は、子どもたち自身がAGABの強制力を強めていくことへとつながった。物理的空間をわけることは「男／女だけの空間」が存在することであり、それぞれの空間で起こることは相手にはわからないからである。「男だけの空間」がもたらしたものはもうひとつある。イヴ・K.セジウィックは女性の支配・排除と同性愛嫌悪を基盤とした男性同士の関係をホモソーシャルとした（Sedgwick 1979=2001）。更衣室という女子と隔絶された空間において性をギャグにするという秘密を共有した男子は、まさにホモソーシャルな集団だった。ユイコさんは制度的に「男だけの空間」に割

り当てられることを通して男子カテゴリーに組み込まれたが、そうした話題についていけず、「オカマ」という形で同性愛嫌悪の対象となった。同時にユイコさんは「女だけの空間」から排除されていたため、なにがそこで起こっているかを知ることはできず、女子グループに所属していたが「女の中の男」という扱いを受けることとなった。

　ここに見られるように、制度的な AGAB の強制力が強まると、性別カテゴリーと AGAB の結びつきが強固になるとともに、性別カテゴリーの境界線が明確化される。

　中学時代の語りには、トイレや更衣室などの使用といった限定された時空間だけでなく、制服や体育の授業、さらには教員の「さん／君」づけなど、さまざまな日常場面における性別にもとづく扱いの差異が見られた。このように、中学校になると、AGAB の強制力がより強く働きはじめた。それに後押しされるかのように、男子自身がつくるホモソーシャルな関係もまた強さを増していく。先に述べた知念は、〈ヤンチャな子ら〉が多数在籍している高校においては、教員は〈ヤンチャな子ら〉の意味世界を取り込むことで、〈ヤンチャな子ら〉を教育活動に巻き込んでいること、したがって〈ヤンチャな子ら〉の教員への評価は肯定的であるとした（知念 2012）。このことは、学校文化とは対抗的とされる〈ヤンチャな子ら〉の文化が、やんちゃな学校においては主流文化のひとつとして存在していることを意味している。したがって、ユイコさんの学校には、〈ヤンチャな子ら〉の文化のひとつである AGAB の強制力が、校則などの制度と相まって、より強く働いていたと考えられる。しかしながら、ユイコさんは「オス活」という形で自らを男子カテゴリーに組み込むことで、同性愛嫌悪の対象となることから逃れた。そのような AGAB の強制力が、中学 3 年次に「ゆるやかに」なった。その原因をユイコさんは「受験が近づき」と言っている。ほとんどの中学生にとって生まれてはじめて経験する「受験」によって、学校文化が本来持っていたはずの学力によるカテゴライズ、つまり進学の有無と進学先によるヒエラルキーによってつくられる

「学力カテゴリー」とでもいうべきものを、生徒たちは意識せざるを得なくなる。このように、性別カテゴリーとは別のカテゴリーが持ち込まれることで、制度（校則）は変わらず存在しているにもかかわらず、それまでと比べAGABの強制力がゆるやかになったのである。それとともにユイコさんのオス活はおわりを迎え、女子に対して「自分が壁をつくっていた」つまり自ら性別の境界線を明確化させていたと振り返った。

　高校時代のユイコさんの語りを見ると、制度としてのAGABの強制力は体育や体育祭などは存在していたものの、中学校時代に比べ弱くなった。また、ユイコさんが進学した高校が県内トップクラスの進学校であったため、中学校時代に見られたような〈ヤンチャな子ら〉の文化としての生徒間のAGABの強制力についての語りもなかった。しかしこのことは、AGABから自由になったことを意味するわけではない。例えば、ユイコさんの高校は私服であるにもかかわらず、多くの生徒が制服を選択していたというユイコさんの語りからもわかるように、小学校から中学校にかけて充分に水路づけをされた生徒たちは、自らの意思でAGABにしたがった「選択」をおこなうからである。このように、ユイコさんの高校におけるAGABの強制力は「制度」としては弱まったものの、水路づけされた「選択」という形で依然として存在していた。しかしながら、その変化は、同時にユイコさんに、男子カテゴリー内ではあったものの「選択」の余地を与えることとなった。

　例えば、3年次のユイコさんは文系を選択し、女子比率の高いクラスに所属できた。さらに、私服であることは、ユイコさんの外見や振る舞いにも選択肢を与えることとなり、ユイコさんは服装やしぐさなどの振る舞いを限りなく女性に近づけて「間違えられるように」することも可能となった。ユイコさんは男子カテゴリー内にいながらも「男子校の姫＝女性のような男」や「弟＝年下の男」という役割を担い、「陽気」や「媚び」という演出をすることで、男子カテゴリー内の下位に自らを位置づけた。またユイコさんは男が好きであることを明かさないことで、同性愛嫌悪の対象

となることを逃れた。一方、女子に対しては服装や趣味などを共有することを通して「私は男子やけど、別でしょ」ということを示し、女子との間で異性愛の関係になることから逃れた。

　高校においても物理的空間としての更衣室やトイレによって女子カテゴリーからは隔てられていたが、その意味あいは小学校や中学時代とは異なっていた。腐女子であるユイコさんにとって、それは男子の空間に入れる「特権」であった。そのようなユイコさんを受け入れる女子がいたのは、腐女子カテゴリーには異性愛規範とは異なる規範が働いており、そのことで AGAB の強制力が弱まっていたからである。ユイコさんと腐女子仲間たちは、他者から与えられた AGAB という性別カテゴリーに対し、「腐女子」という実践を通して、まさに「腐女子カテゴリー」を自己執行したのである。

　さらに、ユイコさん自身も性別カテゴリーの境界線を設定する側にいたことも忘れてはならない。ユイコさんの語り「どこから過ぎたら、あの人ガチなんやろって思われて距離置かれるか」は、男子カテゴリーの境界線の内側にとどまりながら、他の男子との距離を限界まで遠ざける行為だった。ユイコさんは「男の端の端」という位置どりをおこなうことで、他の男子から「男子校の姫」という扱いをされることとなった。

4　おわりに

　本章では、トランス女性ユイコさんの学校経験の語りをもとに、教室内の所属グループと他者からの性別の扱いの変化、及び教室内に働く AGAB の強制力と性別カテゴリーの境界線の変遷を分析した。その結果明らかになったのは、次の3点である。

　第1に、ユイコさんがおこなった外見や振る舞いを変えるという実践は、教室内の女子／男子と自分の間の距離を近づけたり遠ざけたりすること、つまり性別カテゴリー内の位置どりを変える行為だったということ。第2

に、ユイコさんは他者からの反応を通して自分がどの性別カテゴリーに属しているかを確認し、時として自らも他の男子との間に境界線を設定していたということ。第3に、教室内に働くAGABの強制力はユイコさんの位置どりの自由度だけでなく、性別カテゴリーとAGABの結びつきや境界線の自由度にも影響を与えていたこと。

　小学校低学年ではAGABの強制力が弱いため、性別カテゴリーとAGABの結びつきや境界線はあいまいだった。そのためユイコさんは女子としての振る舞いをすることを通して、女子との距離を近づけることができた。そのような位置どりが女子コミュニティにおいて承認されたという確信を得たからこそ、ユイコさんは男女がともに参加するケンカの場面で「しれっと女子側に」入ったのである。そして、このようなユイコさんの行為を、その場の子どもたちが承認し、ユイコさんを女子カテゴリーに包摂する形で境界線を再設定することで、ユイコさんはその場において女子として扱われることとなった。

　中学校ではAGABの強制力が制度として顕在化し強まるとともに、子どもたち自身も強固な性別カテゴリーをつくり、性別カテゴリーとAGABの結びつきや境界線が明確になった。ユイコさんも自らを男子カテゴリーに組み込み、位置どりの自由度がほとんどなくなった。ユイコさんの語り「きっちり男と女の中での、女の中の男」はこのことを示している。このような中学校も3年生になり学力ヒエラルキーが持ち込まれることでAGABの強制力が弱まった。そのことでユイコさんは位置どりを変えることが可能となり、ふたりの友だちによる承認のもと、3人の女子コミュニティを形成することができた。

　高校においてもAGABの強制力は働いており、性別カテゴリーとAGABの結びつきや境界線は明確だった。一方、制度から選択へと移行することで制度的なAGABの強制力は弱まったため、男子カテゴリー内の位置どりの自由度は増した。そこでユイコさんは、男子カテゴリー内にとどまりながら、「男の端の端」に自らを位置づけるとともに、「私は男子

やけど別でしょ」として、他の男子との間に境界線を設定した。さらにユイコさんは腐女子を実践することを通して腐女子カテゴリーへと位置どりを移動させ、他の腐女子から承認されることで、男子カテゴリー内にいながら、女子カテゴリーのサブカテゴリーである腐女子カテゴリーへの自己執行が可能となった。

　以上のことから、ユイコさんがおこなった学校内での日常生活場面における性別移行の実践とは、AGABの強制力の中、ユイコさんが他者との相対的な性別の位置どりを変え、性別カテゴリーの境界線の越境や再設定をおこない、それらが他者から承認されることを反復するという相互作用の中で成立する行為だったことが明らかになった。

　ユイコさんの実践の特徴は、教員に対する「要求」をしなかっただけでなく、まわりの生徒に対しても「『私は女よ』という主張はしたことない」ところにある。とりわけ、幼稚園や小学校低学年時代のユイコさんは、「自分が事実として男であるっていうのは自覚して」おり、女子グループにいたのは「自分もそこにすごくいやすさっていうか、感じて」いたからだという。にもかかわらず、ユイコさんが女子グループに所属することが可能となったのは、本章の最初にも述べたように、まわりの生徒たちがそれを「ふさわしい」と判断していたからであろう。このことは、「ふさわしい」としたまわりの子どもたちの判断は、ユイコさんがトランスジェンダーである、あるいは性自認が女性であるといったことに依拠しなかったということを示している。

　そこで、第6章では、高校時代はトランスジェンダーという自覚がなく、カミングアウトや「要求」だけでなく「振る舞いの変更」すらしなかったにもかかわらず、女子グループへの参入を果たしたマコトさんの事例をとりあげて、「ふさわしい」とはどういうことかということについて、さらに検討を深めることにする。

■注
1 ここでいう「振る舞い」は、行動だけでなく外見も指す。
2 仲間はずれのこと。
3 「肩パンチ」のこと。じゃれあいやスキンシップととられることもあるが暴力行為となることもある。
4 知念はインキャラについて、インターネット上の『日本語俗語辞書』を引用して、以下のように述べている。「インキャラとは、『陰気』と『キャラクター』から成る合成語で、陰気な人や根暗な（暗い）人という意味である。陰キャラという表記も使われる。ただし、実際の性格が暗いか否かに関係なく、クラスやグループの人（特にいじめっ子・いじめグループ）から嫌われることでインキャラと呼ばれることも多い。そういう意味では『いじめられっ子』『嫌われキャラ』に近い」（知念 2017: 331-332）。
5 本来身体は「男の身体」「女の身体」と二分できるわけではなく解剖学的特徴のグラデーション上にある違いでしかない。しかし、ユイコさんは「身体」という言葉を用いているので、本章ではユイコさんの語りの分析においては「身体」を用いることにする。
6 ユイコさんの姓。以下、同じ。
7 BLを愛好する女性のこと。2000年頃からネット上で使用されはじめたらしいとされている（堀・守 2020: 59; 溝口 2015: 48）。「BLを好んで読む女性の呼称として、多少なりとも自嘲を含む『腐女子』がBL愛好家たち自身によって自称として採用された背景には、BL愛好家女性たちがもともと、自らをある意味アブノーマルだと認識していることがあるだろう」（溝口 2015: 49）。
8 ここでいう「性別変更」は医療行為を受けることや法的に性別を変更することを指す。
9 本章では「腐女子」を「BL愛好女性」と同義に用いる。

第6章

トランスジェンダー生徒による実践しない「実践」

　第4章では、調査協力者のみなさんによる、主として制度によってつくりだされる「性別にもとづく扱い」の変更をめぐる実践に焦点をあてた。調査協力者のみなさんは、「性別にもとづく扱いの変更」を要求し、例えば制服の変更を学校側に公認あるいは黙認させた。この行為は、自らが自認する性別を教員や他の生徒に示すこととなり、それらが承認されることを通して、性別にもとづく扱いの変更がなされた。また、前章では、AGABに規範的とされる「振る舞い」から性自認に規範的とされる「振る舞い」へと変更したユイコさんによる日常的実践に焦点をあてた。第4章で扱った事例とは異なり、ユイコさんは「私は女よ」といった形での「性別にもとづく扱いの変更の要求」は出さなかった。しかしながら、ユイコさんのジェンダー表現を変化させる実践は、まわりの生徒に対してユイコさんのセクシュアリティの解釈をせまるものであり、結果的にまわりの生徒たちはユイコさんに対する性別にもとづく扱いを変更することとなった。そういう意味では、ユイコさんの性別移行もまた、前章で述べたように「装い」や「振る舞い」を変化させるというある種の「逸脱行為」によって「要求」を可視化させることを出発点とし、ユイコさんの実践と他者の承認との相互作用の中で達成されたものである。
　では、調査協力者のみなさんは、なぜこのような「逸脱行為」をおこなったのだろう。例えば、キョウコさんやユウキさん、あるいはアキさんは自認する性別の制服の着用を実現した。しかし、「なぜその制服を着ようとしたか」という理由については3人とも語らなかった。なぜなら、制服

は性別カテゴリーと結びついており、「自認する性別の制服を着る」ことが調査協力者のみなさんにとって「ふさわしい」のは、調査協力者のみなさんと私の間では自明のことだったからである。ただしそれだけではない。例えばアキさんが「［高校では］スカート履いてる自分を［通学途中に］見られる率が高いじゃないですか。それが、けっこうしんどくて。（中略）彼女がいて、『オレとか言ってるのに』っていうのもあった」と語っているように、AGABにしたがった制服を着ることは、AGABにしたがった性別カテゴリーへと割り当てられることを意味している。逆に言うならば、調査協力者のみなさんが「自認する性別の制服」の着用を実現しようとしたのは、自認する性別カテゴリーへと割り当てられることを期待したからである。

しかしながら、調査協力者のみなさんが自認する性別カテゴリーへの再割り当てを実現するためにはまわりの生徒が「ふさわしい」と判断することが必要だったことからわかるように、「自認する性別の制服」を着たからと言って、それがそのまま自認する性別カテゴリーへの再割り当てにつながるわけではない。さらに前章でも述べたように、小学校時代のユイコさんは女子グループに所属していたが、それは「居心地のよさ」を求めてのことであり、トランスジェンダーとしての実践の結果ではなかった。これらのことは、他者による「ふさわしさ」の判断は、ジェンダー表現や性自認に依拠するわけではないことを示している。

では、「ふさわしさ」は何に依拠しているのだろうか。このことを明らかにするために、本章では、トランス女性のマコトさんによる中学・高校時代の所属グループについての語りを分析する。後で詳しく述べるが、マコトさんは中学・高校時代は自らがトランスジェンダーであるという自覚はなく、ジェンダー表現を変えることもなかったが、女子グループへの参入を果たした。マコトさんの語りの分析を通して、他者による「ふさわしさ」の承認は、他者との相互行為の中に埋め込まれたジェンダーを相互に参照しながらおこなわれる行為であることが明らかになるだろう。

以下、本章の構成を述べる。まず、調査協力者であるマコトさんのプロフィールとインタビューの概要を述べる（第1節）。続いてマコトさんの語りを通して、女子グループへの参入過程を分析する（第2節）。そして、マコトさんがおこなった実践を明らかにする（第3節）。最後に、マコトさんと他者との間でおこなわれた相互行為について述べる（第4節）。

1　研究の対象と方法

　先にも述べたように、本章で分析をおこなうマコトさんはトランス女性である。インタビューは2014年5月と2017年4月の2回おこなった。その際、同意を得てICレコーダーに録音し、後に文書化した。1度目のインタビューでは、小学校・中学校・高等学校でのジェンダーにかかわる制度の有無とその内容、教科や性教育の内容とそれへの感想、教員の言動で印象に残るもの、これらに「しんどさ」を感じた時の対処法、カミングアウトした場合は経緯と内容および対象、カミングアウト後の他者の変化、現在のマコトさんから見た当時の学校内の制度や教員の対応への評価を特に話題にしながら、ところどころで質問を交えながら自由に話してもらった。二度目のインタビューでは一度目のインタビューではあまり話してもらわなかった友人関係、具体的には教室内での所属グループについて話してもらった。
　以下、マコトさんのプロフィールと背景を示す。
　マコトさんは1986年に関西のQ県に生まれた。インタビュー当時、マコトさんは28歳であった。生まれた場所は、環境的には伝統的ないわゆる「旧の町」であり、文教地区でもあった。後で詳しく述べるが、マコトさんは地元の公立小学校を卒業した後、中高一貫の公立学校に入学した。高校卒業後は大学院博士後期課程まで進学し、単位取得退学した。
　中学入学は1997年であり、翌年「国内初」とされる性別適合手術が埼玉医大で実施された。また、高校入学は2000年であり、高校時代に性同

一性障害の中学生を主人公としたドラマ「3年 B 組金八先生」が放映された。ただし、これらのエピソードは、マコトさんの語りの中にはなかった。また、もちろんのことだが、マコトさんが学齢期を過ごしたのは、2015年文科省通知はもちろん、2010年文科省通知すら出されていない時代だった。

第2章の表2-2を見ればわかるように、マコトさんの「気づき」の時期は小学校6年生だったが、「言語化」の時期は大学院生時代である。したがって、本章で分析の対象とする小・中・高校時代、マコトさんは自らがトランスジェンダーであるという自覚はなかった。したがって、振る舞いの変化など、通常の性別移行の際に見られるような実践を、マコトさんはおこなわなかった。

2　マコトさんの語りに見る女子グループへの参入過程

マコトさんとはじめて出会ったのは、私が主宰する自助グループにおいてであった。マコトさんは友人に連れられての参加だった。当時、すでにマコトさんは博士後期課程を単位取得退学し、就職していた。にもかかわらず自助グループに参加したのは、自分自身に困りごとがあって相談をするというよりも、自助グループの運営をサポートするためであった。

私はマコトさんと会った時に、はじめはシスジェンダー[1]女性であると思っていた。ところが自己紹介の時にトランス女性と知り、驚いた。まさに、トランスジェンダー業界でいうところの「完パス」[2]であった。それは、高くて細い声をしていること、小柄であること、常に笑顔であることといった外見だけでなく、例えば「とても静かな物腰」といったたたずまいにもあらわれていた。

一方、マコトさんはインタビューの中で「いつき先生のサイトもだいぶん早くに見つけてましたよ」と語っているように、私のことをすでに知っていた。マコトさんがインタビューに快く応じてくれた背景には、第2章

で述べたように、私が学校の教員としてトランスジェンダー生徒の自助グループの主宰をしていること、トランスジェンダー当事者としてネット上で発信していることがあったと考えられる。

2-1　幼稚園から小学校時代についての語り（〜 1996）

　マコトさんは幼稚園時代のことはあまり覚えていないとしながら、プールとトイレにまつわるエピソードをあげた。「プール」「トイレ」は、ともに文科省2015年通知で支援の事例にあげられており、第3章でも見たように、ジェンダー葛藤を強める要因となる場所である。

　　マコト：その頃からプールが大キライで。
　　──　　ふーん、なんでか。
　　マコト：なんでかわからないですけど、裸を見られるのがというよりは、た
　　　　　　だ水がキライだったというのがあって、水着着るのイヤやったし、
　　　　　　うーん、だからそこでセクシュアリティと関係なく、プールキライ
　　　　　　っていうのを言っていたのだけ覚えていて。

　マコトさんは「プールが大キライ」としながらも、それは「セクシュアリティと関係なく」とした。つまり、マコトさんにとって、幼稚園時代のプールはジェンダー葛藤を強めるものではなかったとしているのである。トイレについても同様である。

　　マコト：最近思い出したのが、トイレのしつけの時に「立ってしなさい」っ
　　　　　　て。うちは仁王式トイレ[3]なんですよ、家が。それで、なんで知
　　　　　　らないけど、「立ってしなさい」って言われたのをなんか覚えている
　　　　　　んですよね。なぜか。
　　──　　なぜか。
　　マコト：なぜか。それで、「しなさい」って言われたから。でもね、なかなか

ね、直らなかったですね、座ってする癖が。
——　ああ、もともと座ってする癖があったんや、もともと。
マコト：そうそう。しかも普通に座るんじゃなくて、オマルに座るみたいな。
——　向こう向いて hhh。
マコト：そうそうそう hhh。だからそれは「やめなさい」って言われて。
——　確かに。それは違うと思う。
マコト：hhh。だからね、性別関係で小さい頃にイヤやったとかいう思い出、あんまりないですよね。

　マコトさんは、もともと座ってトイレをしていたという。それはあたかも、自分自身がトランス女性であることを主張するかのようなエピソードである。さらにそれを強調するかのように、親から「立ってしなさい」と言われたというエピソードが語られた。ところが、その後、マコトさんはその理由を、性別にかかわるものではなく「オマルみたいに座っていたから」とし、さらに「性別関係で小さい頃にイヤやったとかいう思い出、あんまりないですよね」としている。このように、マコトさんによる「プール」「トイレ」のエピソードは、ジェンダー葛藤とは無関係なものとして語られた。
　マコトさんは小学2年生の時に、祖父母宅に預けられた。祖父母はジェンダーバイアスが強かったという。小学校時代の持ちものについて質問すると、マコトさんは次のように語った。

——　持ちものとかよく言われるのはね、持ちもの、筆箱とか、赤いのはなんか女の子とか。
マコト：そんなのなくって、普通に青いの持っていた気がする。でもね、うーん、なんでかなあ、たぶんかなりバイアス強いんですよね。おじいちゃんとかおばあちゃんとか関係があって、だから「こうせなあかん」みたいのがたぶん無意識に刷り込まれていたんやと。だから

第6章　トランスジェンダー生徒による実践しない「実践」　　283

何でもその頃に従わないとダメっていうのがたぶん刷り込まれていて、自分でその青いのにせなあかんのやなって感じ。だから本当にもしかしたらピンクの方がよかったのかもしれないけど、でもそれはできないっていうか、したらダメってことなんだろうなってことをたぶん思っていて。うん、だから青を選んだのかもしれないですね。

（中略）

―― でも逆に言うと、そういうふうにしとったら、まわりとの摩擦はなかったよね。

マコト：なかった。ほとんどなかったですね。だからもう自分のしたいことじゃなくって、まわりに、別に文句言わずにいってたら、それでうまいこといってた部分もあって。うん、だから自分への違和感というよりは、何なんやろ、その無意識の抑圧っていうのがずっと溜め込まれていた時期なんかな、たぶん。

　トランスジェンダーによる幼少時の語りとして、AGABに規範的とされる持ちものや服装への拒否の語りがよく見られる。私は、「持ちものとかよく言われるのは」とした上で、持ちものの色について質問することを通して、マコトさんにトランス女性らしいエピソードがあったかどうかをたずねた。それに対してマコトさんは「普通に青いの持っていた気がする」とした上で、無意識の刷り込みはあったにせよ、それは強制されたのではなく、自分で選択していたとした。したがって、マコトさんは無意識の抑圧を溜め込みながらも、まわりとの摩擦はなかったという。

　実は、幼少期から小学校時代に限らず、語り全体を見渡しても、マコトさんの語りの中に、性別違和と行動を結びつけたものはほとんどない。そのような中、数少ない「トランスジェンダーらしい」行動についての語りは、例えば男子と一緒に更衣する時に見られた。

　―― 例えば、体育のときに着替えたりするやん。そん時にマコトさんは

どこで着替えてたとか。
マコト：えーと男の子のとこやねぇ、小学校ん時は。
───　そこで、例えば男の子同士でこう、いろいろと会話してたりするやん。
マコト：あー、それは、私ひとりで隠れてた hhh。
───　あ、隠れてた？
マコト：うぅん。あんまり、あんまりね、そのわいわい言う、そのなんていうの、今でいったらマッチョみたいな感じの？　その、男同士でわいわい言ってっていうの、あんま好きやなかったから。ひとりの方が気ぃ楽やったからっていうのあって、教室の中で、あの、ベランダね。小学校やったらあるから、ほなベランダ出て、わざわざベランダ出て、着替えてたりとかしてたなっていうのは、覚えてる。

同様の語りは、林間学校におけるお風呂についても見られた。

マコト：あの頃お風呂どうしてたんかな、あの頃はちゃんと入っていたんかな。
───　お風呂？
マコト：お風呂とかね。うん、入っていたような気もするし、でもあんまり体見られないようにしていた気はします。お風呂、湯船つかるタイミングと、あがって体を洗うタイミングをみんなとずらしてやっていたのはその頃からずっとですね。
───　ほー。そのことをまわりの子らは何か、
マコト：たぶん気づいてないんじゃないかな。
───　気づいていない。
マコト：それは高校までずっと貫いて、普通に男子としてお風呂とかは入るけれど、その体を洗うタイミングと湯船につかるタイミングはみんなとずらして。ていうか、みんながあがって、お風呂をあがって、体を洗うタイミングになって私はつかる、みたいな。で、みんなが体を洗っている隙にさーってあがって着替えてみたいな、やってい

ましたね。それはずっとやっていました。

　小学校時代の交友関係についてマコトさんにたずねると、「小学校の頃の記憶自身が、そもそもあんまり薄い」ということだった。それでも、低学年の時は「だいたい男の子のグループやった」と語ってくれた。やがて、高学年になるとクラスの中ははっきりと男女にわかれていったという。

　　―――　女の子のグループの方がいいなーとかいうのは、あった？　なかった？
　マコト：うーん、あったかなぁ。そこまで意識してなかった、まだその頃は。
　　―――　そっか、じゃぁ、男の子のグループは入れへんなぁ［という感じだった？］。
　マコト：入れへんなぁっていうのはずっとあった。私、それを侵害してくるような男の子、ぐいっと、なんか「なんかせぇや」みたいな感じで引き込んでくるような子のことは、まぁ苦手やった。
　　―――　ふーん。
　マコト：むちゃくちゃ苦手やった。

　このようなマコトさんは「新しくできた友だち、みんな女の子」だったという。
　ただ、小学校時代のマコトさんの交友関係は、ほとんどが年上の先輩だった。先輩からは男女問わず、ウケがよかったという。

　マコト：先輩ウケよかった。みんな「かわいい、かわいい」いうて、なんやかんや面倒見てくれる hhh。
　　―――　先輩受けがええっちゅうのは、どんな感じなんやろ。
　マコト：なんやろなぁ、なんか、ま、子分ていうのか？　なんか先輩って、

ほら、もういうても小学生やから。もう弟分みたいな感じで、もうかわいがりたいみたいな人も当然いるし。で、そういう先輩らに。まぁまぁブランコね、ちょっとスリリングな遊び方hhhさせてもらったりとかしたら、私すっごいなんか、むちゃくちゃ喜ぶから、もうそれで先輩らも喜んでたんちゃうかなぁっていう気がする。

一方、先にも述べたように、同級生とはほとんど遊んでいなかった。そのため、先輩たちが卒業すると「いわゆる『ぼっち』」になった。

なお、マコトさんが漠然とした形ではあれ、性別違和を感じたのは小学6年生ぐらいだったという。

―― 自分が持っているいろんな違和感みたいのが言葉化できたのっていつ頃なん？ 中学、高校あたり？
マコト：えっとね、言語化できたのいつだろ。
―― ま、もうちょっと言うたら顕在化した、
マコト：顕在化した。どうかな、なんかずっとモヤモヤってしたのがあって、ずっとありました。違和感がずっとあって。ただ、それが本当に言葉にできたかどうかってのは今でもわからない。その頃に言葉にできていたのかっていうのは。「女の子になりたい」っていう言葉で認識していたのは、たぶん小学校6年生くらいからずっと思っていたんですけど。

先にも述べたように、マコトさんはモヤモヤとした性別違和は感じていたが、「言語化」はできていなかった。

2-2　中学校から高校時代の語り（1997〜2002）

マコトさんは制服のない共学の中高一貫の公立学校に入学した。中学入学時に入試があるため、学力や社会階層が高い学校であった。自主性を重

んじるとともに、いじめを許さない学校でもあった。

  ―― いじめを小さいうちに摘むということができるということは、守られてるよね。
マコト：そうですね。完全に守ってもらっている。注意されたらその子は私にあまりかかわらないようにしてくるんです。だからそれがすっごいありありとわかって。だからどっちかって言うといじめるっていうよりかは、暴力でねじふせるというよりは、関係を断って一定の距離を置いて、その全体として問題が起きてないように見せるようにするって感じ。

　学校のいじめを許さない体制は、生徒たちにも内面化されていた。そのため、いじめが起こりそうな局面になると、距離を置くことで回避していたという。
　また、学校の中では体育の授業や健康診断以外では男女をわける場面はほとんどなかったという。

  ―― 学校の制度みたいなものは、わけてくる感じやったんですかねえ。
マコト：学校の制度、あんまり。
  ―― 体育の授業はもちろんわかれますよね。
マコト：体育の授業はわかれる。健康診断もわかれるのは、それはそれで、身体も違うから仕方ないんだけど、あとはわけられたことないですね。基本的には男女一緒で、授業もクラスでわけられているくらいで、選択授業とかは。男女ではなく。
  ―― 文化祭のとりくみとかは。
マコト：文化祭も基本的に自由だから、「自分で行きたいところ行きなさい」っていって、男子ばっかりのところに女子がポンって入っていることもあるし、逆に女子ばかりのところに男子が入っていることは高

校時代の私はもう馴染んでいたから、それが当たり前やと思っていたんですけど。後輩で男の子がポンって入ってきたこともありますね。だからわけるっていうのはなかったです。学校のしくみとして必要なところ以外はわけない。完全に自由。
　──　学校の制度に対するストレスみたいのはなかった？
　マコト：私は感じなかったですね。

　マコトさんは、学校の制度に対するストレスはなかったとしている。それは、学校が制度的に男女をわけることがほとんどなかったからである。具体的に男女をわける例として、体育の授業や健康診断があげられたが、それらは「身体の違い」があるから「仕方ない」としている。つまり、「身体の違い」でわけることは合理的なことであり、それはマコトさんにとってストレスにはつながるものではなかったのである。

　　──　そういう自分の［女の子になりたいという］気持ちと学校のしくみみたいのがぶつかる瞬間ってあったんですか。
　　マコト：うーん、その［女の子に］なりたいっていうのが、私の個人的な欲望って思っていたから、その学校の行事とかで「これはイヤだからやめてほしい」というのを出すんじゃなくて、わたしの側が妥協して、結局波風立てないっていうのじゃないけど、ガマンしようってなってたから、基本的にはなかったですね。

　マコトさんにとって、小学校の時に感じた「女の子になりたい」という思いは「個人的な欲望」だった。それは例えば「体育の授業や健康診断」といった「身体の違い」を理由とした合理的な区分けに対する異議申し立ての根拠とはならなかった。したがって、マコトさんは「ガマンする」という選択肢を選んだ。
　ただし、服装については私服だったので、マコトさんは中性的な服で通

学するようになったという。

> マコト：私服で行っていたから、基本的には何でもよくって、1年までは与えられたもので行っていたんですけど、うん、途中から面倒くさくなって、パーカーとか中性的な服ばっかりを着るようになりました。うん。まだファッションがわかっていなかった、その時は。全然わかってなかったし、普段着でヘラヘラな服着て行って、女の子に注意されながら、だらしないとかhhh。でその後、ダサいながらに中性的な服で違和感ないくらいでずっと行っていましたね。

このようなマコトさんだったが、先に述べたような学校だったので、いじめの対象になることはほとんどなかったという。

中学入学当初、マコトさんの同学年での交友関係はオタク系の男子グループだったという。ただ、「図書室に、隙あらば行って」いたマコトさんは、やがて小学校時代同様「上級生、高校1年とか2年とか3年とかのお兄さんお姉さんのグループに遊んでもら」うようになったという。しかしながら、中学2年か3年ぐらいから同学年の女子グループに混ざったという。

では、マコトさんから見て、教室内の男子グループと女子グループはどのように映っていたのだろうか。マコトさんは、あたかも参与観察をしていたかのように、男子グループと女子グループについて語ってくれた。

> ── 実はあの、男グループと女グループの違いみたいなんあるかなぁというのがな、ちょっと気になってて。
> マコト：そうやねぇ、私ね、女の子グループで空気なってても全然「楽しそうやなぁ」で終わるんやけど、男の子のグループでハブられてたら[4]、どうなってたんかなぁ。イヤやなぁってなったんかなぁhhh、わからへんけど。なったことないからわからへんけど。でもなんかちゃ

　　　　うなぁっていうのは、あったかもしれへんかな。
　――　うーん、うん、その、何が違うんかなぁというのが。
マコト：うん、何が違うんやろ。男の子ってね、けっこう積極的にハブろう
　　　　とする力はあるような気がする。
　――　ふーん。
マコト：うん、私自身の実感、女の子の方が間口広いと思う。
　――　間口広い、うん。
マコト：うん、だから私みたいな、かなり、女寄りな？子でも、全然入って
　　　　行けるし、普段ひとりでいてるような子でも、ま、「話入ってきても、
　　　　聞いてるぐらいやったら全然かまへんよ」みたいな空気やったりす
　　　　るってのが女の子グループの方で。
　――　うん。
マコト：男グループやったら、「なんもしゃべらへんねやったら出ていき」み
　　　　たいな感じで、即、ひとりにされる、荒野にほっぽり出されるって
　　　　いうイメージある。

　実際に、教室の中には「自分に自信をなくしてひとりでいる」男子がいた一方、女子は必ずふたり以上でいたという。さらに、メンバーの流動性にも違いがあったという。男子生徒は「そこまで流動的ではない感じ？だいたいこのメンバー３人か４人決まったら、最後までずっとその３人４人」だったという。それに対して、女子生徒の場合は流動性が高かったという。

マコト：女の子の場合はそうそう、もう、いうたら、大っきなグループで完
　　　　全固まるっていうよりかは、ふだんは２〜３人しゃべりやすい人数
　　　　でいてて、そのうちのひとりが、いうたら大グループの、別のメン
　　　　バーがいてるところにちょんって行って、「これこれやで」って話し
　　　　たりとかして、そこの、なんてゆう吸収されるわけ。

―― うん。
　　　マコト：3人が勝手に4人になり、くっちゃべって。で、だいたい用事終わるとまたもどってくるとかね？　ま、そういう、うん、完全に固まってないんね。クラスターつくってるっていったらいいのかな？

　女子グループの流動性は、2～3人のクラスターがいくつかあり、そのクラスター間を渡り歩くものがいることによって、それらのクラスター同士がゆるやかにつながりあって、大きなグループをつくるという形をとることによって生み出されていたという。
　先にも述べたように、中学入学当初、マコトさんの友だちは男子だった。では、そのようなマコトさんが女子グループに入るきっかけはどのようなものだったのだろうか。

　　　マコト：そやな、女の子ね、も体育も、最初の方、2年3年ぐらいかな、もう、一緒の時もあるし、別々のカリキュラムもあるけども、ま、一緒にやるって時もあって、そん時なんか「ペアつくれ」って。ま、だいたいはみごになるんで。
　　　―― あぁ、はあ。
　　　マコト：余ってしまうという。そん時に声かけてくれた子がいて。で、もうその子がね、いうたら、けっこう活発なお姉さんタイプの子やって。でもその子に助けられる感じになって。また、「男女グループつくれ」言われた時には、その子のいるグループにだいたい入るようになったっていうのが、中学2年3年ぐらいの思い出っていうのかな。それ、もうずーっと6年間、中学高校時代は続いた関係。

　男女が合同でおこなう体育の時間に、男女ごとにグループをつくる局面で、マコトさんは「はみご」になったという。その時に、「お姉さんタイプ」の女子がマコトさんに声をかけ、女子のグループに入ったという。

―― そんときどんな気持ちやったん？
マコト：ん、もう最初はあの、うんまぁ、グループつくれたからよかったんかなぁって。すっごい複雑やったけどね。ええんかな、でもここにいたらあかんのちゃうかなっていう感じやったかなぁっていうのが。最初なんかね、ドギマギしてたんかもしれへん。ま、そんなに話したことない子やったから。っていうのも、私もう人見知りやからっていうのもあったかもしれへん。

体育の授業で女子グループに入れてもらったはものの、当初、マコトさんは「ここにいたらあかんのちゃうかなあ」と思ったという。ところが、マコトさんが話ができる女子が、学園祭の頃から雪だるま式に増えていったという。

―― うーん、その増えてったのは、なんでなんやろ。その、つまり、どういう形で増えてったん？　例えば3人やとするやんか。そこにもう1人来た時に、うーん、なんて言うのかな、例えばこの2人のうちの、マコトさん以外の女の子のうちの1人が…。というか、どうやって増えてったん？
マコト：そんな増え方がね。自然発生なん。だからグループの中に入るっちゅうよりかは、教室の中でダベってたら、ま、なんてゆうんやろ。狭いからね、教室、聞こえてるわけね。そうしたら、なんていうのか、私、ゲストみたいな感じで渡り歩く性格あるから、ちょんちょんちょんちょん。そういう別のとこにも行って。それでもね、興味ある話やったら。今からしたら、ようそんなことしたなぁと思うんやけど、空気も読まんと。2人3人で話してる中に。よう行ったなぁって思うけど。まぁまぁ、話聞くだけね。聞いてたりとか。私、その答えを知っているとか思ったら、口出ししてまうよ。「それ、

第6章　トランスジェンダー生徒による実践しない「実践」

そうちゃうで、こうやで」言うたらね、「あっ、そうやったん」みたいなね。その女の子らが知らんことを情報提供できるっていうのが、まず、たぶん重宝されて。で、空気読まへんから、普通やとそこで「はい終わり、ハブり」みたいなんにもどるとこが、もどらへんのよね、なぜか。

―― というと？

マコト：というと、次回以降ありってこと。そういう割り込みOKみたいなんになって、気づいたら、もう全然普通にしゃべれるようになってたっていうの。

　マコトさんは、体育の授業で女子グループに入れてもらったことをきっかけに、教室のあちこちで話をしている女子同士の会話に「口出し」するようになったという。そのようなマコトさんの「空気読まへん」行動を、女子たちは「ハブ」らなかったという。
　そこで、どんな会話をしていたのかたずねた。

―― うーん、その、女の子とどんな話してたん？

マコト：どんな話やろ？　理系やったからね、科学の話してたんかなぁっていうのもあるし。しょうもない普通の他愛もない話の方が、割合としては大きかったとは思う。

―― んーどんな話してたん？

マコト：んー

―― 他愛ない話？

マコト：どんな話やろ。具体的な話、覚えてへんのよね、うん。ていうか、私自身は芸能界とかはね、興味なかったし、けっこうパソコンの話ばっかりしてたかもしれん。私の好きな話してても、ほんま聞いてくれる感じ？　逆に私の方が女の子の話に入っていったらあかんのちゃうかな、思って。

女子たちの会話の内容は、芸能界の話など「他愛もない話」だったという。一方、マコトさんはそのような話にはあまりが興味なく、どちらかというと、科学の話やパソコンの話をしていたという。そのようなマコトさんの話を女子たちは「聞いてくれる感じ」だったという。そのような会話が成立する背景に「理系やった」ことがあると、マコトさんは考えていた。
　一方、マコトさんは自分の話を聞いてくれる女子たちに対して「私の方が女の子の話に入っていったらあかんのちゃうかな」と思っていたという。そこで、女子たちとの会話で気をつかっていたことがあったかどうかをたずねた。

　　──　あ、気をつこたこととかある？　あの、ここではこういうふうな話をしいひんとことか。あるいは、うん…。
　　マコト：ま、それこそ、そやね、私が気いつこて、女の子同士の間でしかやらへんような会話するときは、入らへんとかね。だいたい会話、遠目に聞いててもわかるから、化粧の話とか。まぁまぁまぁ、いろいろそういうのわかるから。ま、芸能人の話とかは全然わからへんし。うん、でそういう時には、もう自分で「入れへん会話やな」と思ったら入らへんっていうのは、気いやってたんかなぁ。はいはい？
　　──　うん、仮にそこに入ってたらどうなってたかな、わからへん？
　　マコト：うーん、でも、なんもわからへんからね、私。ほんまに、完全に聞いてるだけ。いうてもね、他の他愛のない話してても、私、ほぼ聞き役。その会話で、なんか「みんなぺちゃくちゃしゃべってるな、楽しそうやなぁ」っていうの見て、すっごい私こぉーしてるんが[5]心地よかった。もう、私自身はそんなにしゃべらへん感じでいてた。やけど、ま、空気として、私自身も空気やったかもしれへんけど、ま、グループの中にいててもええんやなぁってゆうのが。

　女子たちが、化粧の話や芸能人の話など「女の子同士の間でしかやらへ

んような」話をしているときは、マコトさんは会話に入らず「空気」のようにそこにいて、聞き役をしていたという。しかし、マコトさんは、みんなが楽しそうに話をしている場にいることが心地よかったという。

マコトさんは、ひとつのクラスターに定着するというよりは、クラスター間を渡り歩いていたという。

―――　要は、渡り歩いてるってことは、一緒にしゃべれるメンバー増えていくっていうことやね。

マコト：そうそうそうそう。なんかおんなじようなことしてたら、ま、自然に、増えてくのね、雪だるま式に、仲良うなる人数は。

―――　あ、じゃあ、そのマコトさんのグループをコアにして、わーって人が寄ってきたというよりは。

マコト：ていうよりかは、そう、クラスターがあって、で、それが全体として大っきなグループのようなものに見えてたってゆうイメージ。

―――　ふんふんふんふんふん。

マコト：で、クラスター間はその大っきなグループ内やったら全然行き来自由？

―――　なるほど。ふーん、そっか。うん、だから、要はその大っきなグループの中では、行き来自由な。つまり、あるクラスターにしか入れへんわけじゃなくって。

マコト：じゃなくって、うん、そうそう。結びつきが強い２〜３人はもちろんいるけど、その２〜３人のうちの誰か１人と、他の２〜３人のうちの誰か１人が仲良かったら、勝手にくっつくんよね。くっつかへんこともちろんあるけど、ま、くっつくことの方が多いっていう感じ？ていって、ぽんぽんぽんぽん増えたのが、まぁいわゆる大グループのようなものになってくっていうのが、うちの学校の特色なんかな、たぶん。学校っていうか、私らの学年の特徴なんかなぁという気がする。

当初のマコトさんはさまざまなクラスターを「ゲストみたいな感じで渡り歩」いていたが、そのことで一緒にしゃべれる女子が増えていったという。そして結果としてそれが大きなグループに入ることにつながったという。そこで、あるクラスターで承認されることが、そのままグループ全体の承認につながったかどうかをたずねた。

>　──　例えばあるクラスターでさぁ、承認されるやん。マコトさんっていう存在が承認されたら、よそのクラスターでもOK？
>
>　マコト：自動的になるっていうよりかは、その、たぶん口伝えで、「あの子どうなん？」「おもしろいで」みたいなんが行ってたんかなぁって。私はね、そうゆう話はせえへんかったからわからへんけど、女の子同士やったらたぶんそれあると思う。

　マコトさんがクラスター間を渡り歩くことが可能となったのは、単にあるクラスターから承認されたから自動的にすべてのクラスターで承認されたのではなく、クラスター間でマコトさんについての肯定的な情報が伝えられることによるものだった。そして、マコトさんは、それを女子のクラスターやグループの特徴であるとした。したがって、あるクラスターへの参入は、承認を得ているかどうかを確かめる必要がある。

>　──　ええっと、シャットアウトされたことある？
>
>　マコト：シャットアウトもまぁまぁ。そこはだから、そこそこねぇ、距離。シャットアウトっていうよりかは距離感やね。だいたい壁の高さ。低い、中くらい、高いみたいな。ま、3段階4段階ぐらいのやつで、「ま、中段階ぐらいやろなぁ、ここは。たぶん、望み薄やな」みたいなんは、なんとなく空気でわかる。

　クラスターからの承認は、シャットアウトされるか否かという二択ではなく、壁の高さを「空気」で感じていたという。実際に「知らん間に私が

地雷踏んで」いたことをあとから指摘され「あぁそうやったんや。それで距離遠かったんやなーって気づ」いた経験もあったという。

このように、マコトさんはクラスター間を渡り歩いていたが、やがてあるクラスターのメンバーになったという。

 マコト：ま、[クラスターには] コアメンバーは2〜3人がいて、で、そのそうでない、ま、プラス1人2人ぐらいは流動的みたいな。
 ―― なるほど、うーん
 マコト：うん、ま、せやからコアメンバーっていうのが、だいたい同じ校区やったり、同じ塾行ってたりとか、学校外でもつきあいある感じの子やね、が、コアメンバーなって。あとはその子らと、そのときに話おうたんが、準レギュラーじゃないけど、ゲストメンバーみたいな感じで入って。まぁまぁ、2〜3回遊んだりとかして。まぁなんてゆうかな、また疎遠になっていったら、別の所にちょこっと移るって。私もその、ゲストタイプやったから。うん、せやから1人やったけども、まぁゲストメンバーとして、うん、ま、レギュラーじゃなかったみたいな感じ？ 中学3年4年[6]ぐらいのときはそんな感じ。ゲストメンバーってゆうのが、私の立ち位置やったんかな。
 ―― そかそか、で、そのゲストメンバーみたいな立ち位置からだんだん、その。
 マコト：そう。
 ―― コア。
 マコト：女に。
 ―― メンバーに。
 マコト：その女の子グループの。うん、コアメンバーまでは行ってたかわからへんけど、ま、ゲストメンバーやけど、まぁ準レギュラーぐらい？ の。そのかたまり、かたまりっちゅうのかな、に入ってたかなぁっていう気はする。で、それも理由はわかってて。ま、理系文

系わかれて、授業で一緒になる時間も長なっていったし、そん中でいろいろ話してたら、だんだん、あの、「あー」ってわかっていく内容も、お互いどういうことしてんのかなっていうのもわかっていくし。で、授業の合間合間に、ね、5分の休憩時間しかなかったら、も、その子らと話すしかないから。も、ずっと話してるとかでね、関係深まっていったんかなっていう気はしてる。

　マコトさんによると、各クラスターは2〜3人のコアメンバーとそれ以外の準レギュラーで構成されており、そこにゲストメンバーが来る形だったという。当初ゲストメンバーだったマコトさんは理系クラスに入ることにより、同じ理系の女子たちと同じ時間を長く過ごすこととなった。そのことで関係が深まり、コアメンバーではないものの、準レギュラーとしてクラスターを構成するメンバーになったという。
　このような実践が可能となった背景には、マコトさんが在籍していた学校が「基本的には男女一緒」だったということがあるだろう。「もしも普通の公立中高だったら？」という仮定の質問に対して、マコトさんは「たぶん全然違うと思う。たぶん、どうやろなぁ、どうなってたんかな。生きる屍？　みたいなhhh。たぶんね、速攻ハブられて、3年間、実のない3年送ってたと思うよ、おそらくやけど」としている。先にも述べたように、マコトさんが在籍していた学校は中高一貫の学校である。したがって、6年間メンバーが固定されている。また、中学時点で入試もあるため、生徒たちは学力的にも社会階層的にも高い。また、制服をはじめとする男女の区分はほとんどない。マコトさんは、そのような中学高校時代を「ベースの環境はものすごくいいですね」としている。その上で、以下のように語っている。

　　マコト：とにかくしつこいけど、私は一切なにも変わってないと自分では思ってる。うーん、それを受け入れてくれたか、そうでないかの違い

だけやと思う。たまたま環境がね？　で、それがなんで受け入れてくれる環境やったんかっていうのが、私自分自身でもわかってないけど、うん、ただひたすら恵まれた環境やったっていうのだけなんとなくわかる。

マコトさんは「一切変わってない」「私」をどのようにとらえているのだろうか。

　　―― いうたら、身体の形が違うっていうたって、だけやったら、マコトさんはそう［女子グループに入ること］はならんやん。
　　マコト：うん。けっこうね、私自身が背もちっちゃかったしね、声も高かったしね。ほんま、女の子に言われたもん。「なんで私よりかわいいの」って hhh。

身体の違いがグループに入れるかどうかの線引きにはならないのではないかという私の問いかけに対して、マコトさんは、女の子から「なんで私よりかわいいの」と言われた経験を語った。このようなマコトさんは、「私からはもう一切［女子グループに入れてほしいと］声かけたことも、小学校、中高含めて、まったくない」という。つまり、マコトさんが「入れて」と言っていないにもかかわらず、女子グループに入れてくれる人がいたということである。そこで、誰かの力が働いていたかどうかをたずねた。

　　マコト：でも、リーダーの子がみんなに、吹聴してまわったわけではないんと思うんよ。
　　―― うん、そやね。
　　マコト：うん、おそらくその可能性探っててんやったら言うけど、それはないと思うんよ。じゃあなんやろいうたら、最近流行りの忖度かな。

―――　忖度か hhh。
マコト：それもないかぁー、そういう意思を持って誰かが動いてたっていう気配は、私は察知してないから。
―――　うん。
マコト：私、その壁つくるっていうのわかるから、で、そうゆう動きがあるんやったら気づいてると思うねん、忖度が。そうでないと思う。ただ、各個人が自由に動いた。その結果、なんでか知らんけど、受け入れる空気ができあがってた？

　誰かが率先して、あるいは意志を持ってマコトさんを女子グループに入れようとしたのではなく、各個人が受け入れるか受け入れないかの選択をおこない、それが結果として「受け入れる空気ができあがってた」としている。
　さらに、どのような実践をおこなうことで人間関係を変えて女子グループに入れたのかをたずねた。

―――　マコトさんの自然な振る舞いの中に、おそらくそのヒントがあんねん。
マコト：んー、あるんかな…。
―――　で、それを生得的にと言うてしまうと、そりゃもう、あの本質的なっちゃうので、こりゃ、全然おもしろくないんで。
マコト：おもしろくない…。
―――　うん…。
マコト：そうそう私のこの性格自体も、おそらく子どもの頃からそうやったっていってるから、幼稚園の時でも。うん、あんまり、私からは話しかけるっていうのなかった記憶、忘れたけど、あるから。うーん、結局なんやろなぁ。私は、なんやろ、受け入れてくれるとこに、なんていうの？　身を任せるように？　流れていってるってゆうのが、たぶん、ちっちゃいときから、ずっと一貫してる動きがそれ。

――　うん。
　マコト：いやすいところに流れていく？　川に流されるように。
　――　うぅ、うん。
　マコト：ま、それ私の、その、舟やから、流されてる舟やから。

　私は、自分から積極的に「女子グループに入れて」と言っていないにしろ、「受け入れられる」ための振る舞いをするなど、なんらかの実践をしたのではないかと考え、その中身を聞きたいと言った。それに対してマコトさんは、女子グループに受け入れてもらったのは、そのような実践によるものではなく、ただ受け入れてもらえるところに居続けた結果だとした。

　マコト：たぶんね、私、女の子グループっていうのに入って居心地よかったっていうのもあるかもしれへん。
　――　どうゆうところが居心地よかったん？
　マコト：なんやろね、うーん、どういうところやろ。いやぁ、ハブられへんってすっごいいいなって。
　――　あぁ、ハブられない
　マコト：うん、うん、ハブられへんっていうかね。そう、女の子やけど、私のことをなんかほんまに、なんて同一視っていったらおかしいけど、対等に見てくれるん、女の子の方が。んで、私もあの、その頃はユニセックスやし。うん、オタクはオタクやから、そんなにね、清潔感のある格好でもないけど、それでも一緒にいてくれるし。「この方がええで」みたいなね。うん「ちゃんとケアはするんやで」みたいなこと、言うてくれるんがすごいって思った。

　先にも述べたように、マコトさんは、男子グループの特徴を「男の子ってね、けっこう積極的にハブろうとする力はある」としていた。一方、一緒のグループの女子は、「そんなにね、清潔感のある格好でもないけど、

それでも一緒にいてくれ」たという。そして、マコトさんはそのことが居心地がよかったとしている。

そのようなマコトさんは、やがて完全に女子グループの中に溶け込んだという。

　―― そん中で、溶け込んでた？
　マコト：んも、全っ然もう、溶け込んでた。もう普通にいてたし、もう5年のときやったかな、校外学習ってのか、レクリエーションで琵琶湖に遊びに行ったとき。んで、その頃になったら、まぁ男女同数やのうてもグループぇぇってなってたから、だいたい男・女ほぼ固まってやるの、集まる中で、私普通に女の中のグループにいてて、溶け込んでたから。
　―― 例えばその女の子のそのグループはマコトさんのことを、どう思てたんやろなぁ。
　マコト：「○○[7]ちゃん」呼ばれてたぐらいやから。うーん、どうなんやろね。あんまり性別、深く考えてへんかったんかなぁっていう気はする。で、学園祭の時に、そういうの裏づけるようなやつが一個あって。あの女の子、やっぱりね、別の部屋で着替えするんやけど、まぁまぁ学校の教室やから壁は薄い。窓もやし。うん、で、そこ、廊下からもう、中の声、だだ漏れで聞こえてくるんやけど。「別にわけんでええのちゃうん。別に○○ちゃん入れてもええんちゃうの」っていう話してたんは聞こえてた。
　―― うーん、あ、そうか。そんな入ってたんや、そっち。
　マコト：そうそう、もう完全に溶け込んでた。

更衣という、制度的にも男女がわけられ、自らもわかれる局面で、女子たちはマコトさんを「［こちら側に］入れてもええんちゃうの」と言っていたという。すなわちそれは、女子たちから女子扱いされていたことに他な

らない。

3　マコトさんによる実践しない「実践」

　ここであらためてマコトさんの語りを振り返り、マコトさんがおこなった女子グループに入るための日常的な実践過程を明らかにする。以下、通常トランスジェンダーが性別移行の際におこなうとされる振る舞いの変化などを鉤括弧なしの実践であらわし、マコトさんによるものを鉤括弧を用いた「実践」であらわす。

　マコトさんは、中学・高校でも「一切なにも変わってないと自分では思ってる」と語っている。さらに、「私からはもう一切［女子グループに入れてほしいと］声かけたことも、小学校、中高含めて、まったくない」という。にもかかわらず、そのようなマコトさんを女子グループは受け入れた。つまり、マコトさんの女子グループへの参入は、トランスジェンダーとして性別移行をするためにおこなった実践の結果ではなく、自然に生きてきた結果としてのできごとだったと、マコトさんは語っているのである。

　第5章で述べたように、ユイコさんがおこなった学校内での日常生活場面における性別移行の実践は、「AGABの強制力の中、ユイコさんが他者との相対的な性別の位置どりを変え、性別カテゴリーの境界線の越境や再設定をおこない、それらが他者から承認されることを反復するという相互作用の中で成立する行為」だった。ユイコさんは、能動的にこのような実践を行ったのに対し、マコトさんは自らを「流されてる舟」と語ったように、能動的な実践は行っていない。では、マコトさんの女子グループへの参入はどのようにして可能となったのだろう。マコトさんからは小学校時代についてはほとんど語られなかったため、以下、中学・高校時代についての語りから、このようなマコトさんによる「実践しない『実践』」を、性別カテゴリーの境界線の再設定過程に着目して分析を試みる。

　中学時代のマコトさんは「ダサいながらに中性的な服」で通っており、

それで「違和感ないくらい」だったという。つまり、中学校時代のマコトさんも、「女の子っぽくかわいい」ところがあり、他の男子とは異なる中性的で、それが自然な姿であった。

第3章や第4章で見たように、トランスジェンダーの語りの中に、AGABとは異なるジェンダー表現をした時にイジメにあったというエピソードはよく聞かれる。しかしながら、マコトさんからはいじめられたという語りはなかった。それはおそらく、AGABの強制力が比較的弱いこと、そしていじめを小さな芽のうちから摘むという中学校の体制があったからであろう。ただし、同学年の男子たちは、いじめる代わりにマコトさんから距離をおいた。さらに男子グループはクラブ単位であり、実質帰宅部だったマコトさんは男子グループの人間関係を持たなかった。しかしながら、マコトさんは「はみご」にされているとは考えておらず、マコトさん自身も「隙あらばひとりになろう」としていたため、自らも同学年の男子グループに所属しようとはしなかった。

ここで着目したいのは、同学年の男子カテゴリー内でのマコトさんの位置どりである。もともと小学校時代から「『なんかせぇや』みたいな感じで引き込んでくるような子のことは、まぁ苦手やった」マコトさんは、中学校においても男子カテゴリー内で他の男子と距離をとった「ひとり」の位置にいた。さらに、マコトさんは「ダサいながらに中性的な服で違和感ない」外見をしていた。第5章で見たユイコさんによる実践には「男子カテゴリー内にとどまりながら、「男の端の端」に自らを位置づけるとともに、『私は男子やけど別でしょ』として、他の男子との間に境界線を設定」する局面があった。マコトさんの場合、このような実践を積極的におこなったわけではないが、自然な「女の子っぽいかわいさ」と中性的な外見が、結果的に他の男子との差異化につながり、男子カテゴリー内の「男の端の端」に位置づくことになったと考えられる。

次に着目したいのは、マコトさんの交友関係である。先に見たように、小学校でも中学校でもマコトさんは少し年が離れた先輩と交友関係をつく

っていた。つまり、マコトさんはグループ内では常に「年下役割」を担っていたのである。例えば、保育園の縦割り保育において、年長者がすすんで年少者をお世話する場面が見られる（小泉・野中・中野 2013 など）。もちろん、保育園における異年齢の人間関係のあり方と小学校や中学校のそれとは異なるが、例えばブランコ遊びで、「私すっごいなんか、むちゃくちゃ喜ぶから、もうそれで先輩らも喜んでたんちゃうかなぁっていう気がする」という語りに見られるように、マコトさんは先輩からは「お世話する」対象として認識され、自らもその役割を引き受けていた。このようなマコトさんの役割は、中学校時代の図書室で高校生の先輩から声をかけられたエピソードからもわかるように、中学生になっても続いた。また、女子グループに入るきっかけになった声をかけてくれた女子を、マコトさんは「お姉さんタイプ」と語っている。ここでも声をかけてくれた女子を年上と見立てることを通して、自らは年下としての役割を引き受けていた。このようなマコトさんは、体育の授業において男女でグループをつくる局面ではみごになった。その時、マコトさんは「入れて」と言わなかったにもかかわらず、お姉さんタイプの女子が、マコトさんを女子のグループに入れた。このできごとがきっかけとなって、マコトさんは女子と会話をすることができるようになった。しかしマコトさんが「ここにいたらあかんのちゃうかな」と語っているように、この段階ではマコトさんは女子のクラスターへの参入はできていない。

　では、どのようにして女子のクラスターに参入したのだろうか。ここで着目したいのは、会話についてのマコトさんの語りである。マコトさんは、教室内で交わされる女子同士の会話を聞きながら、あちこちのクラスターを「ゲストみたいな感じで渡り歩」いていたという。そこでの会話への加わり方は「答えを知っているとか思ったら、口出ししてまう」ことだったという。マコトさんは、このエピソードを語る際「今からしたら、ようそんなことしたなぁと思うんやけど、空気も読まんと」と前置きしたり、エピソードを語ったあと、このような会話のしかたは女子同士の場合「空気

読まへん」方法であり、「普通やとそこで『はい終わり、ハブり』」となるとつけ加えたりしている。

　女性と男性がおこなう会話において、男性が「重なり」「割り込み」「沈黙」といった行為を用いながら話題をコントロールしていることは、多く指摘されている（例えばzimmerman & west 1975; 好井 1991 など）。マコトさんが「口出し」をした内容は、主として「科学の話」や「パソコンの話」といった分野のものだった。そのような「口出し」が女子たちから「話題のコントロール」とみなされた場合、女子クラスターへの参入ができなくなる可能性があった。しかしながら、女子たちは、このようなマコトさんの「口出し」をOKしたという。その理由をマコトさんは「理系やったからね」としている。女子には規範的とされない「科学の話」や「パソコンの話」をしていたのは女子たち自身だった。そのような話題が自分たちの会話としてふさわしいと女子たちが考えていたのは、「女子／男子」という性別カテゴリー集合ではなく、「文系／理系」という、いわば選択コースカテゴリーとして自らの会話を解釈したからであろう。さらに「答えを知っているとか思ったら、口出ししてしま」ったマコトさんもまた、「理系」という同じカテゴリーで解釈されたからこそ、「女の子らが知らんことを情報提供できる」ために「重宝され」、そのようなマコトさんの「口出し」を女子たちはOKしたのだろう。また、理系の会話はどちらかというとまれで、女子たちの会話は「しょうもない普通の他愛もない話の方が、割合としては大き」かった。マコトさんは「芸能人の話とかは全然わからへん」ため、そのような「女の子同士の間でしかやらへんような会話するときは、入ら」ず、「ほぼ聞き役」の空気のような存在としてグループにいたという。つまり、マコトさんは「選択コースカテゴリー」と解釈されない多くの会話の場面では、「重なり」「割り込み」「沈黙」といった男性が女性に対して多く用いる行為、すなわち「話題のコントロール」をしなかったのである。

　先に述べたように、マコトさんは教室の中では「男の端の端」に位置づ

第6章　トランスジェンダー生徒による実践しない「実践」　　307

いていた。このような中、「理系」という同一カテゴリー内の会話においてはマコトさんを重宝していたクラスターの女子たちは、「話題のコントロール」をしないマコトさんに対して、「男子やけど別」と解釈して、他の男子との間に境界線を再設定することで自分たちのクラスターへと包摂したのだと解せる。さらに、クラスターの「準レギュラー」になったマコトさんは、クラスター間の「口伝えで、『あの子どうなん？』『おもしろいで』みたいなんが行」くことで、クラスター間を渡り歩くことが可能となり、他の女子クラスターにおいても境界線が再設定され、女子グループへの参入を果たしたのである。

4　おわりに

　本章では、トランス女性マコトさんの学校経験の語りをもとに、女子グループへの参入過程を分析した。その結果明らかになったのは、次の 4 点である。第 1 に、ジェンダー表現を変える実践をしなくても性別カテゴリー内の位置どりを変えることは可能だったということ。第 2 に、女子たちは会話に代表されるマコトさんの「実践」を、複数のカテゴリー集合を用いながら、場面に応じて解釈していたということ。第 3 に、マコトさんもまた、無意識ではあれ、複数のカテゴリー集合において、それぞれのカテゴリー集合に適切な「実践」をおこなっていたということ。第 4 に、マコトさんの女子グループへの参入は、このようなマコトさんの「実践」を解釈し、自分たちのグループに入れることがふさわしいと判断した女子たちによる境界線の再設定によって達成されたということ。

　マコトさん以外の本書の調査協力者のみなさんは、学校における性別にもとづく扱いを変更するために、振る舞いやしぐさあるいは服装といったジェンダー表現を変える実践をおこなった。特に制服がある場合は「要求」を通して、自認する性別の制服へと変更をおこなった。そして、これらの実践を通して、自認する性別での扱いを実現してきた。なぜなら、振

る舞いやしぐさや服装といったジェンダー表現は性別カテゴリーと結びついており、ある人をある性別カテゴリーの成員としてみなす時の手がかりとされるからである。

　一方、マコトさんはそのような実践はしなかった。マコトさんが自らをトランスジェンダーと認識したのは大学院時代であり、中学・高校時代は女性という自認はなかった。したがって、マコトさんの「実践」は「性別移行」のためのものではなく「居心地のよさ」を求めてのことだった。

　小学校時代から男子グループが苦手だったマコトさんは、中学入学後、男子の友だちはいたが、男子グループには所属せず「ひとり」の位置にいた。一方、マコトさんは、まわりの男子グループと女子グループの構造を観察した結果、女子グループの方が間口が広く、「はみご」にされないと判断した。しかし、女子グループに参入するために積極的な実践をおこなったわけではなかった。女子グループへの参入のきっかけは「お姉さんタイプ」の女子によるものだった。女子グループの「ゲスト」になったマコトさんは、クラスター間を渡り歩きながら、女子たちとさまざまな会話をおこなった。マコトさんは理系の話では「女の子らが知らんことを情報提供できる」ために「重宝され」、「しょうもない普通の他愛もない話」では、単にその場にいるだけの聞き役だった。このようなマコトさんの「実践」を、まわりの女子たちは自分と同じ性別カテゴリーの成員として「ふさわしい」と解釈し、女子たち自身が境界線を再設定してマコトさんを女子グループへと包摂したのである。

　以上のことから、マコトさんによる実践しない「実践」は、ある人をある性別カテゴリーの成員としてみなす際、通常用いられる振る舞いやしぐさや服装といったジェンダー表現を変えることではなく、それぞれの場面において会話に代表される他者との相互行為の中に埋め込まれたジェンダーを相互に参照しながらおこなわれたものであることが明らかになった。

■注
1 出生時に割り当てられた性別と自認する性別が一致している人のこと。
2 「白い黒人」が白人として通用することを「パッシング」という（飯岡 1999 など）。転じて、トランスジェンダーの世界では自認する性別で通用することを「パス」という。「完パス」は完全にパスしている、すなわちマコトさんの場合、シスジェンダー女性に見えるということである。
3 和式の男子トイレ。仁王のように立ってすることから、このような表現をしている。
4 仲間はずれのこと。
5 女の子たちを見ているしぐさ。
6 マコトさんが在籍していた学校は中高一貫であり、中学4年生は高校1年生に該当する。
7 マコトさんの姓。

終　章

トランスジェンダー生徒の学校経験から見えてきたこと

　序章でも述べたように、本書は、トランスジェンダー生徒が学校のどのような制度のもと困難を「抱えさせられるのか」ということを明らかにしたいという問題意識から出発した。しかしながら、インタビュー調査を進めていく中で、調査協力者のみなさんは単に「困難をかかえさせられている」だけの存在ではなく、その困難をそれぞれの場において解決しようとする実践者であることがわかってきた。さらに分析を進める中で、困難の解決の過程で、「性別」というものを深く見つめる研究者でもあることがわかってきた。したがって、はじめはトランスジェンダー生徒についての研究としてスタートしたが、やがて学校の中で構築される性別カテゴリーへと研究テーマが変化した。

　ここで、簡単に本書を振り返ってみたい。

　第1章では、まず、これまでトランスジェンダー生徒がどのように語られてきたのかを概観した。その後、主として日本の教育社会学におけるジェンダー研究の成果をまとめた。さらに、エスノメソドロジーの知見に基づいて、カテゴリー化実践について述べた。第2章では、私のポジショナリティについて述べたあと、調査協力者のみなさんのプロフィールと時代背景について述べた。第3章では、10人の調査協力者のみなさんのうち8人の語りを紹介した。第4章では、教育社会学分野におけるジェンダー研究の成果を用いながら、調査協力者のみなさんの語りをジェンダー葛藤が強まる過程と軽減のための実践に着目して分析した。第5章では、トランス女性のユイコさんの語りを用いて、性別移行の日常的実践を分析した。

第6章では、もうひとりのトランス女性のマコトさんの語りを用いて、相互行為の中に埋め込まれたジェンダーに依拠した実践を分析した。

以下、本書で明らかになった知見が、学術面や実践面において、どのような意義があるかについて述べることにする。

1　性別カテゴリーへの「割り当て」に着目することの意義

第1章で述べたように、これまではトランスジェンダー生徒の困難や苦悩は「性同一性障害」という疾病概念で捉えられてきた。そのため、例えば小学校高学年から中学校における性別違和は、第2次性徴による身体の変化についての苦悩と学校生活における困難が混在して語られてきた。そして、そのような苦悩と困難の軽減は、医療と学校の連携のもと、トランスジェンダー生徒を支援することでなされるとされてきた。

それに対し本書では調査協力者のみなさんによる学校生活についての語りを、教育社会学分野におけるジェンダー研究の知見を踏まえ、成員カテゴリー化装置に依拠しながら、分析をおこなった。その結果明らかになった知見が第4章で示されている。

性別にかかわる言説により性別カテゴリーが構築されること、また、生徒たち自身が性別カテゴリーを構築する主体となることは、これまでの研究で明らかになっている。例えば、第1章であげた西躰の参与観察における試験返しの場面がそれである。そこでは、教員の言葉によって構築された二分法的な性別カテゴリーのうち、生徒たち自身が自らの「性別的主体位置」を選択するさまが描かれていた。

このようなこれまでの研究に対する本書の独自性は、性別カテゴリーの構築に加えて、トランスジェンダー当事者の語りを用いて「割り当て」という行為に着目したことである。

第1章で述べたように、カテゴリーは、そのカテゴリーと結びついた「活動」や「役割」と分かちがたく結びついている。当然、性別カテゴリ

ーもまた、その性別カテゴリーに結びついた「活動」や「役割」と分かちがたく結びついている。第1章で述べたサックスの「赤ちゃんが泣いたの。ママが抱っこしたの」という解釈が可能となるのは、女性カテゴリーのサブカテゴリーである「ママ」が「ケアする」という役割と結びついているからである[1]。

「性別にもとづく扱い」は、教員の言説のみならず、体育の授業や初経教育といった場面、更衣室やトイレといった施設、そして制服に代表される制度など、学校教育のさまざまなところにある。第4章で述べたように、「性別にもとづく扱い」によって境界線が設定され、「差異」によって二分法的な性別カテゴリーが教室内に構築される。と同時に、個々の生徒に対して、AGABにもとづいた異なる扱いをすることによって、個々の生徒をそれぞれの性別カテゴリーに割り当てる。生徒たちは、割り当てられた性別と結びついた「役割」を担うことで、その性別カテゴリーに自らを割り当てる。

もちろん、その「役割」に従順な生徒もいれば、反発する生徒もいるだろう。そこで問題となるのは、「反発」が「役割」や「活動」に対するものなのか、「割り当て」に対するものなのかということである。これまでの研究ではこの両者の区別が充分になされてきたとは言えない。一方、トランスジェンダーの場合、ジェンダー葛藤という形で、「割り当て」への反発が顕在化する。言いかえるならば、トランスジェンダー生徒を対象とすることによって両者の違いを可視化することが可能となった。

「割り当て」に着目することでもうひとつ明らかになったことは、ジェンダー葛藤軽減の過程でおこなう実践の意味だった。

これまでのトランスジェンダー生徒への支援は、文科省2015年通知に「児童生徒の心情等に配慮した対応をおこなう」（文部科学省 2015: 2）とあるように、あくまでも「心や思いの問題」として解釈していた。例えば、制服についての配慮も「（性自認とは異なる）AGABにしたがった制服を着たくない」「（性自認にしたがった）自分らしい服を着たい」というように、

トランスジェンダー生徒の内面の問題として解釈されていたということである。

　もちろん、本書の調査協力者のみなさんも、最初は「内面の問題」として「性別にもとづく扱いの変更の要求」をしていた。しかしながら、「要求の実現」は内面の問題にとどまるものではなかった。第4章で明らかになったように、例えばユウキさんやアキさんの制服の変更は、結果として性別カテゴリー間の境界線の再設定をおこない、性別カテゴリーの再割り当てを実現していた。その際重要だったのは「変容する他者の存在」だった。第5章でとりあげたユイコさんや第6章でとりあげたマコトさんは「要求」はしなかった。しかしながら、ユイコさんの性別移行の実践やマコトさんの実践しない「実践」もまた、まわりの生徒たちとともにおこなう女子カテゴリーへの自己執行へとつながった。このように、調査協力者のみなさんのジェンダー葛藤軽減への実践は「個人の内面の問題」の解決によってではなく、他者との相互行為の中でおこなわれた性別カテゴリーの「再割り当て」という社会的行為によって達成されたものだった。

　このように性別カテゴリーの「構築」だけでなく「割り当て」に着目することで、誰がある性別カテゴリーの成員なのかということと、それが相互行為の中でおこなわれているということが、より精緻に分析することができるようになるだろう。

2　AGABの強制力と性別カテゴリー内の多様な位置どり

　先に述べたように、本書の独自性は性別カテゴリーへの「割り当て」に着目したところにある。では、どのようにして人々はAGABにしたがった性別カテゴリーへと割り当てられるのか。

　例えば、加藤隆雄が女性のジェンダー形成について「女性文化の場合、誘導の方向には一定の力が働いている。この重力場のために、女性が自らを置く空間は歪められるのであるが、この重力場は家父長制的と表現でき

るものである」(加藤 1997: 8) としているように、このような問いはかつてよりある。しかしながら、加藤が「重力場は家父長制的」としていることからもわかるように、加藤が言う「女性が自らを置く空間」は性別カテゴリーに結びついた「役割」や「活動」を意味している。一方、本書では、先に述べたように、性別カテゴリーに結びついた「役割」や「活動」と、性別カテゴリーへの「割り当て」を区別し、後者の「割り当て」の力を「AGABへと水路づける強制力（以下、AGABの強制力）」という言葉を用いてあらわした。

　AGABの強制力は、西躰が立てた問い「女子が『女子』に、男子が『男子』に結局なるのはなぜか」に答えるひとつのアプローチになるだろう。なぜなら、調査協力者のみなさんの語りが示しているように、必ずしも「女子が『女子』に、男子が『男子』に結局なる」とは言えないからである。例えば、第5章の小学校低学年時代のユイコさんの「男女のケンカ」のエピソードはまさに「男子が『女子』に」なった事例である。このようなことが可能となったのは、第5章で述べたように、ケンカの場面においてAGABの強制力が弱かったからである。一方、中学校時代のユイコさんが「オス活」という形で「男子が『男子』に」なったのは、AGABの強制力が極めて強く働いていたからだった。また、AGABの強制力が常に同じ強さで働き続けているわけではないことも、本書で明らかになった。例えばユイコさんの語り「学ランとか制服でわかれると、一気に男女ってなるんですよ、中学から。(中略)学校の外で会うとそこまで男女って、学校ほど意識しなくて男女楽しく遊んだのに」は、学校内と学校外ではAGABの強制力は異なることを示している。西躰の問いは、まさに「性別カテゴリーへの割り当て」である。この割り当てを考える際、AGABの強制力というアプローチが有効となるだろう。

　もちろん、AGABの強制力をつくりだすのは「制度」だけではない。これまでの研究でも生徒たちはジェンダーを内面化するだけの存在ではなく、「子どもたちがセクシズム・イデオロギーを他者に注入する主体」(木

村 1997: 41）であることは明らかにされてきた。生徒たちのこのような姿は、本書でも第 4 章におけるハルトさんやススムさんによるいじめについての語りや、ユイコさんの中学時代の語りに象徴的にあらわれていた。一方、生徒たちは常に「セクシズム・イデオロギーを他者に注入する主体」なだけではない。例えば、ユイコさんは腐女子たちとともに「腐女子カテゴリー」という自己執行をおこなった。また、マコトさんもクラスター間を渡り歩くことを通して、女子グループへの参入を果たした。ユイコさんやマコトさんの実践が可能となった背景には AGAB の強制力が相対的に弱まっていたことがあった。このような多様な生徒たちのありようをあきらかにする際、生徒たちもまた AGAB の強制力をつくりだす主体と捉え、制度と生徒たちの間でなされる相互反映的な行為の分析をおこなうというアプローチが有効となるのではないだろうか。

　AGAB の強制力に強弱があることから明らかになったもうひとつの知見は、性別カテゴリー内は一様ではなく幅があり、そこには「多様な位置どり」があることだった。これまでの研究でも、「『女の子』的な行動をした男の子」（藤田 2004: 341）のように、AGAB に規範的ではない行動をとる生徒たちの姿は描かれてきた。しかしながら、そうした生徒たちは「『嘲り』を受ける」などといった形で、あくまでも「逸脱」した存在として扱われ、性別カテゴリー内部の多様性とはとらえられてこなかった。

　一方、本書では、例えば第 5 章におけるユイコさんの高校時代の語りの中に「男子校の姫」あるいは「男の端の端」とあったように、男性カテゴリー内の位置どりを変える実践があった。ユイコさんのこの実践は、通常であれば「嘲り」の対象になりかねないが、そうはならなかった。つまり、ユイコさんの実践は「逸脱」と捉えられず、男子カテゴリーの「端の端」にいることが周囲からも承認されていたのである。つまり、男子カテゴリー内にも多様な位置どりが存在することが、その場において認識されていたことになる。

　このように、AGAB の強制力の強弱という視点を加えることで、「逸脱

か否か」といったとらえ方ではなく、性別カテゴリー内の多様な実践というとらえ方が可能となるだろう。

3　トランスジェンダー生徒の実践が意味すること

　最後に、本書のもうひとつの意義について述べることにする。
　これまでトランスジェンダーを扱ってきた研究は、当然のことながら、調査の対象者がトランスジェンダーであることが前提であった。例えば、医療関係者による研究はもちろんのこと（中塚 2010 など）、当事者団体や当事者劇団のメンバーを対象とした研究（石井 2018）、当事者の自己物語の再組織化過程を描いた研究（荘島 2008）、対話的オートエスノグラフィを用いて性別違和を関係論的視座から捉えなおしをはかったもの（町田 2018）など、枚挙に暇がないが、いずれの調査対象者も、自身に性別違和があることを認識しているところに共通点がある。
　もちろん、本書の調査協力者のみなさんも、のちにトランスジェンダーという自認を失ったアキさんをのぞき、調査時はトランスジェンダーという自認を持っていた。しかしながら、本書が扱ったのは就学前から高校までであるため、「言語化」以前の語りも含まれている。
　例えば、第 5 章でとりあげたユイコさんがトランスジェンダーであることを自認したのは高校 2 年生の時である。したがって、それ以前は「自分が事実として男であるっていうのは自覚してた」のである。にもかかわらず、例えば朝礼台の下の「女の子のコミュニティ」に参加したり、男女でわかれたケンカの場面で「しれっと女子側に入って『サイテー』とか」やることが可能だった。このことは、他の女子たちが、ユイコさんがトランス女性であるから女子カテゴリーへと再割り当てをしたのではないということを示している。
　あるいは、第 6 章でとりあげたマコトさんは、小学校の時に「女の子になりたい」とは思っていたが、「言語化」は大学院生の時である。マコト

さんの高校時代についての語りに「女の子グループっていうのに入って居心地よかった」があるように、マコトさんは「ジェンダーアイデンティティが女性であるから女子グループに参入したい」と考えたわけでなかった。だからこそ、マコトさんは「とにかくしつこいけど、私は一切なにも変わってないと自分では思ってる」と語ったのである。つまり、マコトさんの「実践しない『実践』」は、解剖学的特徴やAGABはもちろん、ジェンダーアイデンティティにすら依拠しなかったということである。にもかかわらず、マコトさんは女子グループに参入できただけでなく、着替えの場面で女子たちは「○○ちゃん、入れてもええんちゃうの」とさえ言っていたのである。なぜなら、第6章で述べたように、まわりの女子たちは、マコトさんを女子カテゴリーの成員として「ふさわしい」と考えたからであり、だからこそ性別カテゴリー間の境界線を再設定し、マコトさんを女子カテゴリーへと再割り当てしたのである。

　実はこれは当たり前のことであるとも言えよう。なぜなら、人々が日常生活場面において、ある人をある性別カテゴリーへと割り当てるとき、その人の解剖学的特徴やAGAB、あるいはジェンダーアイデンティティがどうであるかということとは無関係に、その人を「ふさわしい方」に包摂する形で性別カテゴリー間の境界線を設定し、その性別カテゴリーの成員として扱うからである。もちろんその割り当ては、ある人が他の人へと一方的におこなわれるわけではなく、それぞれがそれぞれに対して、互いに割り当てをおこなっている。このような割り当ての相互行為によって、それぞれの場面で性別カテゴリーが構築されるとともに、それぞれの性別カテゴリーの成員もまた決定されているのである。

　このように、日常の生活の場面において人々がおこなっていることを、調査協力者のみなさんの語りが顕在化させたということができよう。

4　トランスジェンダー生徒が包摂される学校であるために

　最後に、本書で得られた知見が、教育実践、とりわけトランスジェンダー生徒への支援にどのような示唆が与えられるのかを論じたい。

4-1　トランスジェンダー生徒の学校経験の多様さが示すこと
　10人の調査協力者のみなさんの語りを通して、まず最初に押さえておかなければならないことは、トランスジェンダー生徒の学校経験は実に多様であるということである。

　例えば、10人の調査協力者のみなさんのうちハルトさん、ススムさん、シュウトさんの3人は高校を中退していた。しかしながら、第3章で紹介した3人の語りを見ればわかるように、中退の理由は性別違和だけでなく、家庭の問題なども複雑にからんでいる。したがって、単に「中退3人」といった形でひとくくりにすることはできないだろう。

　時代による違いも無視できない。例えば、調査協力者のみなさんの中で最年長のハルトさんの小学校入学年度は1987年であり、最年少のユイコさんのそれは2000年で、13年の差がある。ハルトさんの場合は「性同一性障害」という言葉すらない時代で、「性別分化からの逸脱行為」はそのまま教員も参加する形でのいじめへとつながった。一方、ユイコさんの場合は、小学校の教員はユイコさんの「性別分化からの逸脱行為」を「性同一性障害」と解釈し、保護者に「この子は性同一性障害ではないか」と話した。文科省2015年通知から約10年経過した現在は、また異なる状況となっているだろう。

　高校進学時の選択肢の幅の違いも大きい。ユウキさんもシュウトさんも高校選択にあたって「制服がないこと」が第1希望だった。しかしながら、制服がない高校は進学校か定時制高校しかないために、結局、制服がある学校に進学するしかなかった。進学校に入学し、結果として制服がない高校生活を送ったユイコさんとマコトさんとは対照的であった。学力の違い

はいじめへの対処方法ともつながっていた。第5章でも述べたように、中学校時代のユイコさんは学力ヒエラルキーのトップに位置し、ヤンチャな子らに勉強を教えることを通していじめの回避をおこなっていた。

　共学校と別学校の違いも大きいが、例えば、同じ私立の女子校・女子コースであっても、ススムさんとユウヤさんでは大きく違った。ススムさんの高校は強固な枠組みの中におかれていたが、ユウヤさんの高校は校則をほんの少し緩めることができた。そのこともあってか、ユウヤさんが高校時代を振り返った語りに、高校への否定的なものは見当たらない。一方、男子校に在籍していたツバサさんは「性別一元論」とし、「そこ［自分がトランスジェンダーであること］に気づかなかったことが幸いして今生きているんかな」と語っている。このように、男女別学であっても、その学校経験はそれぞれに異なる。

　また、ユウキさんとキョウコさんはともに制服の変更を申し出た。最終的にはふたりとも制服の変更を実現した。しかしながら、その過程はまったく違った。ユウキさんにはU先生をはじめ理解を示す教員がおり、さまざまな支援があった。一方、キョウコさんは校長への直談判によって実現したが、その過程で「お前の趣味につきあうつもりはない」といった心ない言葉を発する教員がいたという。

　こうした個々の事例の違いが示唆していることは、トランスジェンダーをひとくくりにし、支援のあり方をマニュアル化することの危険性である。

　一方、このような多様さを生み出しているのは、個々のトランスジェンダー生徒の「違い」に還元することの危険性にも留意する必要がある。例えば、ユウキさんやシュウトさんが制服のある高校しか選択できなかったことは、ユウキさんやシュウトさんが進学校に進学する学力がなかったと解釈していいのだろうか。仮にそうであるとすれば、トランスジェンダー生徒の選択肢は、トランスジェンダーであるがゆえに、「進学校か定時制高校」しかないということになってしまう。そうではなく、制服のない学校が進学校と定時制高校にしかないというところにこそ問題があると考え

る必要があるだろう。同様のことは、トランス男性であるユウキさんとトランス女性であるキョウコさんに対する「教員の眼差し」にも見られるだろう。また、ハルトさんが「ヤンキーみたいなことに」なったのも、単にトランスジェンダーに不寛容だった時代のできごとだったと捉えていいのであろうか。ハルトさんの語りから垣間見えるのは、ハルトさんの家庭環境の厳しさである。その厳しさは、時代を超えているだろう。

このように、トランスジェンダー生徒の多様さは、時代や社会、あるいは家庭の置かれた階層や学校文化の中で生み出されていると考える必要がある。したがって、トランスジェンダー生徒への支援も「トランスジェンダー」という一元的な軸のみで捉えるのではなく、多様な背景を考慮に入れる必要がある。

一方、調査協力者のみなさんの語りに共通してみられたこともある。それは、調査協力者のみなさんが持つ、たぐいまれなとしか言いようがない「能力」である。例えば、校長と直談判することを辞さないキョウコさんの突破力や、ユイコさんの観察力や交渉能力、あるいはマコトさんのバランス感覚など、枚挙に暇がない。このことは、まさにトランスジェンダー生徒を支援・配慮を受ける客体として捉えるのではなく、行為主体として捉える必要性を示しているだろう。と同時に、「能力」がなければ実現不可能という過酷な状況を、調査協力者のみなさんは生き抜いてきたということも言えるだろう。仮に「支援・配慮」をするならば、そのような過酷さをいかに軽減するかという観点でおこなう必要がある。

4-2　支援から学校づくりへ

最後に、トランスジェンダー生徒が包摂される学校をつくるために、調査協力者のみなさんの語りから示唆されることを述べることにする。

そもそも本書は「トランスジェンダー生徒が直面する困難は学校がつくりだしている」という問題意識からスタートした。本書で得た知見は、トランスジェンダー生徒は、学校の性別分化の中でジェンダー葛藤をかかえ

させられている存在であるということである。さらにそのジェンダー葛藤は、AGABの強制力のもと、AGABにしたがった性別カテゴリーへと割り当てられることによって生じることが明らかになった。そのようにして強められたジェンダー葛藤は、性自認にしたがった性別カテゴリーへの再割り当てによって軽減されることもまた明らかになった。その再割り当ての方法はふたつあった。ひとつは、AGABの強制力はそのままであるが、性別にもとづく扱いの変更によって再割り当てをおこなうという方法である。第4章であつかったユウキさんやアキさん、あるいはキョウコさんがとった方法がそれである。もうひとつは、比較的弱いAGABの強制力の中で、性別カテゴリー内の位置どりを変え、他者との相互行為の中に埋め込まれたジェンダーに依拠しながら再割り当てをおこなうという方法である。第5章であつかったユイコさんや第6章であつかったマコトさんがとった方法がそれである。

　本来、学校に求められることは、生徒同士の相互行為が可能となる程度にAGABの強制力を弱める後者の方法であろう。しかしながら、学校は性別カテゴリーの境界線が過剰なまでに強化された場であり、それをすぐに弱めることは困難であるとも言える。したがって、現在、学校現場においてなされているトランスジェンダー生徒への支援は主として前者の方法が大半ではないだろうか。その際、第4章で得た知見、すなわちジェンダー葛藤軽減のための条件として「『要求』発見の可能性」「『要求』実現へ向けた課題の提示」「変容する他者の存在」が重要であることが示された。ただ、それだけでなく、制度的な「性別にもとづく扱いの変更」を利用することによって、異なる性別カテゴリーへの再割り当てがおこなわれていたことを忘れてはならない。その際、例えば表1-3であげた文科省の支援の事例の中にある更衣室やトイレあるいは修学旅行の部屋わりなどへの配慮が「男子部屋」でも「女子部屋」でもない「第3の場」となっていることを批判的に問うてみる必要がある。これは、トランスジェンダー生徒に対してではなく、むしろまわりの子どもたちへの配慮を優先しているので

はないだろうか[2]。

　とは言え、「前者の方法」と「後者の方法」を対立的にとらえることは、あまり意味がないように思われる。むしろ、現実の個々の場面において強められたジェンダー葛藤を、生徒自身が行為主体となって軽減していくという方向を目指す必要がある。そのために、本書の最後に調査協力者のみなさんの学校経験から2つの事例をとりだして検討することにより、トランスジェンダー生徒が包摂される学校づくりへのヒントを得たい。

　まず、「女子校」という女子カテゴリーしかない学校に在籍していたにもかかわらず、ジェンダー葛藤を軽減したユウヤさんの事例である。

　まず、ユウヤさんの実践を簡単に振り返ることにする。第3節第4項でも見たようにユウヤさんの学校には制服があったが、タイツと靴下については選択できた。ところが、合唱コンクールの場面で「全員タイツを履く」ことになり、ユウヤさんはタイツを強要されることになった。それに対し、ユウヤさんは指揮者の生徒にカミングアウトし、ユウヤさんのみ靴下でもかまわないという返答を得た。しかし、中間発表会で「タイツを忘れた人」扱いをされたため、指揮者の生徒を再度説得し、本番では全員が自由選択になった。

　ここで注目したいのは、ユウヤさんのみが靴下を履いた時、「タイツを忘れた人」とみなされたというところである。ユウヤさんは靴下を履く理由を「いやぁ、タイツなんか履けないし。あれは女の人が履くものでしょう」と語った。つまり、ユウヤさんは自分の中で「タイツか靴下か」を性別カテゴリーの境界線として設定し、「タイツを履く」行為を「女子カテゴリーへの割り当て」としたのである。ところが、ユウヤさんは「タイツを忘れた人」、すなわち「本来タイツを履く人であるが、タイツを忘れたため、やむを得ず靴下を履いている人」とみなされたのである。選択肢がタイツしかないのであれば、それは境界線にならない。そこで、ユウヤさんは本番での「靴下とタイツの選択」を実現させることを通して、「タイツか靴下か」を境界線とすることに成功した。そして、「靴下を履く」と

いう行為を「『女の人』とは異なるカテゴリーへの割り当て」とし、「靴下を履く」ことで、自らをそのカテゴリーに割り当てたのである。
　第4章でも紹介したが、ユウヤさんは高校時代を振り返って、次のように語った。

> ユウヤ：[呼ばれたい名前で呼ぶとか、制服を変えるとかっていうふうなことは] なかったけど。例えば、タイツ履かなくてもいいように裏でまわしてくれてたりとか、そういうちょっとしたこと。それがもうできないもんだと自分の中では思ってたから、そういうちょっとしたことをやってもらうだけで、自分はうれしかったなぁって。ほんとにちょっとでよかったなぁ、って。

　もちろん、ユウヤさんは女子校に在籍している限り、女子カテゴリーから免れることはできない。また、ユウヤさん以外にも靴下を履いた生徒はいたかもしれないし、その生徒にとって靴下を履く行為はユウヤさんのような意味あいは持っていなかっただろう。そういう意味では、ユウヤさんの実践は自己満足と言えるかもしれない。それでもなお、ユウヤさんは「タイツではなく靴下」という実践を通して主体的に境界線を設定し、ジェンダー葛藤を自らの力で軽減したのである。
　次に、第3章第8節であつかったアキさんの事例である。
　アキさんが在籍していた高校には強いAGABの強制力が働いていた。そのような中、アキさんは学校の許可を得ず、勝手に学ランを着用した。そのようなアキさんに対して、まわりの生徒たちは「え、めっちゃ似合ってるやん！」「めっちゃ着こなしてるやん」というふうに男子扱いした。トイレについても、アキさんは「堂々と男子トイレ使ってた」と語っていた。さらに卒業論文ではセクシュアルマイノリティをテーマにとりあげ、そのためのアンケートを「学科の中でも、一目置かれてるような、やんちゃな子に」手伝ってもらい、男子扱いを確実なものにした。しかし、大学

時代にアキさんはトランス男性という自認がなくなった。

　では、アキさんにとって高校時代の「学ラン経験」は無駄なことだったのだろうか。アキさんは高校時代を振り返って、次のように語っている。

> ア　キ：［無理にでも学ランを着た経験は］大きいです。あれでやらなかったら、よけいに自分がわからなかったかもしれないです、自分自身のことが。やってみて、いろいろフィードバック返ってきて、いろいろ考えてがあったんで。あの時は、ほんとにそれにほんとに考えたんで、自分自身もほんまに考えたんで、今は考えなくてすんでるのは、あの時にほんまに考えたっていう基盤があるからかな？　と思います。

　「トランス男性ではなかった」アキさんの学ラン経験は一見「間違い」だったかもしれない。しかしながら、ミルトン・ダイアモンドとヘイゼル・グレン・ベイは「あらゆる個人には間違える権利さえもがある、というのが私たちの信念である」（Diamond & Beh: 2006=2008: 204）としている。さらにダイアモンドは、トランスジェンダーの中は、常に性自認にしたがった振る舞いをするわけでなく、AGABにしたがった振る舞いを過度におこなうような事例もあるとした。そしてこのような行為は、自らの性自認を確認するためにおこなう大切な行為であるとし、self-testingと名づけた（Diamond 1995）。アキさんの事例は、自らが「トランスジェンダーではない」ことを確認するために必要なself-testingだったと言えよう。そうであるならば、アキさんの事例は、「間違える権利」を保障することが、学校に求められるということをあらわしている。

　トランスジェンダー生徒が包摂される学校とは、一方的に支援や配慮を押しつけるのではなく、ユウヤさんが語ったように「ちょっとしたこと」をしてくれること、ユウキさんが語ったようにジェンダー葛藤と向きあうトランスジェンダー生徒にとことんつきあうこと、ユイコさんやマコトさ

んが語ったような「居心地のよさ」を探すことができる場所であること、あるいはアキさんのように性別のお試しをすることもできる、いわば「性別モラトリアムとしての学校」(土肥 2015b: 49)であることではないかという問題提起をして、本書を終えたい。

■注
1 このことは、女性がケア役割を担うことの是非とは別のことである。また、文化圏が変われば、当然異なる解釈が可能となる。
2 島袋は文部科学省の支援の事例の中のトイレや更衣室あるいは修学旅行の部屋割りなどについての支援を、性自認にも生物学的性にも基づいていないため、男女のいずれにも振りわけられていないものとし「ここでは支援の対象となる性同一性障害に係る児童・生徒への配慮と、それ以外の児童・生徒への配慮が対置され、両者の均衡を取らなければならないという前提のもと、対応は進められるべきという論理が成立している」(島袋 2020: 172)としている。

あとがき──「はじめに」のその後

　「はじめに」にも書いたように、加納先生の「学位と単著だね」というひとことで、私は論文を書く側にまわることにした。とは言え、すんなりと論文を書く側にまわれたわけではなかった。
　まずは学位をとるために大学院に入学したいと考えた。そこで、大阪大学の博士課程にチャレンジしようと考え、平沢安政先生に連絡をとった。平沢先生に会いに大阪大学に行くと、そこには木村涼子先生もおられた。「修士課程を飛ばして博士後期課程に入学したい」という、私の突拍子もない依頼に、おそらく驚かれただろう。結局、修士課程からはじめないといけないことがわかった。ところが、現職教員を続けながら通学できる大学院がなかなか見つからなかった。そんな中、ふと京都教育大学について調べると、大学院の授業は 18 時以降に設定されていることがわかった。京都教育大学には、校区の被差別部落で学力調査をした際、アドバイザーとして来られていた伊藤悦子先生がおられた。そこで伊藤先生に相談をし、引き受けてもらえることになった。そして 2012 年に京都教育大学大学院教育学研究科に入学した。
　入学当初は「日本におけるトランスジェンダースタディーズを確立する」などという大きな野望をもっていたが、夢はどんどんしぼんでいった。そんな中で、自分ができることは、自分がかかわる自助グループで出会ったトランスジェンダー生徒のことだと気づいた。自助グループでの話し合いを聞くたびに、「この子らが直面する困難は学校がつくりだしている」とずっと考えてきたので、それをテーマにしようと決めた。
　とは言え、私の大学での出身学部は工学部である。文系の論文を書くのは生まれてはじめてだった。ただ、「はじめに」にも書いたように。私はさまざまな雑誌や冊子にたくさんの文章を書いてきた。入学当初は「でき

るだろう」と考えていたが、どうやら論文の書き方はまったく違うらしいということに少しずつ気づきはじめた。論文の書き方を学ぶ中で、これまで自分が書いてきたレポートが、論文としては一文の価値もないということがわかるとともに、文献としてあげられてこなかった理由がようやくわかった。そこで、「なにもない初学の学生」としてスタートすることにした。

修士課程の途中、文部科学省が全国の小学校・中学校・高等学校等を対象に、性同一性障害の生徒についての悉皆調査をおこなうという情報が飛び込んできた。私がインタビューできたのはたった10人だった。もしかしたら、修士論文を出す意味がなくなるかもしれないと思った。しかし、出された調査結果を見た時、「なんとか生き延びられそうだ」と思った。そして2014年に修士論文を書きはじめた。論文の提出は2015年1月である。1ヶ月前の12月に修士論文の草稿を伊藤先生に送ったが、年末に、山のような付箋をつけた論文が返されてきたことを今も覚えている。冬休みを使って論文を修正し、なんとか提出期限に間に合わせた。

　それと並行して、博士後期課程に入学できる大学を探した。ちょうど大阪府立大学（当時）に古くからの知りあいの東優子先生がおられたので相談したところ、田間泰子先生を紹介された。年始早々に未完成の修士論文をかかえて田間先生に会いに行ったところ「おもしろいことをやってるね。受けてみたら」と言われ、2015年に大阪府立大学人間社会学研究科博士後期課程に入学した。

　入学した直後、修士論文をもとに、日本教育社会学会に論文「トランスジェンダー生徒の学校経験」を投稿し、採択された。ただ、英語が苦手な私にとって一番困ったのは英文要旨だったが、友人の小淵由紀子さんの協力を得て作成することができた。これ以降も、小淵さんにお世話になっている。幸先のいいスタートが切れたが、そこからがたいへんだった。まず、大阪府立大学は家からも職場からも2時間ほどかかるため、通学するのは実質不可能だった。それでも1年目は月1回程度通ったが、あとはほ

とんど大学に行かず、メールのやりとりで指導を受けていた。そしてなにより、社会学の基礎がないため、勉強しなくてはならないことがあまりにも多すぎた。また、2本目の論文もなかなか書けなかった。それでも、修士論文時にインタビューした人のうちの2人に追加インタビューをおこない、そのうちの1人のインタビューデータを用いて、2017年に日本社会学会に論文「トランスジェンダーによる性別変更をめぐる日常的実践」を投稿した。最初の判定はC（大幅な修正をすれば掲載の可能性がある）だった。通常であればあきらめる判定だろうと思うが、修正にチャレンジすることにした。そこから最終的に6度の修正をおこなうことになった。途中、田間先生から「貴重なデータなので、掲載可能なジャーナルに投稿したら」というアドバイスをいただいたが、どうしても未練があり、結局押し通した。そして、約1年半後の2019年にようやく採択された。この論文を書く過程で、自分の関心がトランスジェンダー生徒そのものではなく、トランスジェンダー生徒の実践によって顕在化する性別カテゴリーへと移っていった。それはとりもなおさず、自分が性別移行しようとした時に立てた「今からあとにしようとする『男性』とは何か。これから行こうとする『女性』とは何か」という問いに近づくことだった。

　ある日、指導を受けるためにアポイントメントなしに田間先生の研究室を訪れたときのことは今も忘れられない。田間先生は「いつも突然ね」と笑いながらも、会議の合間の貴重な時間を、私のために割いてくださった。私は『社会学評論』の査読のやりとりを振り返って「今回のやりとりで、ほんっとに性別ってカテゴリーなんだなってわかりました」と話した。すると、田間先生はこう答えられた。「そう、単なるカテゴリーなの」。そして、こう続けられた。「でもね、されどカテゴリーなの」。ほんの少しの時間だったが、自分が進んでいる方向が間違っていないこと、そして明らかにしなければならないことは「されど」の部分であることがわかった貴重なやりとりだった。

　ここからいよいよ博士論文を書きはじめたが、修士論文とは比較になら

ないほどたいへんだった。ただ、ちょうどcovid-19が蔓延し、学校が休校になったり、さまざまな活動が中止になったりしたおかげで、なんとか時間を捻出することができた。そして、2021年に博士論文を提出することができた。

これでようやく加納先生から言われた「学位」は取得した。次は「単著」だと思い、生活書院の髙橋さんにメールした。するとすぐに「出しましょう」という返事が返ってきた。ただ、博士論文のできは、お世辞にもいいとは言えなかった。当初は論文を見るのもイヤだった。しかし、1年ほどたって再び読み返すと、「案外おもしろいことをやってきたやん」と思えるようになった。と同時に、副査の東先生や西田芳正先生から公聴会で指摘されたことも、すこしずつ理解できるようになってきた。そこで、修正をはじめたのだが、全面的な改定が必要になったために、思いのほか時間がかかってしまった。ただ、途中で『解放社会学研究』に招待論文を書く機会を得たので、2人の追加インタビューのうち、博士論文で用いることができなかったもうひとりのインタビューデータをもとに「トランスジェンダーによる『実践』しない実践」を書くことができたのは幸運だった。この論文も大幅に書き直して、本書に入れることにした。

このようにして、ようやく本書の執筆が本格化しはじめたが、不安の連続だった。というのは、査読論文であれば、査読者がチェックして下さる。しかし、単著は誰もチェックしてくれない。ただ、「これが研究者として独り立ちすることなんだ」と自分に言い聞かせながら執筆を進めた。幸い、田間ゼミの先輩である関めぐみさんや、さまざまな経緯で知りあいになった佐藤靜さん、武内今日子さん、島袋海理さん、今井貴代子さんといった方々が、未完成の原稿を読んで下さり、さまざまなアドバイスやコメントをくださった。また、関西インクルーシブ教育研究会や「ジェンダーと教育メーリングリスト」、あるいは関西大学人権問題研究室で発表の機会をいただけたことも励みになった。

このような経緯をたどって、本書がようやくできた。

本書は、2021年に大阪府立大学大学院人間社会学研究科に提出した博士論文「トランスジェンダー生徒のジェンダー葛藤と性別移行をめぐる実践」を書籍化したものである。各章の初出は次の通りであるが、大幅な加筆修正をおこなっている。

序　章　土肥いつき，2021,「トランスジェンダー生徒のジェンダー葛藤と性別移行をめぐる実践」（博士論文）の序章

第1章　博士論文の第2章

第2章第1節　土肥いつき，2023,「トランスジェンダーによる『実践』しない実践」『解放社会学研究』36: 84-109. の第2節

第2章第2節・第3節　博士論文の第3章

第3章　土肥いつき，2014,「トランスジェンダー生徒に対する学校の対応と当事者からの評価　―トランスジェンダーの若者へのインタビュー調査を通して―」（修士論文）

第4章　土肥いつき，2015,「トランスジェンダー生徒の学校経験」『教育社会学研究』97: 47-66.

第5章　土肥いつき，2019,「トランスジェンダーによる性別変更をめぐる日常的実践――あるトランス女性の学校経験の語りを通して」『社会学評論』70（2）: 109-127.

第6章　土肥いつき，2023「トランスジェンダーによる『実践』しない実践　マコトさんの語りから」『解放社会学研究』36: 84-109.

第7章　書き下ろし

　最後に謝辞を述べることにします。
　まずは、快くインタビューを引き受けてくださった調査協力者のみなさん、ありがとうございました。原稿をチェックしてもらう時はいつも不安でしたが、温かい言葉をかけてもらってここまで来られました。みなさんやみなさんの後輩たちが幸せな人生を送れるように、これからも微力ながらがんばっていきたいと思います。

京都教育大学では伊藤悦子先生の「放牧主義」のもと、のびのびと過ごさせていただきました。初学者の私に論文の書き方を教えてくださり、修士論文を書きはじめてからはペースメーカーとしてずっと伴走していただきました。大阪府立大学では、田間泰子先生のもと、本格的に研究に向きあいました。いつも論文の提出期限間際に草稿を送りつけてしまい、ずいぶんと困らせてしまっただろうと思います。ご指導いただくメールの文面はとても的確で厳しさすらあり、途方に暮れることもありましたが、研究室での優しい姿にホッとしました。先生からいただいたたくさんのアドバイスのおかげで博士論文をなんとか書くことができました。それらのアドバイスは、博士論文提出後4年たった今も反芻し続けています。また、副査の東優子先生と西田芳正先生からは、それぞれのご専門だけでなく、研究者としての貴重なコメントをたくさんいただきました。にもかかわらず、博士論文では充分に反映することができませんでした。この本で少しでも応えられたらと思っています。

　田間ゼミの先輩のみなさん、「はじめに」や「あとがき」に名前を出させていただいたみなさんや、名前は出しませんでしたが、研究仲間としてつきあってくださっているみなさんから多くのことを教えられました。職場の同僚のみなさんも、有形無形の形で協力をして下さいました。ほんとうにありがとうございました。

　2017年に松波めぐみさんたちが企画された「『障害×学校教員』シンポジウム」にパネラーとして登壇したことをfaccbookに書いた際、松波さんが「パネルディスカッションをずっと見ていたTさん（○○書院社長、わりと辛口）が、『中身が濃かった、おもしろかった』とおっしゃった上で、一人だけ名前を挙げたのがいつきさんでした。それも『社会モデル』の普遍化を体現している人、みたいな意味で。主催者としても、友人としてもとても嬉しい出来事でした。ほんま、ありがとさんでした」というコメントをくださいました。このコメントが、髙橋さんに出版をお願いしようとしたきっかけでした。髙橋さんと引きあわせて下さった松波さんに感謝す

るとともに、本書の出版を快く引き受けてくださり、しかも 4 年も待ってくださった髙橋さんに感謝いたします。

　キリスト教の歴史神学の研究者だった父・昭夫は、私が大学院に入る前の 2008 年にすでに他界していました。また、母・淳子も 2024 年に他界しましたが、大学院進学にあたってさまざまな援助をしてくれました。きっとふたりそろって天国で喜んでくれていると思います。そして、子どもの悠樹と稜子、君たちが私を肯定してくれていることがどれほど大きな力になっているかわかりません。そしてパートナーの淳子さん。淳子さんの支えがなければこの本はこの世に存在しませんでした。ほんとうにありがとう。

文　献

天野正子, 1988,「『性(ジェンダー)と教育』研究の現代的課題——かくされた『領域』の持続」『社会学評論』39(3): 266-283.

綾屋紗月, 2013,「当事者研究と自己感」石原孝二編『当事者研究の研究』医学書院: 177-216.

綾屋紗月編著, 2018,『ソーシャル・マジョリティ研究——コミュニケーション学の共同創造』金子書房.

Butler, Judith, [1990] 2000, *Gender Trouble: Feminism and the subversion of identity*, New York/London: Routledge.（竹村和子訳, 1999,『ジェンダー・トラブル——フェミニズムとアイデンティティの攪乱』青土社.）

Califia, Patrick, 1997, 2003, *Sex Changes Transgender Politics(2nd edition)*, San Francisco : Cleis Press（石倉由・吉池祥子ほか訳, 2005,『セックス・チェンジズ——トランスジェンダーの政治学』, 作品社.）

知念渉, 2012,「〈ヤンチャな子ら〉の学校経験」『教育社会学研究』91: 73-94.

知念渉, 2017,「〈インキャラ〉とは何か：男性性をめぐるダイナミクス」『教育社会学研究』100: 325-345.

Connell, Robert William, 1987, *Gender and Power: Society, the Person and Sexual Politics*, Cambrige: Polity Press.（森重雄・加藤隆雄・菊池栄治・越智康詞訳, 1993,『ジェンダーと権力——セクシュアリティの社会学』三交社.）

Dale, S.P.F., 2013, "Mapping 'X': The Micropolitics of Gender and Identity in a Japanese Context," PhD thesis, Sophia University Department of Global Studies.

Diamond, Milton, 1996, "Self-Testing Among Transsexual: a check on sexual identity", *Jounal of Psychology & Human Sexuality*, 8(3): 61-82.(http://www.hawaii.edu/PCSS/biblio/articles/1961to1999/1996-self-testing.html 2021年1月14日取得)

Diamond, Milton &Hazel Glenn Beh, 2006, "The Right be Wrong: Sex and Gender Decisions", *Intersex & Ethics*29. S. Sytsma ed. Kluwer Academic Publishers: 103-113.（東優子訳, 2008,「間違う権利——セックスとジェンダーの自己決定をめぐって」石田仁編著『性同一性障害——ジェンダー・医療・特例法』御茶の水書房: 195-213.）

土肥いつき, 2005[2008],「若年層当事者の抱える諸問題と支援」『GID（性同一性障害）学会』1: 153.

―――, 2013a,「トランスジェンダー生徒交流会からの発信」南野知恵子代表編著『性同一性障害の医療と法　医療・看護・法律・教育・行政関係者が知っておきたい課題

と対応』メディカ出版 : 359-362.

―――, 2013b,「出会いは世界を広げていく――トランスンジェンダー生徒交流会からの発信」『部落解放』685: 88-98.

―――, 2014,『「ありのままのわたしを生きる」ために』日本性教育協会.

―――, 2015a,「トランスジェンダー生徒の学校経験――学校の中の性別分化とジェンダー葛藤」『教育社会学研究』97: 47-66.

―――, 2015b,「トランスジェンダー生徒に対する学校の対応と当事者からの評価――トランスジェンダーの若者へのインタビュー調査を通して」京都教育大学大学院教育学研究科修士論文.

―――, 2016,「トランスジェンダー生徒への支援を題材に」『性の健康』15(2): 6-10

―――, 2019,「トランスジェンダーによる性別変更をめぐる日常的実践――あるトランス女性の学校経験の語りを通して」『社会学評論』70(2): 109-127.

―――, 2020,「性の多様性を学校でどのように教えるか」『小児保健研究』79(2):135-139.

遠藤まめた, 2016,『先生と親のための LGBT ガイド――もしあなたがカミングアウトされたなら』合同出版.

Faye, Shon, 2021, *The Transgender Issue: An Argument for Justice,* Penguin.（高井ゆと里訳, 2022,『トランスジェンダー問題――議論は正義のために』明石書店.）

藤田由美子, 2004,「幼児期における『ジェンダー形成』再考――相互作用場面にみる権力関係の分析より」『教育社会学研究』74: 329-348.

―――, 2015,『子どものジェンダー構築――幼稚園・保育園のエスノグラフィ』ハーベスト社.

東　優子, 2016,「ジェンダーの多様な子どもたち健康と権利」『小児科』57(11): 1319-1325.

―――, 2018,「SOGI/E の多様性と学校教育」『教育心理学年報』57: 295-297.

堀あきこ・守如子, 2020,『BL の教科書』有斐閣.

Human Rights Watch, 2016,『出る杭は打たれる』(https://www.hrw.org/sites/default/files/report_pdf/japan0516_japaneseweb_5.pdf　2016 年 11 月 24 日取得)

池田瑞恵, 2006,「『性』を変える――現代日本における性同一性障害モデルの普及とトランスジェンダーの経験」京都大学大学院人間・環境学研究科修士論文.

今尾真弓, 2007,「当事者『である』こと / 当事者『とみなされる』こと」宮内洋・今尾真弓編著『あなたは当事者ではない――〈当事者〉をめぐる質的心理学研究』北大路書房 : 80-91.

石田依子, 2015,「アメリカ合衆国のモータースポーツ界におけるトランスジェンダー及び女性ドライバーの受容」『スポーツとジェンダー研究』13(0):169-179.

石原孝二, 2015,「当事者研究の誕生」石原孝二編『当事者研究の研究』医学書院 : 11-72.

石井由香里, 2018,『トランスジェンダーと現代社会——多様化する性とあいまいな自己像をもつ人たちの生活世界』明石書店.

井谷惠子・井谷聡子, 2016,「性的マイノリティへの対応からみた学校体育のジェンダー・ポリティクス」『日本体育学会大会予稿集』67(0): 301_3-301_3.

金田智之, 2003,「『カミングアウト』の選択性をめぐる問題について」『社会学論考』24: 61-81.

片田孫朝日, 2006,「ジェンダー化された主体の位置——子どものジェンダーへのポスト構造主義的なアプローチの展開」『ソシオロジ』50(3), 109-125,188

加藤隆雄, 1997,「女性文化と家父長制資本——ジェンダーの再生産理論をめざして」『教育社会学研究』61: 5-24.

川口幸大, 2019,「東北の関西人——自己／他者認識についてのオートエスノグラフィ」『文化人類学』84(2): 153-171.

川又俊則, 2017,「養護教諭による『性の多様性』のアクティブ・ラーニングに関する一考察——『チーム学校』としての人権教育と性教育」『生活コミュニケーション学』(8): 47-57.

瓦田尚, 2020,「トランスジェンダー生徒とともに歩む——部活動大会参加への道のり」『部落解放』: 108-194.

木村涼子, 1997,「教室におけるジェンダー形成」『教育社会学研究』61: 39-54.

————, 1999,『学校文化とジェンダー』勁草書房.

子ども・若者育成支援推進本部, 2010,「子ども・若者ビジョン——子ども・若者の成長を応援し、一人ひとりを包摂する社会を目指して」(https://www8.cao.go.jp/youth/suisin/pdf/vision.pdf　2020年12月27日取得).

康純編著, 2017,『性別に違和感がある子どもたち——トランスジェンダー・SOGI・性の多様性』合同出版.

小泉栄美・野中弘敏・中野隆司, 2013,「縦割り保育で子どもたちが経験していること」『山梨学院短期大学研究紀要』33:49-61.

厚生労働省, 2012,「自殺総合対策大綱——誰も自殺に追い込まれることのない社会の実現を目指して」.

————, 2017,「自殺総合対策大綱——誰も自殺に追い込まれることのない社会の実現を目指して」.

黒田將之, 2005,「Transgenderの生徒に対する入試面接——性同一性障害が疑われる生徒への学校の対応」『心理臨床学研究』23(4): 498-503.

町田奈緒士, 2018,「関係の中で立ちあがる性——トランスジェンダー者の性別違和についての関係論的検討」『人間・環境学』27:17-33.

前田泰樹・水川喜文・岡田光弘編, 2007,『エスノメソドロジー——人びとの実践から学

ぶ』新曜社.

毎日新聞「境界を生きる」取材班, 2013,『境界を生きる——性と生のはざまで』毎日新聞社.

三橋順子, 2002,「トランスジェンダーと学校教育」『アソシエ』8, 142-160.

――――, 2006,「『性転換』の社会史(2)」矢島正美編著『戦後日本女装・同性愛研究』中央大学出版: 436-471.

宮田りりぃ, 2017,「性別越境をともなう生活史におけるジェンダー/セクシュアリティに関する意識」『教育社会学研究』100: 305-324.

宮崎あゆみ, 1991,「学校における『性役割の社会化』再考——教師による性別カテゴリー使用をてがかりとして」『教育社会学研究』48: 106-123.

溝口彰子, 2015,『BL進化論——ボーイズラブが社会を動かす』太田出版.

文部科学省, 2010,「児童生徒が抱える問題に対しての教育相談の徹底について（通知）」.

――――, 2014,「学校における性同一性障害に係る対応に関する状況調査について」.

――――, 2015,「性同一性障害に係る児童生徒に対するきめ細かな対応の実施等について」.

森繁男, 1989,『性役割の学習としつけ行為』柴野昌山編『しつけの社会学』世界思想社: 155-171.

――――, 1992,「『ジェンダーと教育』研究の推移と現況——『女性』から『ジェンダー』へ」『教育社会学研究』50: 164-183.

中西祐子, 1993,「ジェンダー・トラック——性役割観に基づく進路文化メカニズムに関する考察」『教育社会学研究』53: 131-154.

中西祐子・堀健志, 1997,「『ジェンダーと教育』研究の動向と課題——教育社会学・ジェンダー・フェミニズム」『教育社会学研究』61: 77-100.

中塚幹也, 2010,「学校保健における性同一性障害——学校と医療との連携」『日本医事新報』4521: 60-64.

――――, 2013,「学校における性同一性障害の子どもへの支援法の確立にむけて」2011年度～2012年度 挑戦的萌芽研究 23651263.

中山浩, 2019,「幼児期・児童期の性同一性障害当事者への対応——学校医, 児童精神科医の役割」『Modern Physician』39(5): 445-447

西野明樹, 2018,『子どもの性同一性障害に向き合う——成長を見守り支えるための本』日東書院本社.

西躰容子, 1998,「『ジェンダーと学校教育』研究の視点転換——ポスト構造主義的展開へ」『教育社会学研究』62: 5-22.

大滝世津子, 2006,「集団における幼児の性自認メカニズムに関する実証的研究——幼稚園における集団経験と幼児の性自認時期との関係」『教育社会学研究』79: 105-125.

沖潮（原田）満里子, 2013,「対話的な自己エスノグラフィ——語りあいを通した新たな質的研究の試み」『質的心理学研究』12: 157-175.

Plummer, Ken, 1995, *Telling Sexual Stories: Power, Change and Social Worlds*, London and New York: Routledge.（桜井厚・好井裕明・小林多寿子訳, 1998,『セクシュアル・ストーリーの時代——語りのポリティクス』新曜社.）

Sacks, Harvey, 1972a, "On the Analzability of Stories by Children, " Gumper,J.G.& Hymes,D. ed., 1986, *Direction in Sociolingistics: The Ethnography of Communication*, Basil Blackwell: 325-45.

――――, 1972b, "An initial Investigation of the usability of conversational data for doing sociology," D.N.Sudnow., *Studies in Social Interaction*, NY: The Free Press: 31-74.（北澤裕・西阪仰訳, 1995,「会話データーの利用法——会話分析事始め」『日常性の解剖学』マルジュ社: 93-173.）

――――,1979, "Hotrodder: A Revolutionary Category," G. Psathas ed. , *Everyday Language: Studies in Ethnomethodology*, New York: Irvington, 23-53.（山田富秋・好井裕明・山崎敬一訳, 1987,「ホットロッダー——革命的カテゴリー」『エスノメソドロジー——社会学的思考の解体』せりか書房: 21-40.）

桜井厚, 2002,『インタビューの社会学 ライフストーリーの聞き方』せりか書房.

Scott, Joan Wallach, 1988, *Gender and the Politics of History*. New York: Columbia University Press.（荻野美穂訳, 1992,『ジェンダーと歴史学』平凡社.）

Sedgwick, Eve Kosofsky, 1985, *Between Men: English Literature and Male Homosocial Desire*, N. Y. : Columbia University Press.（上原早苗・亀澤美由紀訳, 2001,『男同士の絆——イギリス文学とホモソーシャルな欲望』名古屋大学出版会.）

戦後日本〈トランスジェンダー〉社会史研究会, 2001,『戦後日本〈トランスジェンダー〉社会史Ⅲ——基礎研究・資料続編』.

柴野昌山, 1982,「知識配分と組織的社会化——『カリキュラムの社会学』を中心に」『教育社会学研究』37: 5-19,233.

島袋海理, 2020,「性的マイノリティに対する文部科学省による支援策の論理——性別違和と同性愛の相違点に着目して」『ジェンダー研究』23: 165-183.

志水宏吉, 1996,「タワーとしての学校からツリーとしての学校へ」部落解放研究所編『地域の教育改革と学力保障』234 − 248.

荘島幸子, 2008,「『私は性同一性障害者である』という自己物語の再組織化過程——自らを『性同一性障害者』と語らなくなったAの事例の質的検討」『パーソナリティ研究』16(3): 265-278.

Stoller, Robert Jesse, 1968, *Sex and gender : on the development of masculinity and femininity*, New York: Science House.（桑畑勇吉訳, 1973,『性と性別——男らしさ女らしさ』岩

崎学術出版社.）

杉田真衣, 2017,「生徒集団における多様性と特別活動」『首都大学東京教職課程紀要』1: 5-12.

杉浦郁子, 2002,「『性』の構築――『性同一性障害』医療化の行方」『ソシオロジ』46(3): 73-90,222

多賀太・天童睦子, 2013,「教育社会学におけるジェンダー研究の展開――フェミニズム・教育・ポストモダン」『教育社会学研究』93: 119-150.

多賀太, 2003,「ジェンダー・フリー教育の困難」『久留米大学文学部紀要情報社会学科編』創刊号: 65-78.

高橋裕子, 2001,「トランスジェンダー（MTF）の生徒との出会いから――TG生徒と教師」『セクシュアリティ』4: 48-52.

戸梶民夫, 2009,「クイア・パフォーマティヴィティと身体変形実践――トランスジェンダーの性別移行に見る移行目標の実定化と恥の解決」,『ソシオロジ』54(1): 69-85.

塚田攻, 2012,「学校現場における性同一性障害への対応」『精神神経学雑誌』114(6): 654-660

鶴田幸恵, 2009,『性同一性障害のエスノグラフィ――性現象の社会学』ハーベスト社.

上野千鶴子, 2002,『差異の政治学』岩波書店.

上谷香陽, 2001,「性別に関わる諸現象の偶有性と秩序性」『現代社会理論研究』11: 148-161.

上床弥生, 2011,「中学校における生徒文化とジェンダー秩序――『ジェンダーコード』に着目して」,『教育社会学研究』89: 27-48.

氏原陽子, 1996,「中学校における男女平等と性差別の錯綜――二つの『隠れたカリキュラム』レベルから」『教育社会学研究』89: 27-48.

―――, 2009,「隠れたカリキュラム概念の再考――ジェンダー研究の視点から」『カリキュラム研究』18: 17-30.

梅本恵, 2017,「幼児期における性同一性形成の境界域の実態」『富山短期大学紀要』52: 68-79.

United Nations publication issued by the Office of the United Nations High Commissioner for Human Rights, 2019, "BORN FREE AND EQUAL: Sexual Orientation, Gender Identity and Sex Characteristics in International Human Rights Law Second Edition."（https://www.ohchr.org/Documents/Publications/Born_Free_and_Equal_WEB.pdf 2020年12月27日取得）

West, Candace & Zimmerman, Don H, 1987, "Doing gender," *Gender and Soceity*,Vol.1, No.2: 125-151

Willis, Paul E., 1977 *Learning to Labour: how working class kids get working class jobs*, Saxon

House, 1977.（熊沢誠・山田潤訳, 1999,『ハマータウンの野郎ども』筑摩書房.）

矢吹康夫, 2017,『私がアルビノについて調べ考えて書いた本――当事者から始める社会学』生活書院.

山内俊雄編著, 2001,『性同一性障害の基礎と臨床』新興医学出版社.

山崎晶子・山崎敬一, 2005,「ジェンダーと会話分析――成員カテゴリー化装置としてのジェンダー」『語用論研究』7: 123-134.

好井裕明, 1991,「男が女を遮るとき――日常会話の権力装置」山田富秋・好井裕明『排除と差別のエスノメソドロジー――［いま−ここ］の権力作用を解読する』新曜社.

Young, Eris, 2019, *They/Them/Their: A Guide to Nonbinary & Genderqueer Identities*, Jessica Kingsley Publishers; Illustrated edition. （上田勢子訳, 2022,『ノンバイナリーがわかる本―heでもsheでもない、theyたちのこと』明石書店.）

Zimmerman, Don H. & West, Candace, 1975, "Sex roles, interruptions and silences in conversations," B. Thomas and N. Henly (eds). *Language and Sex*, 105-129. Rowley, Mass: Newbury House.

本書のテキストデータを提供いたします

　本書をご購入いただいた方のうち、視覚障害、肢体不自由などの理由で書字へのアクセスが困難な方に本書のテキストデータを提供いたします。希望される方は、以下の方法にしたがってお申し込みください。

◎データの提供形式＝CD-R、メールによるファイル添付（メールアドレスをお知らせください）。

◎データの提供形式・お名前・ご住所を明記した用紙、返信用封筒、下の引換券（コピー不可）および200円切手（メールによるファイル添付をご希望の場合不要）を同封のうえ弊社までお送りください。

●本書内容の複製は点訳・音訳データなど視覚障害の方のための利用に限り認めます。内容の改変や流用、転載、その他営利を目的とした利用はお断りします。

◎あて先
〒160-0008
東京都新宿区四谷三栄町 6-5 木原ビル 303
生活書院編集部　テキストデータ係

【引換券】
トランスジェンダー生徒と学校

［著者紹介］

土肥いつき
（どひ いつき）

1962年生まれ。同志社大学工学部電子工学科卒業（工学士）、京都教育大学大学院教育学研究科修了（修士［教育学］）、大阪府立大学人間社会学研究科人間科学研究科博士課程修了（博士［人間科学］）。現在、京都府立高校教員、関西大学非常勤講師。

主な論文に、
「トランスジェンダー生徒の学校経験」（2015年、『教育社会学研究』97:47‒66）、「トランスジェンダーによる性別変更をめぐる日常的実践」（2019年、『社会学評論』70(2):109‒127）、「トランスジェンダーによる『実践』しない実践　マコトさんの語りから」（2023年、『解放社会学研究』36: 84-109）、「トランスジェンダー生徒のジェンダー葛藤と性別移行をめぐる実践」（2021年、大阪府立大学大学院人間社会学研究科博士論文）、2014,「『ありのままのわたしを生きる』ために」（2014年、日本性教育協会）など。

トランスジェンダー生徒と学校
―― 「抱えさせられる」困難と性別移行をめぐる実践

発　　行	2025年2月10日　初版第1刷発行
著　　者	土肥いつき
発行者	髙橋　淳
発行所	株式会社　生活書院
	〒160-0008
	東京都新宿区四谷三栄町6-5 木原ビル303
	ＴＥＬ 03-3226-1203
	ＦＡＸ 03-3226-1204
	振替 00170-0-649766
	http://www.seikatsushoin.com
印刷・製本	株式会社シナノ

Printed in Japan　2025 © Dohi Itsuki　ISBN 978-4-86500-180-8
定価はカバーに表示してあります。乱丁・落丁本はお取り替えいたします。